"十三五"国家重点出版物出版规划项目

 转型时代的中国财经战略论丛 ◢

国家社会科学基金一般项目（批准号：11BSH073）

我国居民收入流动
及其收入分配效应研究

董长瑞 王 晓 著

中国财经出版传媒集团

经济科学出版社
Economic Science Press

图书在版编目（CIP）数据

我国居民收入流动及其收入分配效应研究/董长瑞，
王晓著．—北京：经济科学出版社，2017.12
（转型时代的中国财经战略论丛）
ISBN 978 - 7 - 5141 - 8904 - 9

Ⅰ.①我… Ⅱ.①董…②王… Ⅲ.①国民收入分配 -
研究 - 中国 Ⅳ.①F126.2

中国版本图书馆 CIP 数据核字（2017）第 321933 号

责任编辑：于海汛
责任校对：王苗苗
责任印制：李　鹏

我国居民收入流动及其收入分配效应研究
董长瑞　王　晓　著
经济科学出版社出版、发行　新华书店经销
社址：北京市海淀区阜成路甲 28 号　邮编：100142
总编部电话：010 - 88191217　发行部电话：010 - 88191522
网址：www. esp. com. cn
电子邮件：esp@ esp. com. cn
天猫网店：经济科学出版社旗舰店
网址：http://jjkxcbs. tmall. com
北京季蜂印刷有限公司印装
710 × 1000　16 开　14 印张　230000 字
2017 年 12 月第 1 版　2017 年 12 月第 1 次印刷
ISBN 978 - 7 - 5141 - 8904 - 9　定价：38.00 元
（图书出现印装问题，本社负责调换。电话：010 - 88191510）
（版权所有　侵权必究　举报电话：010 - 88191586
电子邮箱：dbts@ esp. com. cn）

总　序

　　《转型时代的中国财经战略论丛》（以下简称《论丛》）是山东财经大学"特色名校工程"建设的特色项目和重要成果，也是经济科学出版社与山东财经大学合作推出的系列学术专著出版计划的一部分，更是山东财经大学近年来致力于学术兴校战略一批青年学者在经济和管理研究方面的部分成果汇报。

　　山东财经大学是一所办学历史悠久、财经特色鲜明、综合实力突出，在国内外有一定影响的普通高等财经院校。学校于 2011 年由原山东经济学院和原山东财政学院合并组建而成。2012 年成功实现财政部、教育部、山东省人民政府三方共建。2013 年获得博士学位授予权，并入选山东省"省部共建人才培养特色名校立项建设单位"。山东财经大学还是中俄经济类大学联盟创始高校之一、中国财政发展 2011 协同创新中心和中国会计改革与发展 2011 协同创新理事单位。学校的发展为教师从事科学研究创造了良好环境和宽广平台。近年来，学校以建设全国一流财经特色名校为目标，深入实施"特色名校工程"，大力推进改革创新，学校发展平台拓宽，办学层次提高，综合实力增强，社会声誉提升，学校进入了内涵发展的新阶段。为推进"特色名校工程"建设，学校修订了科研成果认定和奖励制度，完善了科研评价与激励机制，同时实行"优秀青年人才特殊支持计划"和"青年教师境外研修计划"等，为青年教师脱颖而出和学术成长提供了政策保障。

　　随着经济全球化、区域一体化、文化多样化深入发展，新一轮科技革命和产业变革蓄势待发，我国经济发展进入新常态，但发展方式粗放、创新能力不强、资源环境约束加大等不平衡、不协调、不可持续问题依然突出，迫切需要更多依靠创新驱动谋求转型发展的出路。为了应对当今世界的深刻变革，我国启动了"双一流"建设，对财经学科发展提出了严峻挑战，同时又面临难得的机遇。作为以经管学科为主的财经类大学，如何坚持科研服务社会、服务人才培养的方向，主动适应实施创新驱动战略的要求，自觉对接国家和区域重大战略需求，充分发挥在经济和管理研究领域的优势，为国家和区域经济社会发展提供更大智力支持、培养更多高质量人才，一直是财经类大学更好履行使命的重要职责。《论丛》的出版，从某种程度上应和了这种趋势和需求，同时，展现了山东财经大学"特色名校工程"的建设成效和进展，对激励学者潜心研究、促进学术繁荣发展、加强对外学术交流和扩大学校社会影响具有重要推动作用。

作为山东财经大学从事财经教育和人文社科研究的青年学者，都要积极应对和研究时代赋予的重大命题，以求是创新的精神风貌，遵循科研规律，坚持教研相长，长于独立思考，善于团结协作，耐得住寂寞，放得下功利，才能不断推进学术创新，勇攀科学高峰，孕育无愧于时代的精品力作，努力成为社会科学创新的新生力量。

《论丛》的出版凝结了山东财经大学青年学者的心血和汗水，尽管可能存在一些不足，但是正如哲人所言"良好的开端就成功了一半"。相信只要青年学者们持之以恒，不辍耕耘，必能结出更加丰硕的成果。伴随着中国经济发展、改革和转型步伐的加快，我们期待着有更多更好的学术成果问世！真诚欢迎专家、同行和广大读者批评指正。

山东财经大学校长

2016 年 5 月 17 日

前　言

近几年，我国城乡居民收入增速已超过经济增速，中等收入群体持续扩大，但城乡区域发展和收入分配差距依然较大，社会主要矛盾已经转化为人民日益增长的美好生活需要和不平衡不充分发展之间的矛盾。随着经济的发展，社会的进步，居民收入与经济增长同步增长、劳动报酬与劳动生产率同步提高，人民生活会更为宽裕，城乡区域发展差距和居民生活水平差距显著缩小，全体人民共同富裕的道路上将迈出坚实步伐。在国家由富到强的转变过程中，解决居民收入分配差距过于悬殊的问题已提到议事日程。2013 年，我们承担了国家社会科学基金规划项目"我国居民代际收入流动问题研究（13BJL034）"，考察了我国收入代际流动的现状，分析了其影响因素，从代际收入流动视角探索收入分配差距的成因，在此基础上，试图寻求解决收入分配差距问题的代际收入流动路径。

熊彼特（Schumpeter，1955）最早将流动性概念纳入收入分配进行研究。他提出"宾馆模型"将具有不同质量或等级的房间视为某一时期的收入分配概况，以代表不同的收入等级或地位。一般地，旅客会根据自己的收入水平选择不同质量的房间入住，为此，可将入住房间等级的变化等同于收入流动。菲尔兹（Fields，2007）则将收入流动（Income Mobility）进行了完整界定，认为收入流动分为代际收入流动（Intergenerational Income Mobility）和代内收入流动（Intragenerational Income Mobility）。代际收入流动主要研究上一代收入水平对一个人在总体收入分配中所处位置的影响，也就是说，如果代际收入流动越高，则表明父代收入和子代收入之间不存在很强的相关性，反之，表明父代收入对子代影响较大。代内收入流动主要度量在不同时期，同一个人或同一组人的收入在同一群体收入格局中的位置变化，代内收入流动越高，越有助于缓解收入差距扩大带来的社会压力，并提高人们对不平等的忍耐度。

从收入流动视角研究收入分配差距有重要的理论意义和应用价值。一方面，机会均等的重要方面即代际收入流动，较低的收入不平等与较高的代际收入流动水平一致，也就是说较高的代际收入流动意味着两代人之间的收入阶层并没有显著固化，低收入家庭的子代将会拥有更多改善当前收入的途径，从而有效解决代际收入不平等。另一方面，收入流动自身变动决定了代内收入流动对长期收入不平等的缓解程度。较高的代内收入流动能够显著缓解收入不平等，而我国目前居民收入阶层较为明显的固化态势，凸显代内收入流动并没有有效缓解长期收入不平等。

本书从代际收入流动和代内收入流动两个方面展开收入流动问题的研究。首先，利用转换矩阵发现，自2006年以来，我国城镇居民代际收入流动有了一定程度的上升，这反映改革开放的不断深入，城镇代际间固化态势有一定程度的缓解；同时，农村底层居民代际收入流动的上升态势，有利于更多子代向更高阶层流动，从而实现分配地位的改变，农村居民最富裕阶层的代际收入流动也显著提高。其次，从代际收入弹性的变化态势来看，我国农村居民的代际收入弹性系数略高于城镇居民，这也说明城镇居民的代际收入水平较高。最后，对于居民的代内收入流动状况，伴随顶层和底层居民收入地位的不断固化态势，代内收入流动也呈现一定程度的上涨，这说明随着改革不断深入，个人将获得更多机会实现收入状况的不断改善。

基于研究结论，提出如下政策建议。一是构建公正和谐的社会体系，形成良好的收入分配机制；二是保持经济适度增长，不断推进经济结构的调整，夯实公平分配的物质基础；三是明确公共政策目标，优化公共政策体系，完善的财政收入分配制度和法律制度；四是因地制宜，协调区域发展，实施统分结合的区域间收入流动机制；五是明确政府的职能，推动政府转型，强化政府在经济增长和收入分配调节中的地位，为收入流动的完善创造良好的环境。

本书对探讨的居民收入流动问题是收入分配问题研究的一种尝试，这方面的研究还有很大的空间和前景。如影响收入流动的文化因素研究。代际收入流动理论重视家庭这种微观主体在联系两代人关系之间的重要作用，而在我国儒家文化对家庭行为产生着极为重要的影响，并是联系社会关系的重要纽带，只有通过研究文化，才能对家庭行为产生深刻理解，才能更全面分析收入流动的状况，更透彻地了解中国社会所存在各种不平等的深层原因。相信经过学者们的共同努力，对这一问题的研究会不断深化。

董长瑞

2017 年 11 月 20 日

目　录

第1章 导　　论

1.1　选题背景及意义

改革开放以来，我国正处在历史发展的关键时期。经过 30 多年的持续高速增长，中国已成为引领世界经济增长的主要力量。2010 年，中国 GDP 总量超过日本，成为仅次于美国的全球第二大经济体，人均GDP 达到 4400 美元，步入中等收入国家行列。然而长期依靠出口和政府投资拉动的增长方式正受到严峻挑战，由国内财政体制、考核机制和政府本身盈利冲动带来的地方政府投资，虽然大幅推动了经济增长，但也带来了区域产业同构、生态环境破坏、地方政府债务等一系列问题，经济结构转型和增长方式转变正成为我国经济面临的急迫任务。更重要的是，在经济快速增长的同时，由于城乡分割、要素市场和福利制度改革滞后及行业垄断等问题，我国居民收入分配差距不断扩大。根据拉瓦雷和陈（Ravallion and Chen，2007）和本杰明等（Benjamin et al.，2010）的计算，从 1981～2001 年，我国基尼系数从 0.3 上升至 0.45。而根据联合国在 2013 年最新发布的数据，我国基尼系数在 2012 年已经达到了 0.52，在 190 多个国家中排名第四，远高于一般设定的警戒线0.4。据国家统计局 2016 年数据显示，2015 年我国居民基尼系数为0.462，高于国际警戒线 0.4 的标准。

多数学者认为，若以同一年度的收入为基准，无法有效对持久收入差距进行衡量，从动态的、跨期的角度来审视收入差距更能把握收入流动的变化趋势。因此，动态变化的收入流动逐步成为研究收入分配问题的重要领域。菲尔兹（Fields，2007）对收入流动进行了完整界定，认为收入流动应包括两部分，即代际收入流动（Intergenerational Income Mobility）和代内收入流动（Intragenerational Income Mobility）。其中，前者是指子代在整个收入分布中所在的地位，相对于父代的位置变动情况；而后者主要研究在不同时期，同一个人或同一组人，在同一群体收入分布中所处的位置变化（王海港，2005）。由此可见，从代际和代内收入流动两个角度来对收入分配问题展开研究具有一定的理论意义和实践价值。

一方面，代际收入流动是反映机会均等的重要标识。一个机会均等的社会应该赋予劳动力参与者公平竞争的机会，这种公平竞争的一个重要表现，则是个人之间的收入差距应该主要来自个人天赋和努力程度，而不是取决于家庭资源的多寡。代际收入流动则反映家庭中两代人之间的收入联系，对于一个具有较高代际收入流动水平的社会，父辈收入对子辈收入的影响较小，这也意味着更大程度的机会平等和社会公正。反之，则表明父辈收入对子辈收入有着较高影响，意味着机会不均，社会有失公正。我国社会的显著特征是人口数量多，要把这一特征转化为优势，就必须有高质量的人力资本积累和高效率的人力资源匹配机制。倘若能够提高劳动力资源的质量和利用效率，从对出口贸易和物质投资的依赖转向对人力资源本身潜力的开发，我国经济将获得一个全新的健康增长源泉，从而成功跨越"中等收入陷阱"，并在全球化竞争中实现产业升级和持续增长。代际收入流动水平的提高，不仅会带来人力资本存量的增加，还会通过激励机制提高人力资本的利用效率，这正是实现我国人口优势的必要前提。与此同时，代际收入流动水平的提高还有利于改善收入分配的动态格局，缓解收入差距扩大带来的社会压力。

另一方面，代内收入流动有利于实现收入分配动态格局的改善。熊彼特（Schumpeter，1955）的宾馆模型认为，代内收入流动是同一个人在两个时期之间发生的收入变动。从较短的单位时间看，整个社会的收入分布可能极不均等，但如果以较长的单位时间为整体，收入分配可能非常均等，产生这一结果的重要原因就是代内收入流动的存在。因此，代内收入流动可以降低基期收入不平等给人们带来的痛苦，缓解长期收入不平等，提高人们对收入差距的忍受度，有利于社会稳定。

因此，本书将在分析我国居民代际和代内收入流动格局的基础上，深入探讨影响收入流动的内在机制，剖析收入流动对收入不平等的影响路径，提出相应的对策建议。

1.2　相关概念的界定

1.2.1　代际和代内收入流动

熊彼特（1955）最早将流动性概念纳入收入分配问题进行研究。他提出著名的"宾馆模型"，将具有不同质量或等级的房间等价于某一时期的收入分配概况，以代表不同的收入等级或地位。一般地，旅客会根据自己的收入水平选择不同质量的房间入住，为此，可将入住房间等级的变化等同于收入流动。菲尔兹（Fields，2007）将收入流动（Income Mobility）进行了完整界定，认为收入流动分为代际收入流动（Intergenerational Income Mobility）和代内收入流动（Intragenerational Income Mobility）。代际收入流动主要研究上一代收入水平对一个人在总体收入分配所处位置的影响，也就是说，如果代际收入流动越高，则表明父代收入和子代收入之间不存在很强的相关性，反之，表明父代收入对子代收入的影响越大。代内收入流动主要度量在不同时期，同一个人或同一组人的收入在同一群体收入格局中的位置变化（王海港，2005），如果代内收入流动较高，则有助于缓解收入差距扩大所带来的社会压力和冲突，并提高人们对不平等的忍耐度。

1.2.2　平等的双重经济含义及其相互关系

平等主要包括机会平等和结果平等两方面。前者是指人们为取得最终地位，而必须在经济过程中获得与所有人同样的机会，即是对经济制度中机遇平等的体现；后者也可称为收入平等，指的是若每个人占有的地位平等，则获得的报酬也是相等的。

西方诸多经济学流派对平等研究的侧重点不同，自由主义经济学家侧重于机会平等，而凯恩斯主义经济学家更侧重于结果平等。但无论是哪种学派的观点，均强调资源配置过程中机会均等的重要性（Friedman，1962；Rawls，1971；Hayek，1944）。同时，多数学者认为，机会不均等是最大的不平等，机会不均等不仅伤害了社会公平，妨碍社会效率，又导致更为严重的收入不平等（Okun，1987）。学者们认为源于机会不均等的经济不平等，比机会均等引致的经济不平等更加令人痛苦，这主要是因为个体的能力差异，会使其在市场竞争中得到的最终报酬不同，从而导致结果意义上的收入差距。在这个过程中，人们主要关注结果不均等的因素是否合理，即每个参与者是否获得了公平竞争的机会。

1.3 研究数据

本研究利用的是由中国健康和营养调查（China Health and Nutrition Survey，CHNS）数据库提供的相关数据或信息[①]。迄今为止该数据包括 1989 年、1991 年、1993 年、1997 年、2000 年、2004 年、2006 年、2009 年和 2011 年共 9 轮调查数据。

该调查所选省份基本上覆盖了全国不同地理位置、不同经济发展水平、不同公共资源的丰裕程度以及不同健康指数共 9 个地区。在已具体开展的 7 次调查中，所选择省份曾略有变动，在 1989～1991 年包含辽宁、江苏、山东、湖北、湖南、河南、广西和贵州 8 个省份；1997 年 CHNS 调查的省份则以黑龙江省替代了辽宁省；从 2000 年开始，CHNS 调查再次针对辽宁省进行调查，从而调查省份涵盖 9 省，分别为辽宁、黑龙江、江苏、山东、湖北、湖南、河南、广西和贵州。2011 年开始又加入北京、上海和重庆三个直辖市，共包含 11 个地区。调查采用随机抽样的方法，并对同一样本进行追踪调查，为本书展开收入流动的分析提供了数据基础。

该调查问卷的设计涵盖了大量个体特征信息，比如时间分配概况、劳动参与情况、财产所有情况、社会经济学特征、人口学特征、个人收入支出水平，及健康和营养等方面的信息，这些特征信息基本上能够满

---

① 详介请参考 www.cpc.unc.Edu。

足针对收入流动研究所需要的数据信息，特别是针对收入这项最为核心的指标，该调查问卷进行了最为直接的回答。从调查问卷来看，针对收入的信息主要包含三个方面：第一，关于被调查者收入状况的相关信息；第二，根据被调查者经济行为的收益而得出的信息；第三，通过被调查者支出水平所得到的信息。本研究利用 1989～2011 年间的调查数据，以 16～60 岁之间居民为研究对象，同时，限制于对自变量的要求，对在年龄、教育水平、职业、单位所有制性质、户籍以及地区等存在缺失值的样本进行剔除。

1.4　结　构　安　排

本书共分为 9 章，各章具体内容如下：

第 1 章　导论　本章主要论述选题的背景和意义、核心概念、研究数据及各章结构安排等内容。

第 2 章　相关理论综述　本章分别对收入分配和收入流动的相关理论及研究现状进行梳理和述评。对现有研究文献的述评及梳理，将会为下一步的研究奠定基础。

第 3 章　收入流动测度及理论模型　本章首先针对代际收入流动构建理论模型，重点阐述代际收入流动的传递机制，并构建了基于转换矩阵和代际收入弹性的测度指标；其次构建针对代内收入流动的理论模型，详细剖析代内收入流动对长期收入不平等的影响路径，同时分别以相对代内收入流动和绝对代内收入流动为视角，对上述构建的测度指标进行测量。

第 4 章　中国居民收入流动性格局　本章利用中国健康和营养调查（China Health and Nutrition Survey，CHNS）数据对我国居民代际和代内收入流动性格局进行分析。首先，利用代际收入弹性和转换矩阵对代际收入流动格局进行分析；其次，分析我国各阶段居民代内收入流动性水平，借助于相对收入流动性指标和绝对收入流动性指标进行测度，以全面认识我国收入流动性格局。

第 5 章　我国居民收入流动区域比较分析　我国经济改革过程中实施的"区域差异改革"策略，导致不同地区存在不同经济发展状况与

5

水平，本章对东部、中部和西部区域进行区分，并对这些地区的代际和代内收入流动状况进行对比分析。

第6章　中国居民收入流动动因分析　本章利用CHNS面板数据对我国居民代际和代内收入流动的影响因素进行了系统研究。鉴于影响代内和代际收入的因素有所不同，本章将分别针对两者展开阐述。首先，考察人力资本、不同家庭背景和政府因素对代际收入流动的影响；其次，考察期初收入水平、受教育水平、所有制结构、劳动力市场结构、家庭财产及规模以及地区因素等变量对代内收入流动水平的影响；最后，为了分析影响不同收入阶层的流动性水平的因素，本章还将利用分位数回归模型，区分不同收入阶层考察影响收入流动性水平的因素。

第7章　我国城乡居民收入分配格局　收入流动是探讨收入分配问题的动态视角。为了明确收入流动与收入分配之间的关系，在本章中，我们将分别基于城乡居民宏观方面的收入分配和个人收入分配两个角度，对我国当前的收入分配格局进行全面阐述。

第8章　收入流动与收入不平等　机会平等的重要标识即代际收入流动，而代内收入流动对于长期收入不平等的缓解具有重要作用，因此，本章将重点考察收入流动对收入差距的影响机制，并详细分析收入流动在缓解收入不平等中的作用。

第9章　改善收入流动性的政策选择　本章将针对我国现阶段收入流动性的特征提出相应的政策建议。具体来讲，本章将从人力资本水平的提高、产业结构的调整、劳动力市场运行的完善，及社会保障制度的健全等方面，对我国当前收入流动状况的改善提出对策建议。

第 2 章　相关文献述评

从整个社会学研究领域来看，代际收入流动属于较早的研究范畴，并且这种"收入在社会空间中的移动"与收入不平等存在紧密联系，因此本章针对收入不平等与收入流动的相关理论及文献进行了梳理。首先，对古典学派、新古典理论、资本市场理论等相关研究流派中的收入不平等理论进行阐述，并从国内外两个角度梳理收入不平等的研究动态；其次，对代际收入流动的测度、影响因素及其对社会福利的影响等相关文献进行综述与梳理；最后，本章对代内收入流动的测度方法、影响因素及其与长期收入不平等关系的相关文献进行了梳理。

2.1　收入不平等相关理论

2.1.1　古典二元理论中关于收入不平等问题的阐述

在 1955 年之后，"库兹涅茨假说"成为研究收入分配问题的重要理论基础，很多学者对收入问题的研究也是在库兹涅茨（Kuznets，1955）模型基础上加以扩展，基本思路是构建人均收入与收入分配之间的分析框架，并构建"库兹涅茨假说"。刘易斯（Lewis，1955）的增长模型以生产率高低为标准，将经济体分为生产率较高的城市部门和生产率较低的农村部门，较高生产率导致城市部门收入更高，农业部门劳动力将会选择向城市部门转移。在人口逐渐从农业部门向城市部门转移的过程中，较高收入的人口所占比例开始逐渐增加，并导致收入差距不断扩大，但当所有人口进入城市部门之后，对应的收入不平等程度将开始下降。

通过分析可知，刘易斯（1955）基于经济增长和资本积累提出"两部门经济"模型，在相应假设条件下，若投资与利润能够驱动经济的可持续增长，则收入不平等将持续恶化，并且如果将更高生产率的现代部门纳入上面所讨论的两部门经济中，则收入不平等程度还会持续恶化。同时，处在经济发展初级阶段的收入不平等也可能不断扩大。可见，由于刘易斯（1955）提出的模型主要是基于定性分析，因此在论证上还不够严格。但从理论上讲，刘易斯（1955）为库兹涅茨的倒"U"型假设提出了较为合理的解释。为此，在刘易斯（1955）增长模型的基础上，库兹涅茨（1955）提出了倒"U"型的库兹涅茨假说。

鲁滨孙（Robinson，1976）将刘易斯（1955）的思想通过构建模型的方式进行了严格的数字化，他认为两部门之间存在既定的、城市部门高于农村部门的收入不平等模式，正是这种差异的存在，决定了库兹涅茨曲线的倒"U"型态势。

阿南德和堪布若（Anand and Kanbur，1993）以人口因素为基准，分析了人口转移过程对收入不平等的影响，并从六个角度测算了人均收入与收入不平等指数的关系，从而得出倒"U"型曲线的折点。阿南德和堪布若（1993）还认为，如果同时考虑收入差距与人口转移的变化，上述倒"U"型曲线未必会出现。

上述学派基于古典学派的观点，对库兹涅茨倒"U"型曲线的解释具有以下特点：第一，这些模型对城市与农村之间的内部收入不平等进行了分解；第二，两部门经济的存在导致收入不平等；第三，上述理论模型均缺乏足够的经济解释，主要原因在于针对人口转移，古典学派无法提供严格的理论模型。若要解决该缺陷，理论上至少需要解释以下三个问题：一是如何解释城市部门与农村部门之间收入不平等的主要原因；二是如何确定城乡之间收入差距的原因；三是对于人口由农村地区向城市地区转移的主要动力如何明确。

2.1.2 新古典理论中关于收入不平等问题的阐述

在新古典框架下，斯蒂格利茨（Stiglitz，1969）从外生储蓄的变化来分析收入分配的变化，首先，将个人消费划为生存性消费和伴随收入变化的消费两部分，其中，前者指个人必须支出的消费，而后者指收入的固定比例。其次，个人收入一般由工资收入和资本利息收入组成。当储蓄较高时，就表示个人资产收入不断增加，个体劳动收入差异相对较小，将导致个人收入差异主要来自资产收入的差异。在一个完全竞争的市场中，由于利率水平是一个外生变量，则资产水平即决定了资产收入，因此收入越高的微观主体，意味着个人资产水平越高。总之，斯蒂格利茨（1969）首次基于新古典经济学的观点考察了财富收入不平等的动态演化过程，在这些模型中，如果经济增长趋于一种稳定状态，财富的收入不平等程度可能不断下降，同时也有可能出现倒"U"型的情形。一般而言，相对于生存性消费，若初始劳动收入较高，意味着财富不平等程度不断下降。反之，财富不平等也将呈现倒"U"型态势。

查特吉（Chatterjee，1994）以新古典模型为基础，剖析了内生储蓄变动对收入分布动态演进的影响，他发现在初始财富存在差异的情况下，若生存性消费是正的，则财富收入不平等程度将趋于收敛。该收敛态势包括三种情形：第一，若初始经济水平处于稳步增长态势，则收入不平等程度将保持不变；第二，若初始经济水平增长高于稳步态势，则在转型过程中的收入不平等程度将不断加剧；第三，若初始经济水平增长低于稳步态势，那么可以对收入不平等进行抑制。

查特吉（1994）的模型认为消费者的差异仅体现在初始资本水平，但在现实中，消费者的差异可能体现在能力、偏好等多方面。卡塞利和文图拉（Caselli and Ventura，2000）对消费者的初始资本、偏好及能力方面的差异进行了分析，同时剖析了这三种差异在经济转型过程中对消费、财富及收入不平等动态演进的影响。卡塞利和文图拉（2000）的研究表明，收入不平等的动态演进将表现出增加、缩小等多种趋势，而每种趋势将取决于上述三种差异的相对收入不平等程度。如果初始财富水平具有较大差异，则财富不平等程度将会不断缩小。其次，上述模型也能够对不同消费阶层之间的流动进行解释。如果工资增长趋势较缓，则具有较高能力消费者，其财富将超过较低能力者。同时，如果公共物品的增长缓慢，对公共物品重视的消费者，其财富规模将超过不重视的。

查特吉（1994）认为收入不平等变动路径与生存性消费存在紧密

联系。阿尔瓦雷斯—帕莱斯和迪亚兹（Alvarez - Pelaez and Diaz，2005）在查特吉（1994）的基础上进一步考察了生存性消费对收入不平等的动态影响路径。他们采纳新古典经济框架对收入不平等动态演化态势进行分析，同时利用美国数据进行模拟，并对财富收入不平等的倒"U"型曲线进行预测。霍姆斯等（Homs et al.，2005）提出了一个与阿尔瓦雷斯—帕莱斯和迪亚兹（2005）类似的模型，但采用的是对数效用函数形式，虽然得到了大致相当的结论，但霍姆斯和乌鲁蒂亚（Homs and Urrutia，2005）并没有进行数值模拟，而是对收入不平等单调变化进行验证，认为不管最低消费是正值还是负值，只要规模不是太大，并且在资本储备量比较充足的情况下，在经济趋于稳定状态时，财富收入不平等将不断下降。在此过程中，他们还对最低消费规模与劳动/资本之间的替代弹性进行测算，并证明了财富不平等非单调变化产生的影响。

卡塞利和文图拉（2000）构建了"代表性消费者理论"模型，该模型认为财富分布并不是决定宏观经济均衡状态的因素，但宏观经济决定了财富收入的动态变化。然而，代表性消费理论的结论其实涵盖了"如果财富和收入分布不影响宏观经济水平，那么也不会影响宏观经济波动"的逻辑关系。梅丽尔等（Maliar et al.，2003）将经济波动因素引入具体模型，由此实现代表性消费者理论的拓展，该模型认为市场是完善的，并且消费者偏好是同质的，由此重新考虑代表性消费者理论，及宏观经济波动与财富收入分布的关系。模型假设认为，微观个体的财富收入水平能使能力与初始财富保持线性变化态势，当经济处在增长趋势时，微观个体的劳动时间与工资都将增加，劳动收入占总收入比重也不断上升，但由于相对财富差异，劳动能力差异较低，因此财富不平等程度将不断下降；而在经济处在衰退趋势时，微观个体的劳动时间和工资将下降，劳动收入占总收入比重也不断下降，这将不利于财富的平等程度。通过分析发现，财富不平等的动态演化趋势是反周期的，即在经济增长时期，收入不平等程度趋向减少，在经济衰退时期，收入不平等程度趋于增加。

"代表性消费者理论"的出现，推动了收入分配动态演进的研究，但这里存在理论上的局限性，即劳动存在外生性假定。以此为基础，特诺斯利（Turnovsky，2006）针对劳动因素构建了一种内生化理论模型，并认为经济中分布的动态演进态势是有效的。同时，特诺斯利（2006）还认为，如果消费函数中的消费与闲暇是同质的，"代表性消费者理论"的结论仍然成立，并且该理论中对经济转型中的两种资本变化路径进行了剖析，这两种路径是：在收入的份额中，如果资本所占比重处于不变或下降态势，则收入不平等程度将得到缓解；如果资本初始总额小于稳定状态的资本额度，则财富的收入不平等程度将趋于下降。

总之，新古典理论中对收入不平等研究的模型均以微观个体的财富积累和储蓄方式为假设基础，因此储蓄是财富不平等动态变化中的唯一重要因素。通过梳理新古典经济理论发现，在经济趋向稳态时，财富不平等程度将呈现上升、下降、倒"U"型等三种不同动态演进路径。微观个体能力差异、个体偏好差异、初始财富不平等程度，及不同生存性消费的假设条件将决定财富不平等程度。但是，不管假设条件如何变化，这些模型均得出"经济将趋于稳定状态"的结论，或者在稳定状态下，虽然存在收入不平等，但这种状态也将保持一种稳定态势。因此新古典理论模型无法解释长期收入不平等的动态变化，当然其关于经济稳态的假设也与我们的现实生活状态相悖。

2.1.3　基于资本市场不完善的收入不平等理论

在新古典理论的分析框架下，收入不平等将随着时间的演进向稳态收敛。但该结论的基础即完善的资本市场，并认为资本呈现出边际产出递减。但大部分研究结果反映，若存在不完善的资本市场，即使在其他方面，微观主体是完全一致的，收入不平等程度也将持续保持下去。当资本市场处于不完善态势，较为贫困的微观主体也无法利用已有财富的高回报率，以实现自身收入水平的提高，这也是理论界关心的重要问题。然而，学者们更加关注的是，如果经济进一步增长，低收入者的收入将不断上升，这些主体也将拥有高回报率的机会，那么收入不平等程度也将不断缓解，这将使经济发展中收入不平等的动态演进呈现倒"U"型态势。从不完善资本市场的角度来看，高收益率的投资项目是收入不平等存在的主要原因，并且高收益率项目对低收入者收入的影响力度也是影响收入不平等的原因之一。在宏观经济周期波动中，下列项目具有较高的投资回报率，即各类金融服务（Greenwood and Jovanovic，1990）、人力资本投资（Galor and Zeira，1993；Piketty，1997；Maoz and Moav，1999；Matsuyama，2000）、职业选择（Banerjee and Newman，1993；Ghatak and Jiang，2002；Mookherjee and Ray，2003）等。

格林伍德和约万诺维奇（Greenwood and Jovanovic，1990）对经济中低回报低风险与高回报高风险的两种投资技术进行了剖析。从理论上讲，通过相应的投资组合，金融机构能够构建低风险与高回报并存的投资方式。但是，利用这种金融服务所构建的投资组合需要支付固定的交易费用，只有微观主体的财富达到一定水准之后，才能通过相应的金融中介服务，以实现这种高回报和低风险并存的投资组合技术。初期，由于经济发展被称作"穷人"群体的财富水平较低，自身收入的高速增长也无法通过金融中介来实现，与此形成鲜明对比的是经济中所谓的"富人"，由于具有较高财富水平，可以比较容易利用金融中介获得高回报，并促进自身收入的高速增长，这必将扩大收入不平等。如果经济增长或积累达到一定程度，更多"穷人"将通过自身储蓄规模的增加，以提高相应的投资门槛，并利用相应金融中介的金融工具构建投资组合，以获得更高收益，这样对于缓解收入不平等是有利的。在经济发展中，穷人储蓄的增加，并不断获得使用金融中介的权利，如果将该过程描述在收入不平等动态演化的路径上，这就是所谓的倒"U"型库兹涅茨曲线。

与格林伍德和约万诺维奇（1990）研究不同的是，加勒和蔡拉（Galor and Zeira，1993）认为人力资本投资的回报更高，并且人力资本同样具有较低的投资门槛。该推理过程与模型基本一致：在资本市场不完善的情况下，即使穷人获得金融中介服务，通过借贷投资人力资本获取高回报也无法实现，但富人却相反，这导致经济中的收入不平等持续恶化。在经济不断发展的趋势下，更多穷人将拥有跨越人力资本投资门槛的资格，这有利于收入不平等的缩小。但是，加勒和蔡拉（1993）在分析中较多考虑了经济运行中的多重均衡现象，及收入不平等的持续态势。研究结果发现，在经济发展过程中，如果穷人无法得到跨越人力资本投资门槛的能力，就会不断出现多重均衡。此外，若不存在人力资本积累的低收入阶层均衡与人力资本投资的高收入阶层均衡，将会持续扩大收入不平等。具体来说，在资本市场不完善与人力资本不可分的态势下，收入不平等的动态路径将发生不同变化态势，既有可能持续扩大，也有可能出现倒"U"型。班纳吉和纽曼（Banerjee and Newman，1993）认为由于不完善的资本市场，将会限制个人借贷数量，穷人也无法从事与资本积累相关的职业，比如企业家和自我雇佣等。班纳吉和纽曼（1993）通过分析表明，企业家数量的增加将导致工人工资水平上升，这会缓解收入不平等；若经济中的工人数量增加，工资水平将趋于下降，这将恶化收入不平等。皮凯蒂（1997）认为资本的积累速度能够影响资本市场的不完善程度，迅速的资本积累将通过降低利率水平推动金融市场的发展，而金融中介的信贷服务将助推更多的非技能功能绕过最低投资"门槛"，在此基础上进行人力资本投资将不断缩小收入不平等。加勒和蔡拉（1993）、班纳吉和纽曼（1993）以及皮凯蒂（1997）均将收入不平等的动态演进与从事不同职业人数的变化相联系，同时最初的财富分布水平将决定不同职业的人数，因为最早的职业选择将影响收入不平等的变化，并且在最初职业的影响下，收入不平等将呈现出多种动态演进趋势。

阿吉翁和博尔顿（Aghion and Bolton，1997）构建了利率内生化模型，发现利率下降与经济增长同步变化，这种环境将使穷人的借贷约束得以缓解，并获得成为自我雇用者和企业家的机会。这种情况下将会出现工人供给减少与需求增加的态势，并相应提高工资水平，同时导致更多工人成为企业家。在初始状态，即使这样收入不平等是扩大的，但也将随着经济增长而缩小，并呈现倒"U"型态势。麻斯亚麻（Matsuyama，2000）认为经济增长带来的效益将通过金融服务的发展进行分散，因此收入不平等终将演化成倒"U"型曲线。

基于资本市场不完善的收入不平等研究有一个共同的特点，即他们认为在经济发展初期，不完善的资本市场将使穷人无法获得高回报率，由此导致收入不平等程度上升。但在经济不断发展的趋势下，资本市场的基本制度将不断完善，劳动收入提高的途径也不断增多，并提高低收入者的收入水平，同时劳动者也开始投资收益率较高的项目，以缓解收入不平等。此外，学者们认为，在经济不断增长的趋势下，如果一些前提条件无法满足，收入不平等不仅得不到缓解，反而还会导致一定程度的收入阶层分化。

2.1.4 关于收入不平等的相关研究动态

2.1.4.1 国外关于收入不平等问题的研究动态

国外经济学家对收入不平等问题的研究由来已久，收入分配问题一直是古典学派的重要内容，新古典经济学派则继承了古典学派的研究视角，并发展了生产要素分配理论。自20世纪50年代以来，针对收入分配研究的核心逐步向个人收入分配理论转变，并以收入不平等与经济增长之间的动态互动为重点。从80年代中期以来，新增长理论的出现，使收入分配理论不断发展。从目前国外研究趋势来看，学者们主要基于收入不平等对经济增长的影响与收入分配动态格局两个角度展开，后者我们已经讨论，为此在本部分中，我们重点针对收入不平等对经济增长影响的研究文献进行梳理。与此同时，学者们也是基于不同视角来研究收入不平等对经济增长的影响机制，主要从以下五个角度来展开。

1. 收入不平等影响经济增长的"储蓄—投资机制"

在20世纪80年代以前，学者们注重基于"储蓄—投资机制"的视角来进行分析。比如卡尔多（Kaldor，1956）认为富人的边际消费倾向更低，也就是说富人具有较高的边际储蓄倾向，为此储蓄或投资渠道主要由富人阶层贡献，这凸显收入不平等对于提高社会投资率或储蓄率是有利的，并促使高规模的资本积累，及较高的经济增长率。约翰逊（Johnson，1962）认为平等与增长是一对矛盾体，两者之间存在一定的替代关系，并且不平等是经济增长的必要条件。鲍尔（Bauer，1972）认为，由于平等能够促使"生活政治化，并对资本积累的配置进行限制，同时阻碍层次间的社会经济流动，以及阻碍企业的发展"，为此一个社会对于平等的追求是有益的。

2. 收入不平等影响经济增长的"政治经济体制"

以"政治经济体制"为视角的研究也被称为内生性财政政策理论，当然这其中也涵盖经济均衡和政治均衡。其中，经济均衡主要采纳优化模型对收入不平等中的微观个体关于最优税收的偏好进行研究，由此探讨其对经济增长的影响。佩尔松和塔贝利尼（Persson and Tabellini，

1994）利用 OLG 模型，研究了纯粹的财政再分配情况下，收入不平等对经济增长的影响。佩尔松和塔贝利尼（1994）采用齐次效用函数，得出"转移支付越小，增长率越高"的结论，并通过分析发现较高的收入不平等程度将不利于转移支付与经济增长；西纳和罗德里克（Alesina and Rodrik，1994）利用内生增长模型发现财政支出具有一定的生产性，并发现个体偏好的税率与禀赋比例有着较为紧密的关系，同时如果属于劳动份额较大的微观个体，其相应偏好的税率也较大。为此，根据中间投票人定理，收入不平等程度越大，经济增长率就偏低，同时资本税率就偏高。

3. 收入不平等影响经济增长的"教育决策机制"

佩罗蒂（Perotti，1996）认为，在不完善的信贷市场中，富裕家庭的人力资本投资规模较高，而贫穷家庭则相反。人力资本投资较高的父母，对于抚养子女的教育成本与机会成本均较高。因此，人力资本投资高的父母对子女的需求较小，而人力资本投资低的需求较大，所以在不平等的经济中，较穷群体占比较高。同时，如果人力资本投资较低，并且人口出生率越高，则收入不平等与人口出生率将呈正相关，经济增长率、人力资本投资等变量均呈负相关。该运行机制的核心，即认为物质资本积累不仅能够影响经济增长，人力资本投资也会受到影响，而收入不平等的恶化，就代表着一部分人收入水平的下降，生活水平、健康营养也会不断恶化，从而不能获得正常的教育，由此影响到社会劳动生产率，最后形成经济增长较低。

4. 收入不平等影响经济增长的"社会稳定性机制"

内格尔（Nagel，1974）提出了"社会比较心理理论"（Psychological Theory of Social Comparison），揭示了收入不平等与政治不稳定之间的倒"U"型关系。穆勒（Muller，1985）利用多个国家20年的数据进行实证分析，发现最富有20%人口收入占比与政治冲突导致的死亡率呈高度正相关，同时认为政治冲突是政府压制的倒"U"型函数。贝哈鲍比和茹兹堤尼（Benhabib and Russtichini，1991）、基弗和奈克（Keefer and Knack，2002）等学者认为，收入不平等恶化将通过三种途径压低经济增长率，一是由于收入不平等导致的寻租行为频发，因此不利于经济增长率；二是由于收入不平等加剧政治不稳定和局势紧张，从而提升经济增长的不确定性，引起较低的经济增长率；三是收入不平等将出现更多贫穷投票者，使针对收入再分配的需求频繁出现，这将会不断降低经济增长率。

5. 收入不平等影响经济增长的"市场规模机制"

墨菲和韦尔奇（Murphy and Welch, 1992）提出收入不平等通过市场规模影响经济增长的相关机制，他们主要以一个农业国在工业化过程中，人们需求结构的变化趋势为分析视角，为此他们选择一种能够反映微观个体对商品消费最高限度的特殊效用函数，并且随着个体收入增长，消费品的选择范围将不断扩大，而不仅仅是消费品规模的增长。利用这种特殊效用函数，墨菲和韦尔奇（1992）探讨了收入不平等对经济增长的影响路径，他们认为一个拥有一定收入差距承担的农业国，由于购买能力有限，穷人对工业品的需求存在不足，而富人的需求主要是针对高档奢侈品。但在工业化过程中，要求国内市场的容量充分大，这样才能出现规模收益递增态势，并使相应的生产技术获利，而由于存在一定程度的收入不平等，国内工业品市场将显得非常狭小，这将不利于经济持续增长。从理论上讲，储蓄和资本积累将有利于经济增长，但仅仅是富有阶层收入水平的提高不能对储蓄水平的提高起到决定作用，因为富有阶层并不见得将自身的所有收入用于储蓄或投资，还有可能用于奢侈型消费。可见，在这种情形下，国内需求不能得到有效拉动，收入不平等的扩大也会影响到经济增长。

2.1.4.2　国内关于收入不平等问题的研究动态

1. 关于收入不平等的理论分析和比较分析方法

蔡昉（2000）通过与国际上其他国家横向对比，并对我国1952~1997 年的城乡收入不平等进行实证考察，发现我国城乡收入不平等在世界上处于较为严重的程度，曾令华（2001）也得出相同结论。朱镜德（2001）对我国城乡收入不平等持续扩大的后果进行了分析，并认为农民收入水平提高的障碍是持续扩大收入不平等的重要原因。阮杨（2002）以就业重构为视角，基于城乡就业重构来研究城乡收入不平等受到的影响，发现就业重构扭曲主要由转轨体制所致，同时转轨体制也是影响收入不平等持续扩大的重要原因。权衡和徐玲（2002）以收入不平等为视角，剖析了其对居民消费的影响，同时就收入不平等的持续扩大对经济增长的不利影响进行了分析。郭颐保（2002）以发展经济学为角度，探讨了我国库兹涅茨曲线存在的问题，他们认为经济体制结构不断演变是我国收入不平等持续扩大的主要原因。周振华（2003）从经济体制改革、经济发展、产业政策等方面对我国收入不平等扩大的原因进行了分析。孔径源（2004）对我国 2003 年间居民收入水平、分配格局，以及不同区域及经济结构的收入不平等状况进行了探讨。尹恒等（2005）通过研究财政支出，发现财政支出兼具消费性和生产性，并认为收入不平等与经济增长存在一定程度的库兹涅茨倒 "U" 型关系。江小涓和李辉（2005）借助购买力平价理论，通过对人均可支配收入实施价格调整，以测算实际城市间收入的差距，研究结果发现：名义收入不平等程度比城市间真实生活水平差距更大。胡乃武和周端明（2005）基于企业最优区位选择理论，剖析了发达与落后地区之间的博弈情况，认为产生地方保护主义的主要原因即两者的博弈，并且这两种博弈最终导致收入不平等的扩大及地区间的经济分割。陈斌开和曹文举（2013）认为收入不平等包括两种类型，一种是在机会均等背景下，由于教育、努力程度和个人能力等方面的差异导致的收入不平等；另一种是直接由机会不均等导致的收入不平等，比如家庭财富、社会关系和户籍制度等方面。他们认为第一种收入不平等属于正常现象，而第二种容易致使社会矛盾出现，甚至产生社会不稳定。李婷和李实（2013）从收入差距程度与收入分配不平等状况两个方面对收入分配格局进行了考察。

2. 关于收入不平等的定量分析方法

陈宗胜（1994）构建了基于公有制经济的倒 "U" 型假说，并采纳基尼系数公式测算了 1988 年前的城乡收入不平等状况，测算结果验证了其理论假说，在此基础上推出了收入不平等的倒 "U" 型曲线。同时，陈宗胜（1997）以天津市为例，测算了城镇基尼系数，并对该结果进行了分解，对前面的理论假说实现了进一步验证。赵人伟（1992）对 20 世纪 90 年代初，我国计划经济体制内与体制外的收入不平等，及城乡居民的收入不平等情况进行剖析，结果发现体制外的收入不平等要大于体制内，且城乡收入不平等呈扩大态势。张平（1992）以 1980～1990 年的农村居民收入为样本进行基尼系数测算，并在此基础上将收入不平等划分为财产性收入、工资性收入、农业收入及非农业收入，由此剖析了农村居民的收入不平等。赵人伟和李实

（1997）也是借助基尼系数，针对城乡间居民收入的微观数据进行分析，发现城乡收入不平等呈不断扩大态势。万广华（1998）借助基尼系数指标，以统计局公布的宏观数据为基准，对农村不同区域的收入不平等进行测算，并分析了农村收入不平等的发展趋势及原因。范剑勇和朱国林（2002）以基尼系数为基础，剖析了我国地区间收入不平等及结构变化趋势。李实等（2013）认为城乡收入差距是全国居民收入差距的重要原因，并且城乡收入差距占全国居民收入差距的比重自1995年开始持续上升。

林毅夫等（1998）借助泰尔指数分析了我国区域间不平等状况，发现收入不平等是区域不平等的重要诱因。张平（1998）基于泰尔指数，对农村区域间收入不平等状况进行分析，发现省间收入不平等的变动比省内收入不平等的变动要快。黄祖辉等（2003）基于广义熵指数，从转移性收入视角分析我国区域间收入不平等，发现转移性收入无法有效缓解收入不平等。李实、岳希明（2004）以泰尔指数为基础，对居民收入不平等进行了分解，发现收入不平等扩大的重要原因即城乡收入不平等。李实、魏众和丁塞（2005）基于泰尔指数，剖析了居民的财产分布情况，发现我国目前居民财产分布不平等不断扩大，并且该趋势主要来自城乡之间。

袁易明（2002）通过构建效率与平等替代的结构模型，运用所谓的似不相关（Seemingly Unrelated Regression）分析模式，剖析了平等与所有制效率之间的替代关系，发现随着国有经济比例不断上升，虽然经济效率不断下降，但收入不平等程度得到缓解，而非国有经济存在相反的态势。王德文（2005）分析了我国经济高速增长中的城乡不平等扩大问题，他以人均国民收入及其平方项为解释变量来构建回归方程，由此探讨了库兹涅茨倒"U"型曲线的原因，结果发现库兹涅茨曲线在我国并不存在。王德文（2005）发现我国偏重城市发展的策略，并没有使1990年以来的经济增长实现收入平等化，为此，政府首先应理顺市场和政策两个领域，并采取缩小城乡收入不平等的对策。王海港（2005）以"中国经济、人口和健康调查"的微观数据为基础，度量了我国家庭在20世纪80年代末至90年代后期的收入变动趋势，发现农村家庭具有较高的持续贫困概率，而农村富裕家庭及其收入也不稳定。与此同时，城镇的家庭一般拥有持续较高的收入。林伯强（2005）通过联立方程，采取实证分析法，就公共投资对农村经济增长、贫困，及地区间不均等的边际影响进行分析，发现针对农村教育、基础设施等方面的公共投资，有利于减少农村区域间的收入不平等。王小鲁和樊纲（2005）通过经济计量模型，对 1996～2002 年的省级数据进行实证分析，从而验证了库兹涅茨曲线在中国的存在性，并对社会保障、经济增长、公共物品及基本设施等对收入不平等的影响进行剖析，发现收入再分配虽然对缩小城镇收入不平等是有效的，但不利于缓解城乡收入不平等。陆铭等（2005）通过联立方程组，对影响城乡收入不平等的因素进行探讨，并剖析了收入不平等对经济增长的影响。陈在余和郭军盈（2005）实证分析了市场模型、收入分配和工业化之间的关系，发现工业化过程中出现的工业需求不足是收入差距持续扩大的原因。万定山（2005）构建了结构性的经济计量分析模型，分析了 1988～1999 年城市居民收入分布的变动态势，发现对收入分布影响较大的即工资所得变量，即使控制人群特征与回报率结构差异，实证结果仍显示各地区具有较大的收入不平等差距。张维迎（2010）指出，在国有企业规模较小的市场经济发达地区，收入差距越小，而国有企业规模较大的市场经济欠发达地区，收入差距越大。吴宣恭（2010）认为我国收入分配不均等的主要矛盾在于普通劳动者与私营业主之间的差距。贺大兴和姚洋（2011）认为平等的社会结构可能使政府成为一个中性主体，这样政府倾向于将资源配置给生产效率较高的群体，从而有利于经济增长，但不利于收入平等的实现。李志阳和刘振中（2011）分析了 1978～2010 年我国金融发展对收入不平等的影响，他们认为不管是短期还是长期，金融规模均导致收入不平等，但金融效率的提升有利于缓解城乡收入差距。刘瑞明（2011）认为在向市场化转型过程中，国有企业发展较快地区的收入差距较大。王小华等（2012）发现县域地区的金融压抑较为严重，这是农民出现收入不平等的重要原因。陈斌开和曹文举（2013）认为我国当前由政府控制的存贷款利率实质是居民对企业补贴、穷人补贴富人的财富分配机制，这不利于收入均等的实现。张伟和陶士贵（2014）认为人力资本差异也对收入分配产生影响，进而影响城乡收入差距。薛宝贵和何炼成（2015）指出劳动收入份额下降也是我国居民收入分配变化的重要特征。

2.2 代际收入流动理论研究

代际社会流动问题是社会学中较早的研究领域，"社会流动"概念最早由索罗金（Sorokin，1927）首创，他认为社会流动即"个体在社会空间中的移动"。在对社会流动进行界定的基础上，索罗金（1927）构建了相关研究方法与研究体系。索罗金（1927）的研究成果显示了针对流动问题研究的起点，也意味着社会流动问题逐步成为社会学中的重要研究领域。国际社会学协会（International Sociology Association）在1950年成立了专门的研究委员会，对社会流动问题进行研究，并对多个国家的社会流动进行调查。随后出现了一批具有代表性的学者对社会流动问题进行深入研究，比如布劳和邓肯（Blau and Duncan，1967）构建了职业声望表，对于不同职业类型进行编号，创建了"地位获得模型"，从而为研究社会流动提供了比较基础。埃里克森和戈德索普（Erikson and Goldthorpe，1992）建立社会阶层分类表（The Erikson – Goldthorp-and-Portocarero，EGP），构建了统一的比较框架，并对西方和东欧共13个国家进行国际比较。伴随着社会流动在社会学领域的兴起，经济学家也开始从经济学理论的角度探讨收入流动问题。贝克尔和托马斯（Becker and Tomes，1979）在规范经济学研究中引入代际收入流动理论，并构建了相应的人力资本理论与家庭经济学，由此开启了针对收入流动问题研究的新方向。

2.2.1 代际收入流动测度

最早用来估计代际弹性系数的模型即最小二乘法模型，由于大多数模型选取单年样本或者选取样本带有同质性，导致估计的代际收入弹性值会出现向下偏误。比如索托（Soltow，1965）运用挪威一个小城市的横截面数据，对代际收入相关系数进行估计，结果为0.14。休厄尔和豪泽（Sewell and Hauser，1975）严格界定了来自美国威斯康星州共1789名样本，其中，以在美国威斯康星州高中学校学习的非农家庭背景的高中生为"儿子样本"，这些学生在1964年之后就不在该学校就读，由此得到相应的弹性系数为 0.17。贝克尔和托姆斯（Becker and Tomes，1986）得到美国的代际收入弹性值为 0.2。

随后学者指出利用短期数据会导致回归结果发生向下偏误（Downward Biases），从而导致估计的代际收入弹性偏小。索仑（Solon，1992）利用美国密歇根大学建立的 "动态面板研究"（Panel Study of Income Dynamics，PSID）数据，回归中利用父亲 1967～1972 年共 5 年间收入均值作为自变量，得到美国代际收入弹性为 0.44。齐默尔曼（Zimmerman，1992）以美国为研究对象，选取父亲在 1966～1971 年共 4 年收入对数均值作为解释变量，得到代际收入弹性为 0.54。麦桑德（Mazumder，2001）认为短期的收入波动也具有持续性，所以索仑（1992）采用 5 年的收入平均并不能完全反映一生的收入波动情况，因此他利用更长期的收入均值，以父代 1970～1985 年共 16 年的收入均值作为持久收入的替代变量，得到弹性值为 0.6。尼尔森等（Nilsen et al.，2008）以挪威为研究对象，选取 15 年父亲收入的均值为解释变量，得到的代际收入弹性为 0.343，并比五年收入平均值的结果 0.282 要高。

也有学者采取构建工具变量的方法，解决回归结果出现向下偏误的问题。索仑（1992）选取父亲的教育水平作为工具变量进行估计，得到代际收入弹性为 0.53。齐默尔曼（Zimmerman，1992）同时也利用工具变量方法进行回归，运用社会地位作为工具变量，得到代际收入弹性为 0.67。

还有学者进一步研究了代际收入弹性的变动趋势。豪泽（Hauser，1998）得到美国 1972～1996 年代际收入弹性的变动幅度为 0.365～0.277。莱文和麦桑德（Levine and Mazumder，2002）计算从 1980～1990 年代际收入弹性，发现弹性值出现从 0.45 到 0.29 的下降。也有学者得出了不同结论，李和索仑（Lee and Solon，2009）利用 PSID 数据对美国代际收入流动趋势进行研究，结果表明 1952～1975 年美国代际收入流动没有产生剧烈变化。布兰登等（Blanden et al.，2005）也认为美国的弹性系数没有出现明显变化。布拉特贝格等（Bratberg et al.，2004）以 1950 年和 1960 年间的代际收入弹性进行测算，得到弹性系数分别为 0.16 和 0.13。汉森（Hansen，2010）对挪威代际收入弹性进行分析，发现没有出现上升趋势。索仑（Solon，2004）首次对决定代际收入弹性变动趋势的因素进行了较为系统的阐述，认为家庭人力资本投资和政府的公共投资都对代际弹性产生影响，并且前者将增加代际弹性，后者将降低代际弹性，二者作用力的大小将最终决定弹性值的变动趋势。

此外，也有学者对国家间的弹性值进行横向比较，从而得到不同国家间代际收入流动水平。埃里克森和戈德索普（Erikson and Goldthorpe，1992）以15个国家样本为对象，研究表明一个国家的经济平等程度越高，代际收入流动水平越高，代际弹性值则越小。哈克尼特等（Harknett et al.，2003）测算美国、法国和英国的代际收入弹性大约为0.4，德国大约为0.32，瑞典为0.27，加拿大和北欧国家则低于0.2。格劳（Grawe，2004）对英国、加拿大、德国、马来西亚、厄瓜多尔、尼泊尔、巴基斯坦和秘鲁共9个国家的代际收入弹性进行对比分析，相应的弹性值分别为0.154、0.152、0.095、0.344、0.537、1.134、0.324和0.667，可以看到发展中国家代际收入弹性水平整体要高于发达国家。阿尔诺等（Arnaud et al.，2010）对具有不同教育体制的日本和法国进行对比分析，发现在法国更为开放的教育体制下，代际收入流动水平更高。

2.2.2 影响代际收入流动因素分析

2.2.2.1 人力资本对代际收入流动影响

贝克尔和托姆斯（1979）最先引入人力资本理论框架，并构建了代际收入流动基本理论模型，通过分析父母对孩子的人力资本投资，探讨了父辈和子辈之间紧密的收入联系。索伦（2004）通过研究发现决定代际收入弹性的重要因素即人力资本。杰米等（Jaime et al.，2012）将由父辈传递下去的资本归结为两种，一种是物质资本转移，另一种是通过父辈教育投资的人力资本转移。杨和秋（Yang and Qiu，2015）强调父母的基因遗传和其对子女的人力资本投资，是决定代际间继承的两个重要途径。

2.2.2.2 家庭背景、基因、文化背景对代际收入流动影响

贝克尔（Becker，1979）认为决定父代和子代收入关系的另一个重

要因素是孩子从父母那里继承的先天特征。贝克尔和托姆斯（1979）将这些先天特征定义为孩子的"禀赋（Endowment）"，一个孩子禀赋的形成主要受到遗传基因、家庭文化等因素影响。皮埃尔和菲利普（Pierre and Philip, 1998）详细归类了家庭组成部分，他把家庭背景归结为母亲的特征、父亲的特征、家庭结构以及家庭环境等几个方面。文中选取以父母各自的受教育年限、工作经验等表示父母的特征；家庭结构一般包括兄弟姐妹数量，以及是否是单双亲等情况；而家庭环境则以家庭所生活的社区为例。他们的合理归类，为以后学者的研究提供了一定的划分依据。缪齐克和梅尔（Musick and Mare, 2004）以矩阵的形式区分了性别、种族等情况，分析了贫穷在不同家庭结构之间的传递情况。麦桑德和莱文（Mazumder and Levine, 2003）估计子辈之间的收入情况，并通过子辈之间收入的相关性分析，得出家庭背景近几年在收入代际流动方面的作用。

很多学者强调认知能力对子代收入水平的影响，并将运气、成长环境、智商继承程度归因于认知能力的重要外在影响因素（Cameron and Heckman, 1998；Bowles et al., 2001；Liu and Zeng, 2009）。鲍尔斯等（Bowles et al., 2001）实证分析发现认知能力出现 1 单位标准差的偏离，将导致工资增加 1/10。卡梅伦和赫克曼（Cameron and Heckman, 1998）指出父母的持久收入和家庭中的遗传基因等长期因素是影响个人教育成就的关键。比约克伦等（Bjorklund et al., 2004）认为在人力资本代际转移的问题上，可遗传能力占据重要地位，该比例能达到 70%以上的程度。刘和曾（Liu and Zeng, 2009）采用实验经济学的思想，对同一家庭中被收养子女（Adopted - Children）和非被收养子女（Non - Adopted Children）进行对比研究，发现基因在代际收入相关性中起着重要的作用。安杰和海内克（Anger and Heineck, 2010）也强调子代的认知能力与父母对子代的投资程度有密切关系。

此外，国家文化积淀在个人身上的体现也会有不同作用，施尼茨莱因（Schnitzlein, 2012）选取同一家庭的兄弟姐妹为样本，指出迁移后的收入变化，从而突出不同文化背景对代际流动性的传递作用。

2.2.2.3 政策因素对代际收入流动的影响

不同学者关于政府进行公共投资对代际收入流动产生的影响有着不

同结论，总体而言分为两大阵营，基本也沿袭了经济学中新凯恩斯学派和新古典学派之争，即对政府干预是否有效进行争论。其中以贝克尔（1979，1982）为代表的新古典学派的学者认为政府公共投资会对私人投资产生挤出效应，因而政府干预对于提高代际收入流动弹性是无效的。贝克尔（1979，1982）指出公共投资并不会实现流动性的提高，只会产生纯粹的扭曲效应，导致资源再分配的不公平。穆利根（Mulligan，1997）也认为政府对教育的投资将导致更多资源转移至富裕家庭，因为富裕家庭有更多为他们的孩子提供读书的机会，这将加剧收入不平等。卡梅伦和赫克曼（1998）也认为政府补助效应非常小。此外，有学者认为政府对教育的投资，尤其是对高等教育的投资，对增加代际收入流动的作用微乎其微。谢瓦利埃等（Chevalier et al.，2003）对20个国家的高等教育改革情况进行分析，发现受教育程度越高的父辈，其子辈受教育程度越多，政府的教育支出并没有缓解收入不平等。海内克等（Heineck et al.，2009）对德国教育体制的改革效果进行分析，发现这些改革并没有改变父母教育背景对子代收入水平的影响作用。

　　而新凯恩斯学派的代表学者认为在市场不完善的条件下，政府进行公共投资可以帮助低收入家庭进行人力资本投资，从而弥补不同收入阶层的投资缺口（Inverstment Gap）。不同学者的论述如下：费尔南德兹和罗杰森（Fernandez and Rogerson，1998）认为低收入家庭受资金限制会导致对后代投资不足，提高低收入阶层教育机会的政策将有利于缩小收入不平等。雷德（Liddard，2001）认为低收入家庭很难在信贷市场上获得贷款，这将导致他们无法对子女进行充足的人力资本投资，而政府的公共投资将会改善这一局面。索伦（2004）承认公共投资挤出效应的存在，但他同时指出，因为存在信贷约束，所以贫困家庭对子女的人力资本投资并未达到最优，公共投资有利于提高贫困家庭的投资，他强调只要挤出效应不是完全的，就有利于弥补不同收入阶层的投资缺口（Investment Gap）。安杰（2010）对德国进行分析，认为与先天继承的能力相比，通过后天学习形成的认知能力更为重要，所以政府应制定有利于实现个人潜能环境的政策。范等（Fan et al.，2012）认为公共教育投资可以提高代际收入流动水平。阿隆索等（Alonso et al.，2012）通过对政府的行为方式进行分类，构建了不同政府行为方式对收入不平等的影响。

2.2.3 代际收入流动对社会福利影响

不平等和代际收入流动性都各自反映了机会和平等的一个方面，如果考虑到代际关系，则是从上一代到下一代的生活水平的差异。柏内博和奥克（Benabou and Ok，2001）认为代际收入流动是反映机会平等程度地重要标识。亨德尔（Hendel，2002）和夏皮罗（Shapiro，2002）从社会公正性的角度说明了影响经济不公平的因素，以及与代际收入流动性的关系，认为可以用代际收入弹性的大小来衡量机会不平等。

从实证角度分析代际收入流动与不平等的关系也是学者们关注的重要内容，这些学者通过分析代际收入流动在不同收入阶层的情况，发现代际收入弹性较高的群体为低收入阶层，可见父代收入较易影响低收入阶层，从而引起代际间收入差距的扩大。艾德和肖沃尔特（Eide and Showalter，1999）利用分位数回归分析美国1968～1992年代际收入弹性，结果表明低分位数收入的子代与父代的代际收入相关性更高。埃斯彭（Espen，2005）以挪威为研究对象，也得到低收入群体的代际收入弹性更高。安德斯等（Anders et al.，2012）采用分位数回归模型，分析了不同阶层父代和子代的收入相关性，发现高收入群体的代际收入弹性值较小，代际收入群体的弹性较高。切蒂等（Chetty et al.，2014）对美国的代际收入流动性程度进行分析，得到结论认为，高收入流动地区一般具有更低的收入不平等水平。

2.2.4 国内相关研究文献综述

首次对我国代际收入流动问题进行考察的学者为王海港（2005），此外，邢春冰（2006）也运用经济学方法，结合CHNS中的数据，对农村的代际收入流动进行探讨。至此，学者们开始对我国代际收入弹性进行测算，采用的数据和方法也趋于多元化。拉巴尔（Labar，2007）运用单年收入得到我国代际收入弹性约为0.22～0.29；魏颖（2009）分析了不同收入组的父代与子代收入相关性，采用分位数回归，分析了子代受教育年限对代际收入弹性在不同分位上影响；韩军辉（2010a，2010b）分别运用工具变量和分位数回归方法对我国代际收入弹性进行分析，得到总体弹性值为 0.446，此外，分位回归的结果表明代际收入弹性呈现倒"U"型。方鸣与应瑞瑶（2010）通过两阶段最小二乘法进行估计，得到父代收入的代际收入弹性为 0.57。此外，为了防止出现向下偏误，有学者利用多年收入均值进行回归，其中，宫等（Gong et al.，2010）通过估计父代的永久收入，得到代际收入弹性从单年收入的 0.24 ~ 0.32 上升至 0.74 ~ 0.84。姚先国和赵丽秋（2006）根据 CHNS 数据库中父代收入均值的数据，测算出我国代际收入弹性在 0.7 左右。

与此同时，学者们也研究了我国居民代际收入流动的影响因素。比如：姚先国和赵丽秋（2006）认为健康、教育及职业等因素对代际收入流动的贡献为 19%。郭丛斌和阂维方（2009）认为教育是代际流动的重要影响因素。徐俊武（2014）对公共教育对代际收入流动影响进行考察，发现不论是从县级还是省级层面，生均教育经费越高的地区，代际收入流动性越强。陈琳（2015）也发现，基础教育支出，如对幼托和初中的支出，将有利于提高代际收入流动水平，而高等教育支出则阻碍代际收入流动。杨瑞龙（2010）通过研究发现，家庭背景对代际流动有着较强的影响。周兴和张鹏（2014）发现代际职业传承是代际收入流动的重要影响因素。王增文（2015）分析认为家庭宗族网络对代际收入流动具有显著影响。程小纯（2015）考察政策层面对收入流动的影响，指出政府应通过教育、财政、就业等多种政策进行调整，保证代际收入合理和良性流动。孙三百等（2012）指出通过人口迁移从而增加就业机会这一方式，可以增强代际收入流动。

还有学者针对代际收入流动对收入差距的作用进行分析。陈等（Chen et al.，2010）分析了我国代际收入流动的效率、公平含义，及其与公共政策之间关系等问题；周兴和张鹏（2013）发现造成居民收入分配恶化的重要原因即家庭代际收入流动的减弱；方鸣（2014）指出收入不平等状况恶化的原因即代际收入弹性的提高。

综览以上研究结果，关于代际收入流动研究的实证方法渐趋合理，实证结果也不断符合现实。但在各种实证分析过程中，数据的可得性仍是主要限制因素，并且实证分析方法也确实存在对数据要求较高的特点：一方面，相关实证方法至少需要两代人的数据，为此必须构建包含数十年的数据跟踪调查样本，这就导致当前针对代际收入弹性的研究集中于发达国家，而对发展中国家的研究较少。另一方面，目前各个国家并没有形成统一的数据信息来源，这不利于提高国家间横向对比的有效性。为此，无论是针对代际弹性系数趋势的研究，还是国家间的横向对比研究，均没有形成一致的结论，但伴随数据的不断丰富，关于代际收入流动问题的研究必将成为学术界的重要议题。

2.3　代内收入流动理论研究

2.3.1　代内收入流动相关研究文献综述

代内收入流动的研究主要包括对收入流动性的测度、影响收入流动性的因素分析，以及探讨收入流动性对长期收入不平等的影响等方面。

2.3.1.1　代内收入流动的测度研究综述

学术界对于代内收入流动的概念和测度方法的界定主要有两个分支：一是公理方法，即致力于代内流动性的测度，并进行公理化构建，相应的分析思路为：首先明确收入流动性的定义和度量方法，随后推导出具有相应性质的指标；二是福利方法，即从代内收入流动性的意义出发，从福利经济学的角度来对流动性进行定义。

1. 代内收入流动测度的公理方法

基于公理方法测度的流动性指标分为相对收入流动与绝对收入流动两类：

（1）相对收入流动。

相对收入流动性主要关注的是收入位置的相对变动。麦考尔（McCall，1973）、席勒（Schiller，1977）、夏洛克斯（Shorrocks，1978a）、科威尔（Cowell，1985）以及阿尔卡德等（Alcalde et al.，2006）都是这一领域的典型代表，但是他们采用的测度方法却存在差异。其中，麦考尔（1973）和席勒（1977）最早采用收入分布的相关系数对收入流动进行测度；夏洛克斯（1978）主要采纳收入转换矩阵对收入流动性进行度量；科威尔（1985）构建刚性系数，利用两期收入总和的不均等程度反映代内收入流动；阿尔卡德等（2006）则构造了一个基于变动的流动性相对测度族（The Familiy of Relative Indices of Mobility as Movement），该测度族在更为一般的意义上囊括了基于相对主义的测度指标。

（2）绝对收入流动。

菲尔兹和奥克（1996）最早提出了绝对收入流动的概念，他们认为如果收入数值发生变动，那么流动性就产生了。与此同时，两位学者还通过引入距离函数，构建了绝对收入流动性的测度指标——非定向收入变动（Non-directional Income Movement）测度指标和反映收入流动性福利水平的定向收入变动（Directional Income Movement）指标。达戈斯蒂诺和达旦纳尼（D'Agostino and Dardanoni，2005）也用距离函数，构造了满足一组公理化假设的绝对收入流动性指标。

2. 代内收入流动测度的福利方法

很多学者认为研究代内收入流动的目的是为了分析长期中代内收入流动是否有利于收入的平等分配，因此从福利角度出发，衡量收入流动对长期收入不平等的缓解作用就显得尤为重要（Friedman，1962；Shorrocks，1978b；King，1983；Chakravarty et al.，1985）。目前构建的指标主要有两类：第一类是基于福利函数构建代内收入流动指标，该指标对社会福利水平的变化进行反应（Shorrocks，1978b；King，1983；Chakravarty et al.，1985）；第二类是基于不平等指数，如基尼系数，同样也是反映社会福利变化的代内收入流动指标（Fields，2002）。

2.3.1.2 代内收入流动的影响因素研究综述

诸多学者对影响代内收入流动的微观因素进行了讨论，主要包括人力资本、家庭背景、政府投资等因素。

特什斯基和伦道夫（Trzcinski and Randolph，1991）利用马来西亚的数据对人力资本投资和收入流动性的关系进行探讨，研究区间为1967~1976年，结果显示教育有利于使个人在长期中处于收入较高的位置。阿特金森等（Atkinson et al. 1992）以收入动态统计模型为基础，分析了人力资本投资和人力资本存量对收入流动性的影响，认为工人通过"职业培训"获得更多经验之后，就会使其在以后发展中的收入比从事其他行业的工作人员上升更快。格罗德内（Grodner，2000）比较分析了美国和德国的收入流动性，结果表明教育水平对两国收入流动性具有显著影响。卡佩拉里（Cappellari，2007）利用由意大利银行构建的财富调查和家庭收入（The Survey on Household Income and Wealth，SHIW）数据，在初始收入和教育水平等变量不变时，高的人力资本水平将降低个人进入低收入阶层的可能性，此外，人力资本对于女性影响的显著性要高于男性。

与此同时，也有学者强调劳动力市场对收入流动性的作用。阿特金森等（1992）考察劳动力市场需求方面的因素对代内收入流动的影响；阿博芝（Aberge，2002）分析1980～1990年福利四国（德国、瑞典、挪威、意大利）和美国的情况，认为婚姻状况和劳动力市场结构都是影响收入流动的重要因素，而在美国，劳动力市场的影响最为显著。菲尔兹（2001）强调，实现向上收入流动性的一个最主要途径是创造具有高生产力、高收入的工作（High-productivity，High-wage Jobs）。菲尔兹（2003）以印度尼西亚、南非、西班牙和委内瑞拉四个国家为研究对象，分析影响代内收入流动的因素，结果表明受教育程度对收入流动性的影响不显著，主要是因为劳动力市场结构不完善。

瑞保德内和伯利奇（Verpoorten and Berlage，2007）对发展中国家卢旺达进行研究，卢旺达是一个特殊结构的经济体，长期战争的存在导致卢旺达一直处于贫困化状态。在1994年有12%的家庭失去了房屋，社会存在着剧烈的经济动荡，而且不平等程度也在加剧。作者对1990～2002年收入流动性的因素进行分析，回归结果显示，如果家庭中户主有着更高的受教育水平，将经历更少的向下流动；从事非农工作的家庭，长期来看状况会变得更好；家庭遭到破坏，从另外的地方迁移进来的家庭和有家庭成员在狱中的家庭将经历更多的负向收入流动性。

国内学者分别对代内收入流动性测度和影响因素进行研究。尼盖尔（Nee，1996）、尼盖尔和利达（Nee and Liedka，1997）均对1989年以中国农村家庭的收入变动情况进行研究，认为随着中国由计划体制向市场体制的过渡，中国农户收入变动速度的加快导致代内收入流动的变化也非常明显。王海港（2005）利用 CHNS 数据分析了中国城乡居民在

1989～1997 年的代内收入流动性，结果发现在进入 20 世纪 90 年代后期，整体收入流动水平呈下降趋势。霍尔和蓬卡沃（Khor and Pencavel，2006）使用国家统计局有关面板数据，对 1990～1995 年我国城镇居民收入流动状况进行分析，并针对美国进行对比，由此得出"伴随静态收入差距的扩大，我国收入流动不断上升，并高于美国同期水平"的结论。尹恒等（2006）对 1991～2002 年中国城镇居民收入流动性进行研究发现，相对于 1991～1995 年，1998～2002 年我国城镇个人收入流动性出现显著下降，同时具有不同特征人群的收入流动性也呈现下降态势。罗楚亮（2009）基于基尼系数的排序关系，推导出针对收入流动性测度方式，并基于城乡居民调查数据，探讨了城乡居民收入流动性的变化趋势及特点。结果发现：农村居民的收入流动呈不断上升趋势，而城镇居民呈下降趋势。张立东等（2009）基于 1989～2004 年 CHNS 的我国农村居民收入调查数据，针对农村居民代内收入流动进行分析，发现农村居民的代内收入流动水平较高，同时以 1997 年为界，收入流动性呈现先下降后上升的态势。范力和丁宁（2010）对不同阶层的代内收入流动水平进行比较分析，发现低分位的流动性水平较高，而高分位的流动性水平较低。王晓和董长瑞（2013）以城镇居民为研究对象，认为职业类型、所有制和受教育程度都将对收入流动产生影响。严斌剑等（2014）以农村居民为研究对象，指出受教育程度、非农就业机会的提高都会增加收入流动水平。

以上学者研究多集中于宏观角度对我国代内收入流动进行测度。与此同时，也有学者从微观角度对影响我国代内收入流动的因素进行分析。章奇等（2007）分析了 1987～2002 年我国农村居民的代内收入流动，得出农村居民收入流动的重要影响因素包括家庭抚养人口比例、人力资本禀赋、土地转包及党员身份等。孙文凯等（2007）也对 1986～2001 年影响农村居民代内收入流动的因素进行分析，发现教育收入的提高，及外出务工对农村居民代内收入流动具有显著影响。王洪亮等（2012）通过研究发现，居民代内收入流动的显著影响因素包括收入结构、家庭特征、工作状态、职业特征和地理位置等方面。王晓和董长瑞（2013）对我国城镇居民代内收入流动影响因素进行全面考察，认为受教育水平、职业类型、所有制类型和区域等都是影响代内收入流动的重要因素。

2.3.1.3 代内收入流动与长期收入均等化的研究综述

最早针对收入流动性的研究，主要是为了分析长期中代内收入流动是否有利于缓解收入不平等。弗里德曼（Friedman，1962）认为内部收入流动很强的经济体具有较高的平等程度。夏洛克斯（Shorrocks，1978b）认为对于流动性而言，最重要的是长期不平等会比短期不平等程度低；一个具有较高不平等程度的国家，不平等程度会被更高的流动性水平所抵消，从而长期不平等程度从表面上看较低。阿特金森等（1992）认为代内流动能够对收入分布不平等进行缓解，并构建模型发现如果 t 期和（t+1）之间收入的相关系数 r(t，t+1）为 0.7，则生命周期分布中的不平等程度是当前收入平等程度的 $\sqrt{0.85}$ 倍，或者说少8%。戈特沙尔克（Gottschalk，1997）认为流动性上升可以对不平等的上升进行缓解。贾维斯和詹金斯（Jarvis and Jenkins，1998）指出对个人而言，代内流动性能够缓解暂时性收入波动，从而使持久性收入更为平等。艾勒斯尼等（Alesinae et al.，2004）利用欧洲晴雨表（Eurobaromerter）和美国一般社会调查数据（U. S. General Social Survey），发现不平等对于欧洲和美国的幸福度相差很大。不平等在欧洲对于穷人的负面影响较为显著，而正是美国具有较高的代内收入流动，美国的不平等程度较低。

也有学者认为虽然一些国家的收入不平等程度不同，但代内收入流动水平却相差不大，这说明代内收入流动对收入差距的抵消效果方面并不一样。波克斯尔（Burkhauser et al. 1998）发现在 20 世纪 80 年代期间，德国与美国的代内收入流动相差不大，但是收入不平等程度却不相同。阿博芝（2002）对福利四国和美国在 1980~1990 年情况进行分析，结果发现美国的不平等程度较高，但各国之间的代内收入流动却相差不大。

更有学者认为代内收入流动并不利于降低收入不平等。皮凯蒂（Piketty，1995）发现如果人们认为收入差异由"运气"等外生变量决定，那么人们对再分配政策的积极性就会降低，这不利于收入均等的实现。拉瓦雷和洛克申（Ravallion and Lokshin，2000），克尼奥和格鲁纳（Corneo and Gruner，2002）以及芳（Fong，2001）都认为更高的代内流动压低了人们对政府再分配的意愿，如果多数认为个人努力在收入分布中具有的重要作用，这会致使人们对再分配政策的排斥。罗德里格兹等（Rodriguez et al. , 2008）利用泰尔（Theil, 1967）建立的不平等指数和菲尔兹（1999）建立的代内收入流动指标，对1993~1999年间欧洲地区代内收入流动和不平等之间的关系进行分析，结果显示，两者呈显著正相关。但无可置疑的是，即便上述学者认为代内收入流动和不平等之间存在正向关系，研究的出发点也是假定代内收入流动提高了对不平等的承受度，而承受度的增加被视为不平等的缓解，可见收入流动性对于提高社会整体福利的重要性。

国内学者也对居民代内收入流动与长期收入不平等的相关性进行剖析。王海港（2005）率先引入菲尔兹（2002）提出的P指数，提出收入流动性作为"收入平衡器"作用的观点，结果表明我国作为"收入平衡器"的代内收入流动作用在不断减弱，但对于收入差距的缓解具有重要作用。权衡（2005）发现代内收入流动不仅改善收入不平等，同时也可以缓解不同收入阶层由于收入分配不平等导致的心理压力与社会矛盾。章奇等（2007）认为在考虑收入流动性因素后，贫富差距扩大的问题并没有那么严重。孙文凯等（2007）也认为代内收入流动起到了"长期平衡器"的作用，即代内收入流动降低了长期收入差距。赵颖（2008）基于代内收入流动视角，剖析了收入差距与收入不平等的关系，同时提出了缓解当前居民收入差距的路径。张立东等（2009）利用1989~2004年农村居民收入数据进行研究，发现我国具有较高的农村代内收入流动，导致长期不平等程度相对于单独年份有所降低。王晓（2013）对比分析了不同类型的收入流动对不平等的影响，认为收入流动对长期收入不平等的缓解程度取决于收入流动的自身变动情况，只有低收入者相对于高收入者有着更高的预期收入增长，这样的流动过程才是公平的。

2.3.2　对本书的启示

通过对我国现阶段代内收入流动的研究中可以看到，目前的研究主要集中于对代内收入流动进行测度（王海港，2005；尹恒等，2006；范力和丁宁，2010），但在代内收入流动的影响下，不同收入阶层居民的收入地位在制度变迁作用下体现了何种演化？我国居民收入总体向上、向下流动人数的比例大小，但通过转化矩阵对收入流动性进行的结构（Structure of Income Mobility）分析，均是国内并未涉足的领域。事实上，从国际经验来看，维持各阶层之间较强的收入流动性固然重要，但只有收入地位的向上流动（Up Mobility）大于向下流动（Down Mobility）时，收入分配不平等程度及其引起的社会冲突才能有效缓解。可见，从理论及现实意义来看，由于改革开放引起的制度变迁，对不同收入阶层居民经济地位的动态演化具有较为重要的作用。

在当前研究中，基于微观机制的我国居民代内收入流动研究较少，虽然孙文凯等（2007）、章奇等（2007）和王洪亮等（2012）分析了收入流动性的影响因素，但这些研究主要针对农村，为此我们以城乡居民为研究对象，全面分析代内收入流动的影响因素。

与此同时，代内收入流动之所以引起学术界的兴趣，主要在于其能够改善长期收入不平等。但到目前为止，关注我国长期收入不平等程度及其来源的学者较少，为此本研究拟利用 CHNS 数据，完善上述研究的不足之处。

2.4　本章小结

从整个社会学的研究范畴来看，代际收入流动属于较早的研究范畴，并且这种"收入在社会空间中的移动"与收入不平等存在非常紧密的关系。本章对收入流动与收入不平等的相关理论及文献进行了梳理，主要内容分为以下几个方面：第一，对收入不平等的相关理论进行了梳理。当前，古典二元理论、新古典理论、资本市场不完善理论等理论中均有关于收入不平等理论的阐述，同时，国外学者也分不同角度对收入不平等理论进行研究，并基于收入不平等对经济增长的影响与收入分配动态格局两个角度来展开，比如收入不平等影响经济增长的"储蓄—投资机制"、收入不平等影响经济增长的"政治经济体制"、收入不平等影响经济增长的"教育决策机制"、收入不平等影响经济增长的"社会稳定性机制"、收入不平等影响经济增长的"市场规模机制"，当然，国内学者也基于理论分析、比较分析、定量分析等方法对我国收入不平等问题进行探讨。第二，对代际收入流动的相关理论、方法及文献进行了梳理。首先，对代际收入流动的测度方法进行整理，主要包括最小二乘法、工具变量法、代际收入流动弹性等方面；其次，对学者们关于代际收入流动影响因素的研究文献进行整理，综览已有研究文献，学者们主要从人力资本、家庭背景、文化背景、政策因素等角度分析了代际收入流动的影响因素；再次，鉴于收入流动对收入不平等的重要作用，学者们从理论与实证两个角度分析研究了代际收入流动对社会福利的影响；最后，本章对国内研究现状进行了梳理。国内学者的研究主要包括代际收入流动本身、居民代际收入流动的影响因素（健康、教育、职业、家庭背景、代际职业传承等方面）、代际收入流动对收入差距的作用以及代际收入流动研究的实证方法等方面。第三，对代内收入流动的相关理论与文献进行梳理。首先，对代内收入流动的测度研究进行梳理，主要包括代内收入流动测度的公理方法（包括相对收入流动与绝对收入流动）、代内收入流动测度的福利方法等。其次，对代内收入流动的影响因素进行综述。通过梳理发现，多数学者主要基于微观角度对影响代内收入流动的因素进行讨论，包括人力资本、家庭背景、政府投资等方面，同时也有学者基于宏观角度对影响代内收入流动的因素进行分析。最后，对代内收入流动与长期收入均等化关系的研究文献进行梳理。国外学者针对代内收入流动的研究，主要是为了分析长期中代内收入流动是否有利于缓解收入不平等，与此同时，国内学者也分析了居民代内收入流动与长期收入不平等的相关性。

第3章 收入流动测度及其理论模型

收入流动即是从动态视角审视居民收入分配变化的研究方法，对于缓解长期收入不平等、解决收入分配等问题具有重要作用。本章率先对代际收入流动的基本理论模型和区分信贷市场的理论模型进行阐述，并基于此对测度代际收入流动的转换矩阵、时间依赖意义上的测度指标及位置变动意义上的测度指标等内容进行分析。在最后，本章又阐述了代际收入弹性等相关理论。本章内容在全文中起到承上启下的作用，是前一章文献综述的延续章节，同时为后续关于我国代际收入流动的现状分析、动因分析及代际收入流动与收入不平等关系的研究奠定理论基础。

3.1 代际收入流动理论模型

3.1.1 基本理论模型

反映代际收入流动的理论模型最早由贝克尔和托姆斯（1979）提出，他们通过将人力资本引入模型，解释了代际间的收入相关性。

贝克尔和托姆斯（1979）以家庭人力资本投资模型为框架，提出代际收入流动模型。该模型假设不考虑政府部门，以家庭为研究对象，对于父母而言，获得的满足感除了包括自己的消费以外，孩子的相关特征也对其效用水平产生影响，因此，可以将父母的效用函数表示为：

$$U_t = U_t(Z_t, \psi_{t+1}, n) \qquad (3-1)$$

其中，Z_t 表示父母的消费，n 表示孩子的数量，ψ_{t+1} 表示每个孩子的相关特征，t 表示是第 t 代。这些孩子出生于 t 期，而且在 t 期积累人力资本和物质资本，在 $t+1$ 期工作。为了简化分析，假定家长只关心他自己的消费和他所有孩子的总特征，而且 $\psi_{t+1} = I'_{t+1}$，其中 I'_{t+1} 等于家长在每个孩子身上的投资，将上述效用函数重新整理为：

$$U_t = U_t(Z_t, I_{t+1}) \qquad (3-2)$$

其中，$I_{t+1} = nI'_{t+1}$ 表示投资的总财富。家长可以将财富在消费和对子代进行投资之间进行选择。父代的预算函数为：

$$Z_t + \prod_t y_t = I_t \qquad (3-3)$$

其中，I_t 是他们的财富。如果每一单位资本的价值为 w_{t+1}，投资的回报率被定义为：

$$\prod_t y_t = \frac{w_{t+1}y_t}{1+r_t} \qquad (3-4)$$

其中，r_t 是对子代的投资率。子代的总财富包括三部分，分别是父代对于他们的资本投资，拥有的初始禀赋资本 e_{t+1} 和在市场上因幸运而得到的"资本获得"（Capital Gain）u_{t+1}：

$$I_{t+1} = w_{t+1}y_t + w_{t+1}e_{t+1} + w_{t+1}u_{t+1} \qquad (3-5)$$

假设不考虑政府部门，则财富可以转化为持久收入流，Z_t 和 I_t 代表一代人的消费和收入流，并将方程（3-4）和方程（3-5）引入方程（3-3），父母的预算约束可以被引入效用函数，得到：

$$Z_t + \frac{I_{t+1}}{1+r_t} = I_t + \frac{w_{t+1}e_{t+1}}{1+r_t} + \frac{w_{t+1}u_{t+1}}{1+r_t} = S_t \qquad (3-6)$$

父代的消费和子代的收入不仅受父代收入决定，而且与收入禀赋的价值和子代的运气相关，将他们折现到父代，S_t 被定义为总价值，称之为"家庭收入"。

父母将同时考虑到 Z_t 和 I_{t+1}，来最大化他们的效用函数，得到均衡条件：

$$\frac{\frac{\partial U}{\partial Z_t}}{\frac{\partial U}{\partial I_{t+1}}} = 1 + r_t \qquad (3-7)$$

如果效用函数被认为是一致的，Z_t 和 I_{t+1} 有着统一的效用家庭收入弹性，这些均衡条件决定 Z_t、I_{t+1} 线性需求函数，y_t 可以被写为：

$$\frac{I_{t+1}}{1+r_t} = \alpha(\gamma, 1+r)S_t$$

$$Z_t = (1 - \alpha) S_t$$

$$\frac{1}{1 + r_t} w_{t+1} y_t = \alpha S_t - \frac{1}{1 + r_t} w_{t+1} e_{t+1} - \frac{1}{1 + r_t} w_{t+1} u_{t+1} \quad (3 - 8)$$

参数 γ 测度对于孩子收入和消费的偏好程度，其中，$x = (x^1, \cdots, x^n)$，而且 $\in R_+^n$ 作为 Z_t 和 I_{t+1} 的替代弹性。

由方程（3-7）给定的均衡条件来分析收益率与子代投资总量的关系，定义家庭收入，并把它代入方程（3-8），子代收入的需求函数可以定义为：

$$I_{t+1} = \alpha (1 + r_t) I_t + \alpha w_{t+1} u_{t+1} = \beta_t I_t + \alpha w_{t+1} e_{t+1} + \alpha w_{t+1} u_{t+1} \quad (3 - 9)$$

其中，$j = 1, 2, \cdots, n$，而且：

$$w_{t+1} y_t = \beta_t I_t - (1 - \alpha) w_{t+1} e_{t+1} - (1 - \alpha) w_{t+1} u_{t+1} \quad (3 - 10)$$

上述分析中得到，如果父代修正对子代幸运和禀赋的预期，将会通过改变对子代的支付来影响对父母自己消费的支付，方程（3-9）显示，父代会选择部分 S_t 支出于子代身上，I_{t+1} 和 e_{t+1}（u_{t+1}）的均衡取决于 α。这个方程显示 I_{t+1} 和 I_t 通过 β 相关，β 表示父代对子代的投资意愿。这个意愿将父母和子代的收入相联系，而且是分析不平等和代际流动的关键所在。一方面，孩子的收入受到父母禀赋的影响，因为他们的禀赋并不仅提高他们的收入，而且直接通过禀赋的转移增加孩子的收入；另一方面，孩子的收入取决于父母的收入在支援孩子和其他资源之间的分配。

3.1.2　区分信贷市场的理论模型

穆利根（Mulligan，1997）和格劳（Grawe，2001）在贝克尔和托姆斯（1979）模型的基础上加以完善，并且考虑了信贷资本约束在代际收入流动中的作用。本模型仅考虑两代人的消费情况，即模型中没有考虑子代的下一代。

假定常相对风险厌恶系数效用函数（CRRA）为父代效用函数，在处理关于代际的最优问题时，父代也要实现其效用函数的最优化：

$$\max_{C_f, C_s, h_s, X_s} E_t \left[\frac{\eta}{\eta - 1} C_t^{(\eta-1)/\eta} + \alpha \frac{\eta}{\eta - 1} C_{t+1}^{(\eta-1)/\eta} \right] \quad (3 - 11)$$

在效用函数中，父代自身消费的部分为 C_t，子代消费的部分为 C_{t+1}，父代跨期消费替代弹性为 $1/\eta$。我们假定模型中的父代是利他的，即父代同时关心自身和子代的消费情况，令利他系数为 α。

首先分别构建父代和子代的效用函数。假设自身努力与能力是决定个体收入的主要因素。自身努力主要表现通过正规教育和在职培训等方式获得的人力资本积累；个人能力主要通过遗传或家庭环境等因素获得，因此将父代收入作为主要决定因素。模型假定父辈的财富 I_t 主要用于三个方面：一是自身消费 C_t；二是对子代进行人力资本投资 H_{t+1}；三是对子代进行实物资产投资 X_{t+1}，实物资产收益率为市场自然利率 r。父辈在实现效用最大化的同时要满足的预算约束为：

$$C_t + X_{t+1} + H_{t+1} = I_t = [(1+r)X_t + A_tH_t^{\gamma}]\chi_t \qquad (3-12)$$

$$C_{t+1} = [(1+r)X_{t+1} + A_{t+1}H_{t+1}^{\gamma}]\chi_{t+1} \qquad (3-13)$$

$$X_{t+1} \geqslant 0$$

上式中，A 表示能力，H 表示人力资本，(α, γ) 为人力资本投资收益率，χ 表示随机因素。

因为模型中只考虑两代人，所以子辈的消费将等于他所拥有的财富，即：

$$\mu_F = \int_0^{\infty} ydF > 0$$

子代的收入函数为：$y_{t+1} = A_{t+1}H_{t+1}^{\gamma}\chi_{t+1}$。

其中，A_{t+1} 表示子代获取财富的能力，模型中假设父辈能够清楚区分子代拥有的能力；χ 表示市场运气等随机因素，是父辈在对子代进行投资时并不可控的外生因素，χ 是一个白噪声，并且服从正态分布，即 $\ln\chi_t \sim N(\mu_{\ln\chi}, \sigma_{\ln\chi}^2)$。假定对人力资本与实物资产投资都将令父代面临风险，并且面临的风险相同。父代进行实物投资的预期收益率是市场自然利率 r。H_{t+1} 表示子代的人力资本，γ 为人力资本投资收益率，$\gamma \in (0, 1)$。

第一种情况：假设资本市场是完善的，不存在信贷约束。

如果不存在信贷约束，那么对于某些家庭而言，约束条件 $X_{t+1} \geqslant 0$ 不成立，因为父代为了使子代获取更多的收入，可以在不降低自身消费水平的前提下，通过借钱来对子代进行人力资本投资。而达到父代效用水平最大化的子代投资点，即是父代对子代的人力资本投资与实物资产投资的边际收益率相等，对子代的收入函数进行一阶求导，得到：$y_H(A_{t+1}H_{t+1}^{\gamma}\chi_{t+1}) = (1+r)\chi_{t+1}$。构建拉格朗日函数，家庭效用函数最大化时的人力资本最优投入值：

$$H_{t+1}^* = \frac{(1+r)^{1/(\gamma-1)}}{\gamma A_{t+1}} \qquad (3-14)$$

从式（3-14）可以看出，最优人力资本投资数量取决于子代人力资本存量、人力资本投资收益率 γ 和实物资本投资收益率 r。总体而言，子代能力与最优人力资本投资数量呈正相关，即子代能力越强，将会得到更多的投资。

定义 $\mu = E_t(\chi_{t+1}^{1-1/\eta})$，$\varepsilon_{t+1} = \ln\chi_{t+1} - \mu_{\ln\chi}$，得到：

$$\ln C_{t+1} = \ln[(1+r)\alpha\mu]^\eta + \mu_{\ln\chi} + \ln C_t + \varepsilon_{t+1} \qquad (3-15)$$

从式（3-15）可以看出，子代的消费，也即子代拥有的收入总量，主要取决于父母消费能力与人力资本投资收益率。父代的最优消费和子代的最优收入分别为：

$$C_t = \frac{I_t + \left(\frac{1}{\gamma} - 1\right)h_{t+1}^*}{1 + (\alpha\mu)^\eta(1+r)^{\eta-1}}$$

$$\ln y_{t+1} = \gamma\ln\left(\frac{1+r}{\gamma}\right)^{1/(\gamma-1)} + \mu_{\ln\chi} + \frac{1}{1-\gamma}\ln A_{t+1} + \varepsilon_{t+1}$$

从上述分析可以看出，在信贷不受约束的情况下，由于收入不足的家庭可以通过借贷方式获得资产，因此所有家庭都可以实现对子女的最优人力资本投资。但事实上不同家庭的人力资本投资仍有差异，这主要是从遗传学的角度来看，子代收入与父代的某些禀赋有关，包括能力的继承、家庭文化氛围的差异等，导致不同家庭的代际收入弹性有所差异，这种情况下，这种差异主要取决于能力继承度。总体而言，对于能力越高的子代，家庭更倾向于更高的人力资本投资。但是因为不存在信贷约束，所以在一定程度上缩小了富裕与贫穷家庭的差异。

第二种情况：假设资本市场不完善，存在信贷约束。

大多数情况下，信贷约束是存在的，满足条件 $X_{t+1} \geq 0$。由于资本市场不完善，父代如果想要通过借贷对子代进行人力资本投资，较高的贷款利率就必须接受，这样贫穷家庭中父母的积极性就会减弱，为此，进一步简化上述约束条件，子代最优消费水平如下：

$$I_t - H_{t+1} = (\alpha\mu\gamma)^{-\eta} A_{t+1}^{1-\eta} H_{t+1}^{\gamma+\eta(1-\gamma)}$$

$$C_t = I_t - H_{t+1}$$

$$\ln C_{t+1} = \beta\ln[(\alpha\mu\gamma)^\eta A_{t+1}^{\eta/\gamma}] + \mu_{\ln\chi} + \beta\ln C_t + \varepsilon_{t+1} \qquad (3-16)$$

最终得到家庭效用函数最大化时的子代收入表达式为：

$$\ln y_{t+1} = \mu_{\ln\chi} + \ln A_{t+1} + \gamma \ln H(I_t, A_{t+1}) + \varepsilon_{t+1} \qquad (3-17)$$

式（3-17）显示，若考虑信贷约束，能力、收益率与父代财富 I_t 等因素均会影响到子代收入。从机会成本承担多少的角度来考虑，因为家庭背景或家庭拥有的资源不同导致，受借贷约束的家庭将比不受信贷约束的家庭承担更高的机会成本。因此，受借贷约束的贫穷家庭往往对子代的人力资本投资较少，在这类家庭中，父代收入对子代的影响较大，而富裕家庭则仍然可以对子代进行最优的，或较高的人力资本投资（Grawe，2001）。梅耶和楼剖（Mayer and Lopoo，2007）指出，贫穷家庭中其子代收入会随着父母收入的增加而增加，但增速递减。而在富裕家庭中，子代的收入将一直维持在既定水平，并不受父母收入的影响。

3.2 代际收入流动测度方法

3.2.1 收入流动基本测度工具——转换矩阵

转换矩阵（Transition Matrix）是收入流动的重要度量工具。只是针对不同的分析对象——代际收入流动和代内收入流动，转换矩阵有不同的含义。本研究在具体分析时，将分别针对代内收入流动和代际收入流动构建转换矩阵。

阿特金森等（1992）构建双随机 $n \times n$ 阶矩阵（Bi-stochastic Matrix）：

$$P(x, y) = [p_{ij}(x, y)] \in R_+^{n \times n}$$

在分析代际收入流动时，$x = (x^1, \cdots, x^n) \in R_+^n$ 向量表示父代收入分布，向量 $y = (y^1, \cdots, y^n) \in R_+^n$ 表示子代收入分布。$p_{ij}(x, y)$ 表示相对于父代收入处于 i 个等级、其子代收入属于第 j 等级的概率。矩阵中元素取值范围为 $0 \sim 1$，并且每行或每列之和为 1。

在分析代内收入流动时，向量 $x = (x^1, \cdots, x^n) \in R_+^n$ 和 $y = (y^1, \cdots, y^n) \in R_+^n$ 表示同一个个体在起始期和结束期所对应的收入分布。$p_{ij}(x, y)$ 则代表在起始期处于第 i 等级的个人在结束期转变到第 j 等级的概率。作为双随机矩阵，同样满足所有元素取值在 0 与 1 之间，且加总之和等于 1 的原则。

以 n = 5 为例，代际收入流动和代内收入流动转换矩阵的基本形式统一如下：

$$P = \begin{pmatrix} p_{11} & p_{12} & p_{13} & p_{14} & p_{15} \\ p_{21} & p_{22} & p_{23} & p_{24} & p_{25} \\ p_{31} & p_{32} & p_{33} & p_{34} & p_{35} \\ p_{41} & p_{42} & p_{43} & p_{44} & p_{45} \\ p_{51} & p_{52} & p_{53} & p_{54} & p_{55} \end{pmatrix}$$

注：根据定义转换矩阵每行和每列之和都应为 1。

3.2.2　代际收入弹性

由于经济学关注的收入是连续性变量，因此更多学者构建"代际收入弹性"（Intergenerational Income Elastisity，IIE）来概括代际流动性的程度，与代际转换矩阵相比，这一弹性指标能够提供更为统一和清晰的分析框架。构建回归函数：

$$y_{1i} = \alpha + \beta y_{0i} + \varepsilon_{1i} \tag{3-18}$$

在式（3 - 18）中，父辈收入水平由 y_{1i} 表示，子辈收入水平为 y_{0i}，β 为代际收入弹性。由式（3 - 18）可以看出，β 越大，表明父辈和子辈收入具有较高的相关性，说明子辈对父辈收入具有较高的依赖性，不平等的代际传承度高，此时对应的代际收入流动程度较小。

3.3　代内收入流动测度方法

在导论中本书已经对代内收入流动进行界定，因为学者们对代内收入流动具有不同的价值判断，所以将收入流动区分为相对收入流动和绝对收入流动。相对收入流动性又进一步分为时间依赖（Time Dependence）、位置变动（Positional Movement）和份额变动（Share Movement）等不同定义。绝对收入流动性分为非定向收入流动和定向收入流动。

3.3.1 相对主义测度指标

3.3.1.1 时间依赖意义上的代内收入流动及其测度指标

时间依赖测度个人现在收入水平由过去收入水平的决定程度，现在收入受过去收入的决定性越高，则计算的时间依赖指标值越大，表明发生的流动性越低。

构建一个两期收入分布，并把各期收入按照从高到低五等分，在此基础上，建立行×列为 5×5 的转换矩阵。如果每期的结束期和基期收入完全相同，说明后一时期的收入位置完全依赖于前一时期，意味着一个人的未来收入变动完全取决于过去收入情况，这种情况称为完全正时间依赖，发生的收入流动为零。此时矩阵中除对角线上元素为 1，其他元素均为零，如 P_1：

$$P_1 = \begin{bmatrix} 1 & 0 & 0 & 0 & 0 \\ 0 & 1 & 0 & 0 & 0 \\ 0 & 0 & 1 & 0 & 0 \\ 0 & 0 & 0 & 1 & 0 \\ 0 & 0 & 0 & 0 & 1 \end{bmatrix}$$

此外，还有另外一种情况也属于完全时间依赖，但这种情况被称为完全反时间依赖（Perfect Negative Time Dependence）。在完全反时间依赖中，后一期的位置与前一时期完全颠倒，富人变成穷人，穷人变成富人。此时，除了反对角线上的元素为 1 以外其他元素均为零，见矩阵 P_2：

$$P_2 = \begin{bmatrix} 0 & 0 & 0 & 0 & 1 \\ 0 & 0 & 0 & 1 & 0 \\ 0 & 0 & 1 & 0 & 0 \\ 0 & 1 & 0 & 0 & 0 \\ 1 & 0 & 0 & 0 & 0 \end{bmatrix}$$

非时间依赖（Time Independence）是指结束期和基期收入没有任何的关系，不管各个家庭在基期的收入位置如何，在结束期所有的收入位置上，有相同数量的家庭，发生了完全的收入流动。此时，在一个五分位的转换矩阵中，所有元素都是 0.2，即为 P_3：

$$P_3 = \begin{bmatrix} 0.2 & 0.2 & 0.2 & 0.2 & 0.2 \\ 0.2 & 0.2 & 0.2 & 0.2 & 0.2 \\ 0.2 & 0.2 & 0.2 & 0.2 & 0.2 \\ 0.2 & 0.2 & 0.2 & 0.2 & 0.2 \\ 0.2 & 0.2 & 0.2 & 0.2 & 0.2 \end{bmatrix}$$

为了能够应用正时间依赖、反时间依赖和非时间依赖的概念和分析工具，菲尔兹（2001）提供了一个具体的测度方法，即利用转换矩阵的 χ^2 值来说明实际发生的转换矩阵和完全时间依赖矩阵（P_3）间的距离[①]：

$$\chi^2 = \sum_{ij} \frac{(p_{ij} - 0.2)^2}{0.2} \tag{3-19}$$

由式（3-19）可知，χ^2 越大表明两期收入间的依赖性越强，发生的代内收入流动越小，反之亦反。χ^2 为 0 时，表明发生了充分的收入流动。

3.3.1.2　位置变动意义上的代内收入流动及测度指标

很多学者认为可以忽略收入的微小变动，只有当收入变动到一定程度进而通过等级边界时，这种改变才是有意义的，所以个人或家庭在整个收入分布中所处的位置决定着其福利水平（Shorrocks，1978a；Bartholomew，1982；King，1983）。若收入改变之后仍处于基期所在的收入等级，则认为没有发生收入流动（Atkinson et al.，1992）。以此为出发点，相对收入流动另一个重要研究视角是以转换矩阵为工具，研究个人在两期间发生的位置变动。在实际研究中，一般按照收入进行排序，并且分为五个、十个或更多个等级，也可以根据职业、产业或者社会阶层进行分级。位置变动就是度量个体或家庭在期初和期末间所处的收入等级的变化。具体测度指标包括：

惯性率度量个人或家庭仍处在原阶层占发生总流动中的比重，即转换矩阵对角线上元素所对应的算术平均值：

43

---

① 式（3-19）并不是严格意义上的 chi-square 值。统计学上的 chi-square 值要求 P 的每个元素至少大于 5。在这里仅为了度量一个实际的变动与完全变动的距离，或比较两个变动之间程度的大小。

$$m_{P1} = \frac{1}{n} \sum_{j=1}^{n} p_{jj} \qquad (3-20)$$

亚惯性率度量位置相对稳定的人所占的比重，即收入位置移动一层（向上或向下）或维持不动的比例：

$$m_{P2} = \frac{1}{n} \sum_{i=1}^{n} \sum_{j=i-1}^{i+1} p_{ij} \qquad (3-21)$$

不同期或不同群体实际发生的位置变动由加权平均移动率度量，即：

$$m_{P3} = \frac{1}{n} \sum_{j=1}^{n} \sum_{i=1}^{n} |j-i| \times p_{ij} \qquad (3-22)$$

在式（3-22）中，指标值越大，表明发生的位置变动幅度越大，代内收入流动程度越高。

3.3.1.3 份额变动意义上的代内收入流动及测度指标

菲尔兹（2001）基于份额变动（Share Movement）的视角来定义收入流动。他认为人们并不关心自己的收入等级，而是更多与周围人进行横向对比。如果一个人收入增加50%，而其他人却增加100%，虽然这个人的收入也增加了，但他仍会认为自己的境况没有变化。这时如果以份额变动来测量，会发现这个人的收入流动是向下的，向下流动取决于这个人总收入份额的相对下降。所以，份额变动用来分析个人收入在总收入中所占份额的变化。只有个人收入相对于均值发生了变动，才会发生份额变化。因此，对于个人而言即使他的个人收入没有发生改变，在总收入分配中位置也会变化。

菲尔兹（2001）提出以收入份额变动的标准差对份额变动的大小进行度量：

$$m_S(x, y) = \frac{1}{n} \sum_{i=1}^{n} \left| \frac{y_i}{\mu_y} - \frac{x_i}{\mu_x} \right| \qquad (3-23)$$

其中，$\mu(x)$、$\mu(y)$分别表示基期和结束期的平均收入水平。式（3-23）表明计算的$m_S(x, y)$值越大，意味着代内收入流动性越高。

3.3.2 绝对收入流动的测度方法

绝对收入流动是指组内成员的收入相对于其初始收入水平的偏离，

很多学者在此含义的基础上构建距离函数来度量绝对收入流动（Fields and Ok，1996，1999；Mitra and Ok，1998）。

3.3.2.1　距离函数

假定基期和报告期的收入分配向量分别为 $x = (x^1, \cdots, x^n) \in R_+^n$ 和 $y = (y^1, \cdots, y^n) \in R_+^n$，其中 x^j 代表基期第 j 个人的收入水平（j = 1，2，$\cdots$，n），将收入从低到高进行排序，并保持每期顺序不变。菲尔兹和奥克（1996）首次构造了距离函数 $d_n(x, y)$：$R_+^n \times R_+^n \to R_+$，度量收入分布由 x 转变为分布 y 发生的流动规模，并定义连续函数 $m_n(x, y)$：$R_{++}^{2n} \to R_+$，以度量在这个过程中所发生人均收入流动量的大小，即：$m_n(x, y) = \dfrac{d_n(x, y)}{n}$。

3.3.2.2　绝对主义测度指标

1. 非定向收入变动（Non-directional Income Movement）及其测度指标

菲尔兹和奥克（1996）指出收入流动过程中的绝对变化主要由非定向变动来讨论。假定一个三人经济体，最初收入分布为 A = (1，2，3)。首先，在总收入规模不变的前提下，若第三个主体将收入转移两单位至第一个主体，则收入分布为 B = (3，2，1)，这时发生的绝对收入流动为四个单位，流动性即发生在组内之间的转移，转移的规模越大，流动性也就越大。其次，如果总收入规模发生变化，如第二个主体收入增加一个单位，则收入分布变为 C = (1，3，3)，或者第一个和第二个主体的收入同时增加一个单位，收入分布变为 D = (2，3，3)，则表明发生了绝对收入流动，并且 D 比 C 有着更高的流动性。菲尔兹和奥克（1996）率先构建了欧氏距离函数，以测算非定向的收入变动值：

$$d_n(x, y) = (\sum_{j=1}^n |x_j - y_j|^\alpha)^{1/\alpha}, \text{对于所有 x, y} \in R_+^n \quad (3-24)$$

2. 定向收入变动（Directional Income Movement）及其测度指标

在研究收入流动问题时，学者们更为关注一个社会发生的收入流动是否有利于缓解收入不平等，这就需要讨论收入流动的方向性。一般说来，当向上移动者具有较高比例时，并且收入增加的平均数规模高于减少的规模时，收入分配和收入流动情况其实是改善的。在考虑所谓的方向性后，收入流动的总体规模就等于向上的收入流动与向下的收入流动之差。

菲尔兹和奥克（1999）详细剖析了绝对收入流动及其方向性，并通过构建距离函数 d_n 以测算收入流动的方向性，当且仅当其满足如下性质：

$$I \ d_n(x, \ y) = -d_n(y, \ x) \tag{3-25}$$

$$II \ d_n(x, \ \alpha x) > d_n(x, \ x) \text{ 对于所有的 } x, \ y \in R_+^n, \text{ 且 } \alpha > 1$$

$$\tag{3-26}$$

第一个性质说明 x→y 属于福利增加的流动过程，而 y→x 则代表福利损失，当然我们也可认为 x→y 是好的流动，而 y→x 是坏的流动；第二个性质针对同方向的流动，流动规模越大，流动性也就越大。定向收入的收入变动值为：

$$d_n(x, \ y) = \sum_{i=1}^{n} (\log y_i - \log x_i) \tag{3-27}$$

3.4　代内收入流动对长期收入 不平等影响机制分析

3.4.1　代内收入流动对长期收入不平等影响机制分析

菲尔兹（2002）指出长期中发生的代内收入流动是否能够真正缓解收入不平等，关键在于"经济增长过程中的最大受益者是谁"。柏内博和奥克（Benabou and Ok, 2001）提出的收入流动模型也对这一思想进行了阐述，下面我们将以柏内博和奥克（2001）模型为基础对收入流动缓解长期收入不平等的机制进行分析。

首先界定收入累积分布函数为 F: $R_+ \rightarrow [0, 1]$, $F(0) = 0$, $F(\infty) = 1$，其中 F 连续且递增。定义有限均值为 μ_F, 且 $\mu_F = \int_0^\infty y dF > 0$。定义 $F \in \Gamma(X)$ 的反函数为：

$$F^{-1}(p) = \inf\{y \in X: F(y) \geq p\}, \ 0 \leq p \leq 1 \tag{3-28}$$

将函数 F 引入的洛伦兹曲线可以构造如下函数：$L_F(p) = \dfrac{1}{\mu_F} \displaystyle\int_0^P F^{-1}$ (q)dq，$0 \leqslant p \leqslant 1$，其中，$L_F(p)$ 表示最低收入 p% 群体的收入占总收入的比重。如果 $L_F(p) \geqslant L_G(p)$，对于所有 $p \in [0, 1]$，则表明收入分布 F 洛伦兹占优于收入分布 G，简写为 $F \succsim_L G$，$F >_L G$ 表示收入分布 F 严格优于分布 G。

定义 $X \subseteq R_+$ 表示所有可能的收入水平集合，并定义收入集 X 上的收入流动过程函数：$M : R_+ \times X \to [0, 1]$。对于所有 $y \in X$，$M(\cdot \mid y) \in$ $F(X)$，因此 $M(x \mid y)$ 表示个人在基期拥有的收入 y 在结束期拥有收入 x 的概率。根据一阶占优的思想，在严格单调，并且连续的流动过程中，对于任何收入 y_1，$y_2 \in X$，且 $y_1 > y_2$，则有 $M(x \mid y_1) \geqslant M(x \mid y_2)$，对于所有 $x \in R_+$，作用于 X 的收入流动过程被定义为 $M(X)$。

至此，将得到的简单经济体由（X，F，M）所决定，该经济体涵盖由 $X \subseteq R_+$ 构成所有可能收入的集合，基期收入分布 $F \in \Gamma(X)$ 和一个收入流动过程 $M \in M(X)$。

在两期的随机分布函数中，假定基期个人收入为 $y \in X$，预期收入变动被定义为条件分布函数 $M(\cdot \mid y)$，若存在不确定因素，则条件期望为：

$$e_M(y) \equiv \int_0^\infty x \, dM(x \mid y) \qquad (3-29)$$

假定所考察的个人属于风险规避者，同时是时间偏好的，在两期的情况下，可以将预期收入与机会等价。$M(\cdot \mid y)$ 的连续性和单调性决定了 $e_M : X \to R_+$ 也将是一个严格递增，并且连续的函数。将（X，F，M）推出的条件期望收入分布（the Distributi-on of Conditional Expected Incomes）定义为累积分布函数，即：

$$\Lambda_{F, M(x)} = F(e_M^{-1}(x))，\text{对于所有 } x \in e_M(X) \qquad (3-30)$$

若 $\Lambda_{F, M} \succsim_L F$，对于所有 $F \in \Gamma(X)$，则表明经济体（X，F，M）出现的收入流动 $M \in M(X)$，使报告期的预期收入分布比基期更公平，此时的流动性更有利于长期收入平等的实现。如果通过收入流动，使初始处在低收入阶层的群体占有的资源更多，这就体现了长期收入平等得以实现的过程。

柏内博和奥克（2001）通过研究得到长期收入平等得以实现的收入流动路径，即只有低收入者的预期收入增长高于高收入者，发生的收入流动才能真正缓解长期收入不平等。

3.4.2 基于长期收入不平等视角的代内收入流动福利测度指标

很多学者探讨代内收入流动对社会福利的影响，并构建了一组福利测度指标，衡量收入流动在长期中对不平等的缓解程度。测度指标包括两类：一类指标是利用福利函数构建，另一类指标是利用不平等指数。

3.4.2.1 Shorrocks 指标

夏洛克斯（1978b）以福利函数为基础构建流动性指标。$I(\cdot)$ 为不平等指数，Y 为收入分布，$f_Y(y)$ 为密度函数，对于 $y < 0$，则 $f_Y(y) = 0$。假定 $I(\cdot)$ 满足两个性质：

第一，规模无关性，即对任何 $c > 0$，有 $I(cY) = I(Y)$；

第二，不平等测度的严格凸性，即对于任意两个收入分布 Y_1 和 Y_2 有着相同的均值，且对于 $0 < \lambda < 1$ 有：$I(\lambda Y_1 + (1 - \lambda) Y_2) < \lambda I(Y_1) + (1 - \lambda) I(Y_2)$，构建连续凹函数 V，得到收入不平等指标如方程（3 - 31）和方程（3 - 32）所示：

$$I(Y) = \int_0^\infty V\left(\frac{y}{\mu}\right) f_Y(y) \, dy \qquad (3-31)$$

$$I(Y) = 1 - \left(\int_0^\infty \left(\frac{y}{\mu}\right)^{1-\varepsilon} f_Y(y) \, dy \right)^{1/1-\varepsilon} \varepsilon > 0, \ \varepsilon \neq 1 \qquad (3-32)$$

在此基础上，流动性福利测度指标为：

$$M_S = 1 - \frac{I(Y_A)}{\sum_{t=1}^n \omega_t I(Y_t)} \qquad (3-33)$$

其中，$Y_A = \sum_t Y_t$ 表示跨期发生的收入总量，$\omega_t = \mu(Y_t)/\mu(Y_A)$ 表示 t 期收入占总收入的比例。以两期为例，其指标为：

$$M_S = 1 - \frac{I(Y_1 + Y_2)}{\omega_1 I(Y_1) + \omega_2 I(Y_2)} = 1 - \frac{\mu(Y_A) I(Y_A)}{\mu(Y_1) I(Y_1) + \mu(Y_2) I(Y_2)}$$

其中，$0 \leq M \leq 1$，当收入总量是平均分布的，则 $M = 1$。

3.4.2.2 King 指标

金（King, 1983）认为社会福利水平的大小可由收入流动水平大小来反映。构建社会福利函数，反映收入分布从 x 到 y 产生的福利水平的变化：

$$W = W(x, y) = w(y, s), \quad W: R_{++}^{2n} \rightarrow R$$

其中，$s = (s_1, \cdots, s_n)$ 是一个向量，$s_i = \dfrac{|z_i - y_i|}{\mu(y)}$ 度量两期间发生的收入流动，当两期间没有任何收入流动发生时，则 $s = 0_n = (0, \cdots, 0)$，这种收入不流动状态下对应的福利函数为 $\theta(x, y)$。以此福利函数为基准，构造指标如下：

$$M_K(x, y) = 1 - \frac{1}{\theta(x, y)} \qquad (3-34)$$

因为 $\theta(x, y)$ 表示的福利函数处于完全不流动状态，$\theta(x, y)$ 越大，说明收入流动 $M(x, y)$ 越大。

3.4.2.3 Chakravarty – Dutta – Weymark 指标

查克拉瓦蒂等（Chakravarty et al., 1985）仍然以社会福利函数为对象构建流动性指标。查克拉瓦蒂等（1985）认为只有当个人收入份额维持不变才是收入完全不流动的情况。如果以完全不流动作为参照，与其对应的福利函数为 $\alpha(x, y)$，此外，构建函数 $\beta(x, y)$ 表示与两期间实际发生的收入变动相对应的社会福利水平值。以上述两个函数为基础构建 Chakravarty – Dutta – Weymark 指标，简称 CDW 指标：

$$M_{CDW}(x, y) = \beta(x, y) / \alpha(x, y) - 1 \qquad (3-35)$$

王朝明和胡棋智（2008）也指出 CDW 指标的意义在于衡量令人满意的收入流动与不令人满意的收入流动类之间的差异程度。

3.4.2.4 P 指数

菲尔兹（2002）指出有利于缓解长期收入不平等是代内收入流动的意义，并定义了"收入流动作为促进长期收入平等的指标"（Progressivity）（简称"P 指数"）：

$$P = 1 - \frac{I(\bar{y})}{I(y^1)} \qquad (3-36)$$

其中，$\bar{y}$ 为基期和结束期收入平均值，y^1 表示基期收入分布，$I(\cdot)$ 为基尼系数。在式（3-36）中，如果得到的 $P > 0$，则表示 $I(\bar{y}) < I(y^1)$，说明两期的平均收入分配比基期更公平，则表明两期间发生的收入流动有

利于缓解不平等，P<0 则表明两期间发生的收入流动并不有利于缓解不平等，P=0 则表示长期和短期不平等程度相同。

3.5　本　章　小　结

本章主要对代际收入流动与代内收入流动的相关理论模型、测度方法及对收入不平等的影响机制等问题进行分析。本部分内容在全书中具有承上启下的作用，主要内容包括以下几个方面：

第一，对代际收入流动的理论模型进行阐述。一方面，分析阐述了代际收入流动的基本理论模型，该模型最早由贝克尔和托姆斯（1979）提出，通过将人力资本引入模型，解释了代际间的收入相关性；另一方面，充分考虑信贷市场的约束对代际收入流动的影响，同时构建相对风险厌恶系数效用函数（CRRA）为父代效用函数，由此研究父代和子代之间的收入流动状况。

第二，对代际收入流动的测度方法进行阐述。具体来看，转换矩阵（Transition Matrix）是度量收入流动的重要工具，当然针对不同的分析对象——代际收入流动和代内收入流动，转换矩阵会有不同的含义，本部分内容在进行具体分析时，也是分别区分代际收入流动和代内收入流动来对转换矩阵进行阐述。此外，代际收入弹性也是对代际收入流动进行测度的重要方法，并且弹性指标能够提供关于代际收入流动更为清晰的分析框架。

第三，对代内收入流动的测度方法进行阐述。按照对收入流动价值判断的不同，代内收入流动可区分为相对和绝对收入流动。关于相对收入流动的测度指标，主要包括时间依赖意义上的代内收入流动及其测度指标、位置变动意义上的代内收入流动及测度指标、份额变动（Share Movement）意义上的代内收入流动及测度指标三方面；关于绝对收入流动测度指标，以距离函数为基础构建绝对主义测度指标，又具体分为非定向收入变动（Non-directional Income Movement）及其测度指标、定向收入变动（Directional Income Movement）及其测度指标两个方面。

第四，对代内收入流动对长期收入不平等的影响机制进行阐述。一方面，构建代内收入流动对长期收入不平等影响机制的理论模型，并得出"逐步使长期收入平等得以实现的收入流动过程路径，即只有低收入者的预期收入增长高于高收入者的流动过程"的结论；另一方面，构建基于长期收入不平等视角的代内收入流动福利测度指标，主要包括 Shorrocks 指标、King 指标、Chakravarty – Dutta-Weymark 指标、P 指数等指标。

第4章 我国城乡居民收入分配与财富分配格局

收入分配是一种有效判断国家和社会经济发展情况的视角，整个国民收入分配格局不仅对个人收入分配产生影响，也会直接反映政府对社会公平和公正的价值取向。与此同时，关于收入与财富的分配也存在双向作用，一方面，收入可作为财富分配的影响变量，并且财富将以存量体现；另一方面，收入分配将受到财富分配的影响。此外，个人收入分配的格局也是影响不平等的重要因素。为此，本章重点基于宏观与微观层面的收入分配及财富分配视角，从对城乡居民宏观及个人收入分配及财富分配格局入手，对收入不平等相关问题进行剖析，这对于深入理解我国城乡居民经济发展过程中产生的收入不平等和收入流动程度有着重要意义。

4.1 我国城乡居民宏观收入分配关系分析

4.1.1 国民收入分配和个人收入分配含义

国民收入分配的研究主要包括初次分配和再分配，具体来讲是分析整个国民收入在各个微观主体，包括家庭、企业和政府之间的分配比例及关系。我们知道，对国民收入分配进行衡量的两个层次即效率和公平，在国民收入的初次分配中，效率占有较高地位，而以政府为基准的宏观调控，将更加注重对再分配的平衡，更倾向于通过对再分配的调控，实现社会公平与公正。从经济学的角度来看，形成适度的初次分配差距，有利于提升市场资源的配置效率，但若差距不断扩大，则不利于实现社会公平，同时市场效率也会受到一定程度的损害，并出现市场失灵现象。为此，政府也需要进行一定程度的国民收入再分配调控，由此避免"市场失灵"。

理论上讲，国民收入主要通过物质生产部门和生产性劳务部门来实现，并率先在本部门内部进行分配，这即是国民收入的初次分配。通过初次分配，国民收入将划分为劳动者收入及剩余两大类。其中，职工工资即劳动者的纯收入，剩余产品将被分解为国家和企业纯收入两方面。前者主要以企业上缴的税收和利润等形式，并构成国家财政的主要组成部分；后者即企业利润。这样，在经过初次分配后，国民收入将被分为劳动者纯收入、企业纯收入和国家纯收入三部分。

个人的收入分配将受到国民收入初次分配和再分配的影响，从前者来看，国民收入将在个人、企业和政府等微观主体之间形成此消彼长的变化趋势；从后者来看，再分配政策的实施，将对前者形成的不公平、不均衡等问题进行平滑处理，以实现社会公平、公正。可见，合理收入分配的实现，不仅取决于具体的个人收入分配机制，也要取决于国家层面的宏观调控机制。为此，通过对宏观层面国民收入分配机制的研究，有利于有效把握我国城镇居民收入分配的格局。

4.1.2　我国国民收入分配的现状分析

4.1.2.1　国民收入初次分配与个人收入分配发展状况

基于要素供给视角探讨 GDP 的核算属于收入法的范畴，该种方法核算的内容主要包括工资、利息、利润、租金、间接税和企业转移支付、折旧等内容。《中国国内生产总值核算历史资料：1996－2002》给出了基于收入法的劳动者报酬、生产税净额、固定资产折旧和营业盈余。其中，劳动者报酬是指劳动者在生产活动中获得的全部报酬，是居民所得；生产税净额是指生产税和生产补贴的差额，是政府所得；固定资产折旧是指为弥补固定资产在生产过程中的价值损耗而提取的价值，营业盈余是扣除上述三项之后的余额，是企业所得。通过收入法中构成的要素供给者收入比例关系可以作为初次分配的基本格局，表4-1报告了我国城乡居民初次收入分配中的大致份额。

表4-1　　　　　　我国城乡居民初次收入分配数据

年份	政府部门		企业部门		住户部门		国内部门
	总量（亿元）	比例（%）	总量（亿元）	比例（%）	总量（亿元）	比例（%）	总量（亿元）
1992	4138.3	15.5	5080.6	19.1	17432.9	65.4	26651.8
1993	5815.0	16.8	7123.1	20.6	21622.4	62.6	34560.5
1994	7588.4	16.3	9168.5	19.7	29913.2	64.1	46670.1
1995	8705.4	15.1	11565.1	20.1	37224.4	64.7	57494.9
1996	10381.5	15.5	11522.5	17.2	44946.6	67.2	66850.6
1997	10766.0	14.7	14583.8	19.9	48061.4	65.5	73411.1
1998	12982.8	16.9	13489.3	17.5	50495.2	65.6	76967.3
1999	13654.7	17.0	14563.8	18.1	52360.7	65.0	80579.2
2000	14737.2	16.7	16724.6	18.9	56826.8	64.4	88288.6
2001	13697.3	12.7	23122.2	21.4	71248.7	65.9	108068.2
2002	16600.0	13.9	25694.2	21.6	76801.6	64.5	119095.7
2003	18387.5	13.6	30077.0	22.3	86512.5	64.1	134977.0
2004	21912.7	13.7	40051.2	25.1	97489.7	61.1	159453.6
2005	26073.9	14.2	45026.4	24.5	112517.1	61.3	183617.4
2006	31373.0	14.5	53416.5	24.7	131114.9	60.7	215904.4
2007	39266.9	14.7	68349.9	25.7	158805.3	59.6	266422.0
2008	46549.1	14.7	84085.7	26.6	185395.4	58.7	316030.3
2009	49606.3	14.6	84169.6	24.7	206544.0	60.7	340320.0
2010	66608.7	15.2	173684.2	39.7	196714.1	45.0	437042.0
2011	81399.3	15.6	205731.6	39.5	234310.3	44.9	521441.1
2012	91635.1	15.9	222052.7	38.5	262864.1	45.6	576551.8

表4-1和图4-1同时反映了我国城乡居民初次分配规模及相应的比例。通过初次分配具体规模来看，自1992年开始，住户所得规模是最高的主体，远远高于政府所得和企业所得，但从所得份额来看，住户所得份额占比最高，但趋势却逐年下降，并在2010年的下降幅度最大；企业所得份额逐年上升，并于2010年出现大幅度上升。此外，自1992年开始，政府所得份额开始呈小幅上升趋势。

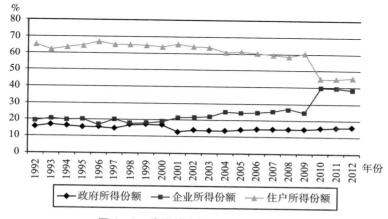

图4-1　我国城乡居民初次分配比例

资料来源：《中国统计年鉴（1992～2013）》。

4.1.2.2　我国国民收入再分配与个人收入分配

理论上讲，国民收入的初次分配较多关注效率，再分配机制可以有效对收入差距进行调节，并对不同部门、不同行业之间的收入差距进行调整，从而实现社会公平和公正，同时对初次分配注重效率所导致的"市场失灵"现象进行弥补。

通过详细比较国民收入分配与再分配，在整体收入分配格局中，住户单位处于净收益的地位（见表4-2和图4-2），但不可否认的是，在1996年，居民或住户单位收入再分配份额达到69.3%的最高点，自此开始，居民或住户单位的收入再分配份额出现逐年下降态势，从1997年的67.9%下降至2008年的58.3%，而2009年又出现了小幅上涨，但整体并没有改变下降的趋势。对于企业来讲，企业从初次分配到再分配一直处于净损失的情形，但呈现逐年减少态势，主要表现就是在整个分配格局中，企业的地位是不断下降的，这从对图 4-1 和图 4-2 数据的综合对比中可以看出，从初次分配来看，企业所得份额占比最高为 2010 年的 39.7%，而从再分配来看，企业所得份额占比最高为 2008 年的 22.7%，这种地位不断下降的态势与企业收入向居民和政府部门的转移是密不可分的。

表 4-2　　　　　　　　中国城乡居民收入再分配比例关系

年份	政府部门		企业部门		住户部门		国内部门
	总量（亿元）	比例（%）	总量（亿元）	比例（%）	总量（亿元）	比例（%）	总量（亿元）
1992	5064.9	19.0	3560.3	13.3	18090.3	67.7	26715.5
1993	6660.3	19.2	5593.5	16.2	22374.2	64.6	34628.0
1994	8427.9	18.0	7495.5	16.0	30862.0	66.0	46785.4
1995	9504.6	16.5	9618.8	16.7	38491.2	66.8	57614.6
1996	11492.8	17.2	9092.6	13.6	46442.9	69.3	67028.4
1997	11814.4	16.0	11901.4	16.1	50121.3	67.9	73837.1
1998	13555.9	17.5	11077.4	14.3	52688.6	68.1	77321.8
1999	15046.4	18.6	11587.7	14.3	54354.3	67.1	80988.5
2000	17352.9	19.5	13895.5	15.7	57562.7	64.8	88811.1
2001	16324.2	15.0	20581.6	18.9	71865.3	66.1	108771.1
2002	19505.9	16.2	23241.1	19.3	77423.3	64.4	120170.4
2003	21946.8	16.1	27206.0	19.9	87268.4	64.0	136421.2
2004	26517.6	16.4	36322.3	22.5	98508.9	61.1	161348.8
2005	32573.7	17.6	40088.6	21.6	112910.2	60.8	185572.4
2006	39724.9	18.2	46990.5	21.5	131426.4	60.2	218141.8
2007	51192.1	19.0	59492.5	22.1	158558.6	58.9	269243.2
2008	60544.1	19.0	72557.1	22.7	185926.3	58.3	319027.5
2009	62603.3	18.3	72576.8	21.2	207302.4	60.5	342482.5

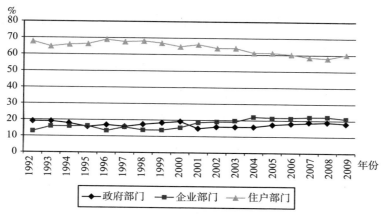

图 4 - 2　我国城乡居民再分配比例

资料来源:《中国统计年鉴 (1992 ~ 2011)》。

从政府的情况来看, 自 1992 ~ 2009 年, 政府再分配份额比例先从 19% 下降至 15%, 然后再上升至 2009 年的 18.3%, 这表明在这段时间内, 政府经常转移获得的税收收入和社会保险缴费等转移收入要远远大于政府的转移支出。与初次分配相对比, 政府的国民收入再分配比例在近几年呈现逐渐上升的态势。

综上结果表明, 近几年来, 住户部门的国民再分配比例逐步下降, 企业部门呈现稳定状态, 而政府部门所占比例逐步上升。

4.1.2.3　我国城乡间国民收入分配的现状分析

通过表 4 - 3 中数据可以发现, 政府财政收入的增长率明显比同期 GDP 增长率要高, 并且也比城镇家庭人均收入增长率和农村家庭人均纯收入增长率高 (见表 4 - 3 和图 4 - 3)。从具体变化情况来看, 财政收入增长率最低为 1993 年的 6.7%, 最高为 2007 年的 24.5%, 同期 GDP 增长率的最高值也仅为 2007 年的 14.2%。

表 4 - 3　　　　　　　　　部分收入增长率的对比　　　　　　　　　单位: %

指标 年份	GDP 增长率	财政收入增长率	城镇家庭人均 收入增长率	农村家庭人均 纯收入增长率
1990	3.8	9.3	8.5	1.8

指标 年份	GDP 增长率	财政收入增长率	城镇家庭人均 收入增长率	农村家庭人均 纯收入增长率
1991	9.2	6.7	7.1	2.0
1992	14.2	9.6	9.7	5.9
1993	14.0	19.9	9.5	3.2
1994	13.1	16.7	8.5	5.0
1995	10.9	16.4	4.9	5.3
1996	10.0	15.7	3.8	9.0
1997	9.3	14.4	3.4	4.6
1998	7.8	12.4	5.8	4.3
1999	7.6	13.7	9.3	3.8
2000	8.4	14.6	6.4	2.1
2001	8.3	18.3	8.5	4.2
2002	9.1	13.3	13.4	4.8
2003	10.0	12.9	9.0	4.3
2004	10.1	17.7	7.7	6.8
2005	11.3	16.6	9.6	6.2
2006	12.7	18.3	10.4	7.4
2007	14.2	24.5	12.2	9.5
2008	9.6	16.3	8.4	8.0
2009	9.2	10.5	9.8	8.5
2010	10.4	17.5	7.8	10.9
2011	9.3	20.0	8.4	11.4
2012	7.7	11.4	12.6	10.7
2013	7.7	9.2	9.3	11.0

通过分析发现，城镇家庭人均收入增长率高于农村家庭。对于城镇家庭人均收入增长率来讲，从 1990 年到 2001 年这个阶段，相应的增长率一直集中在个位数，也就是说均低于 10%，最高也仅为 1992 年的 9.7%，随后处于不断下降的态势；自 2002 年开始至 2013 年，城镇家庭的增长率有所增加，部分年份达到了两位数，即超过 10%，在 2002 年还达到了这段时间的最高值 13.4%，即使在 2007～2010 年全球性金融危机的时间区

间里，城镇家庭的人均收入增长率最低也仅为 2010 年的 7.8%，可见我国城镇家庭人均收入增长率基本上保持着较高水准。

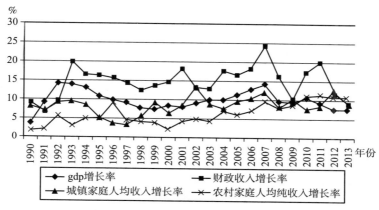

图 4 - 3　部分收入增长率的对比
资料来源：《中国统计年鉴（1990～2014）》。

而对于农村家庭人均纯收入增长率而言，在 2003 年之前，我国农村家庭人均纯收入增长率基本上在 5% 之下，仅在 1996 年达到了 9%，处于一个较高的水准。而在 2004 年之后，农村家庭人均纯收入增长率处于不断增加的态势，并在 2011 年达到了 11.4%。整体来讲，城镇家庭人均收入增长率高于农村家庭，但值得注意的是，增长率的差距并没有被逐步拉大，并且两者与财政收入增长率的差距也没有拉大，由此可见，我国政府部门针对国民收入分配的宏观调控措施达到了一定的成效，但基于规模和增长率所表现出来的收入分配差距还是显而易见的。

4.2　中国城乡居民个人收入分配格局

4.2.1　我国城镇居民收入分配现状分析

4.2.1.1　我国城镇居民的收入增长和整体不平等程度分析

从表 4 - 4 可以看出，我国城镇居民家庭人均可支配收入从 2000 年

59

的 6280.0 元增加至 2013 年的 26955.1 元，在 13 年的时间内增长了近 4.3 倍。其中在 2005 年为 10493.0 元，首次突破万亿元大关。从具体变动趋势来看，自 2000～2013 年，城镇居民人均可支配收入规模一直处于不断增长的态势。与此同时，通过对比城镇居民可支配收入的五等分分组可知，高收入群体的平均收入增长率最高，为 13.2%，在高收入群体中，具体收入规模在 2013 年达到了 56389.5 元，而在 2000 年，高收入群体的收入水平为 11299.0 元，在 13 年的时间内增长了近 5 倍，远高于人均可支配收入在 13 年中的增长倍数；对于低收入群体，平均增长率仅为 9.3%，从趋势上来看，低收入群体的具体收入规模也处于不断上涨态势，从 2000 年的 3132.0 元上涨至 2013 年的 11433.7 元，在 13 年的时间内增长了 3.65 倍，低于人均可支配收入在 13 年中的增长倍数。至于中等偏上收入群体、中等收入群体与中等偏下收入群体，平均收入增长率分别为 10.63%、10.34% 和 10.04%，从具体变化趋势来看，这三个收入群体的收入规模也处于不断增加的态势，三个群体在 13 年的增长倍数也分别为 4%、4.16% 与 4.33%，前两个群体在 13 年内的增长倍数低于人均可支配收入的增长倍数，第三个群体的增长倍数高于人均可支配收入的增长倍数。总之，较高的平均收入增长率发生在收入较高的群体，较低的平均收入增长率发生在收入较低的群体，这种趋势不利于收入分配格局的改善。

表 4-4　　按收入五等分分组的城镇居民人均可支配收入

年份	城镇低收入户（20%）	中等偏下户（20%）	中等收入户（20%）	中等偏上户（20%）	高收入户（20%）	人均可支配收入
2000	3132.0	4623.5	5897.9	7487.4	11299.0	6280.0
2001	3319.7	4946.6	6366.2	8164.2	12662.6	6860.0
2002	3032.1	4932.0	6656.8	8869.5	15459.5	7703.0
2003	3295.4	5377.3	7278.8	9763.4	17471.8	8472.2
2004	3642.2	6024.1	8166.5	11050.9	20101.6	9421.6
2005	4017.3	6710.6	9190.1	12603.4	22902.3	10493.0
2006	4567.1	7554.2	10269.7	14049.2	25410.8	11759.5
2007	5364.3	8900.5	12042.0	16385.8	29478.9	13785.8
2008	6074.9	10195.6	13984.2	19254.1	34667.8	15438.2

年份	城镇低收入户（20%）	中等偏下户（20%）	中等收入户（20%）	中等偏上户（20%）	高收入户（20%）	人均可支配收入
2009	6725.2	11243.6	15399.9	21018.0	37433.9	17174.7
2010	7605.2	12702.1	17224.0	23188.9	41158.0	19109.4
2011	8788.9	14498.3	19544.9	26420.0	47021.0	21810.0
2012	10353.8	16761.4	22419.1	29813.7	51456.4	24564.7
2013	11433.7	18482.7	24518.3	32415.1	56389.5	26955.1
平均增长率（%）	9.299	10.037	10.341	10.631	13.224	11.876

资料来源：《中国统计年鉴（2000~2014）》。

4.2.1.2 我国城镇居民人均可支配收入结构分析

从表4-5数据可知，2003年以来，城镇转移性收入、财产性收入、工薪收入以及经营净收入共同构成了城镇居民家庭的人均收入，图4-4显示了这四部分收入占城镇居民家庭人均收入的具体比重。从表4-5和图4-4中的基本数据可以看出，工薪收入一直是城镇家庭人均收入的主要组成部分，并且工薪收入占人均收入的比重一直较高，所占比重在60%以上，但该比重呈现一定下降趋势，从2003年的70.74%下降至2012年的64.3%。城镇转移性收入也是人均收入的重要组成部分，但该部分收入对人均收入的影响低于工薪收入，具体的规模和所占比重也低于后者。从趋势来看，自2003~2013年，城镇转移性收入占人均收入的比重从23.31%变化至23.62%，可见城镇转移性收入占人均收入的比重虽然存在小幅波动，但整体处于稳定状态。虽然转移性收入占比相对工薪收入更低，但其还是有效影响了人均收入，对人均收入也起到了重要的调节性作用。此外，经营净收入和财产性收入在人均收入中的规模较低，所占比重也不高，从具体变化趋势来看，经营净收入占人均收入比重一直处于上升态势，从2003年的4.46%上升至2013年的9.45%，仅在2007年出现了小幅下降；与此同时，财产性收入占人均收入的比重偏低，虽然自2003年开始一直处于上升趋势，从2003年的1.49%上升至2013年的2.62%，但中间也有一定的波动幅度，并且偏低的比重说明财产性收入对人均收入的影响或贡献力度有限。

表4-5 我国城镇居民人均收入结构

指标 年份	城镇转移性收入		财产性收入		工薪收入		经营净收入		城镇居民家庭人均收入(元)
	总量(元)	比例(%)	总量(元)	比例(%)	总量(元)	比例(%)	总量(元)	比例(%)	
2003	2112.20	23.31	135.00	1.49	6410.22	70.74	403.82	4.46	9061.24
2004	2320.73	22.91	161.20	1.59	7152.76	70.62	493.87	4.88	10128.56
2005	2650.70	23.41	192.91	1.70	7797.54	68.88	679.62	6.00	11320.77
2006	2898.70	22.79	244.01	1.92	8766.96	68.93	809.56	6.36	12719.23
2007	3384.60	22.70	348.53	2.34	10234.76	68.65	940.72	6.31	14908.61
2008	3928.23	23.02	387.02	2.27	11298.96	66.20	1453.57	8.52	17067.78
2009	4515.50	23.94	431.84	2.29	12382.11	65.66	1528.68	8.11	18858.13
2010	5091.90	24.21	520.33	2.47	13707.68	65.17	1713.51	8.15	21033.42
2011	5708.58	23.81	648.97	2.71	15411.91	64.27	2209.74	9.22	23979.20
2012	6368.12	23.62	706.96	2.62	17335.60	64.30	2548.30	9.45	26958.98

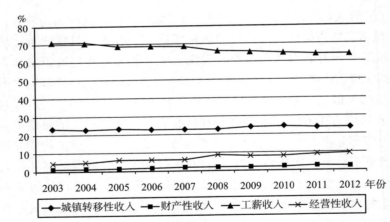

图4-4 我国城镇人均收入结构

资料来源:《中国统计年鉴(2003~2013)》。

从基本结构来看,城镇居民家庭的经营净收入和财产性收入规模表现出快速增加态势,它们的人均收入占比也不断提高,这体现了城镇居民家庭收入多元化的态势。在未来收入分配的调节过程中,应该在增加城镇居民工薪收入的同时,加强转移性收入和财产性收入的调控力度,尤其要强化财产性收入的规模及占比,因为财产性收入在发达国家是促进城镇居民人均收入的重要因素，但在我国财产性收入的影响力度被忽视了，这可能也与我国金融市场的发展较为滞后，以及长期的金融抑制有关，在未来的发展中，金融市场必将成为一个重点发展对象，关于收入分配的调节也要借助金融市场的发展趋势，强化和提高财产收入对城镇居民收入增加的影响力度。

4.2.2　我国农村居民收入分配现状分析

4.2.2.1　我国农村收入增长和整体收入不平等程度分析

表4-6反映了我国农村家庭的收入情况，以及按照五等分家庭的收入不平等程度。从表中数据可以看出，在上述五种收入群体中，"中等偏上户"年均 11.57% 的增长率为最高的群体，"低收入户"年均 9.58% 的增长率最低。对于"低收入户"、"中等偏下户"、"中等收入户"、"中等偏上户"和"高收入户"，自 2000 年到 2013 年，人均收入分别增长了 3.22 倍、3.83 倍、3.96 倍、4.11 倍和 4.09 倍，每个收入群体在这 13 年间的增长倍数与所对应的年均增长率高低是一致的。

通过对"低收入户"和"高收入户"的对比可知，"低收入户"的收入自 2000 年的 802.0 元增长至 2013 年的 2583.2 元，增长率最高的年份是 2010 年，为 20.7%，年均增长率为 9.58%；而"高收入户"的收入从 2000 年的 5190.0 元增长至 2013 年的 21272.7 元，增长率最高的年份为 2011 年，为 19.5%，年均增长率为 11.52%。可见，"高收入户"的收入水平及增长率远高于"低收入户"，这体现收入差距不断扩大的趋势。

表4-6　　　　　按收入五等分分组的农村人均可支配收入

指标 年份	农村低收入户（20%）		中等偏下户（20%）		中等收入户（20%）		中等偏上户（20%）		高收入户（20%）	
	收入（元）	增长率（%）	收入（元）	增长率（%）	收入（元）	增长率（%）	收入（元）	增长率（%）	收入（元）	增长率（%）
2000	802.0		1440.0		2004.0		2767.0		5190.0	
2001	818.0	2.0	1491.0	3.5	2081.0	3.8	2891.0	4.5	5534.0	6.6

指标 年份	农村低收入户（20%）		中等偏下户（20%）		中等收入户（20%）		中等偏上户（20%）		高收入户（20%）	
	收入（元）	增长率（%）	收入（元）	增长率（%）	收入（元）	增长率（%）	收入（元）	增长率（%）	收入（元）	增长率（%）
2002	857.0	4.8	1548.0	3.8	2164.0	4.0	3031.0	4.8	5903.0	6.7
2003	865.9	1.0	1606.5	3.8	2273.1	5.0	3206.8	5.8	6346.9	7.5
2004	1007.0	16.3	1842.2	14.7	2578.6	13.4	3608.0	12.5	6931.0	9.2
2005	1067.2	6.0	2018.3	9.6	2851.0	10.6	4003.3	11.0	7747.4	11.8
2006	1182.5	10.8	2222.0	10.1	3148.5	10.4	4446.6	11.1	8474.8	9.4
2007	1346.9	13.9	2581.8	16.2	3658.8	16.2	5129.8	15.4	9790.7	15.5
2008	1499.8	11.4	2935.0	13.7	4203.1	14.9	5928.6	15.6	11290.2	15.3
2009	1549.3	3.3	3110.1	6.0	4502.1	7.1	6467.6	9.1	12319.1	9.1
2010	1869.8	20.7	3621.2	16.4	5221.7	16.0	7440.6	15.0	14049.7	14.0
2011	2000.5	7.0	4255.7	17.5	6207.7	18.9	8893.6	19.5	16783.1	19.5
2012	2316.2	15.8	4807.5	13.0	7041.0	13.4	10142.1	14.0	19008.9	13.3
2013	2583.2	11.5	5516.4	14.7	7942.1	12.8	11373.0	12.1	21272.7	11.9
年均增长率(%)	9.577		11.000		11.269		11.569		11.523	

资料来源：《中国统计年鉴（2000~2014）》。

收入的绝对值也体现了"高收入户"与"低收入户"的收入差距不断拉大（见表4-7），2000年，两者的收入差距为4388元，而到2013年，收入差距扩大至18690元。从这种收入差距的增长幅度来看，自2001~2005年，收入差距的增长率确实在上升，但自2006年开始，该增长率开始保持稳定态势，仅仅在2011年达到了1.21%。虽然绝对值体现的收入差距不断拉大，但差距增长率却不断趋稳，这体现"低收入户"的收入基数不断增长。从相对值来看，自2000~2011年，"高收入户"收入与"低收入户"收入之比不断增加，从2000年的6.47增加至2011年的8.39，而"高收入户"与"低收入户"的收入之比自2011年开始不断趋稳，可见相对值与绝对值增长率的变化趋势保持一致。

表 4 – 7　　　　　　　　高收入户与低收入户的收入差距

年份 指标	2000	2001	2002	2003	2004	2005	2006	2007	2008	2009	2010	2011	2012	2013
高收入 户－低收 入户（元）	4388	4716	5046	5481	5924	6680	7292	8444	9790	10770	12180	14783	16693	18690
增长率 （%）		1.07	1.07	1.09	1.08	1.13	1.09	1.16	1.16	1.1	1.13	1.21	1.13	1.12

　　总体来讲，通过对农村人均可支配收入五等分情况进行分析可知，我国农户收入之间还是存在显而易见的差距，并且从绝对值来看，这种差距存在不断拉大的态势。并且不同收入等级的年均收入增长率也不太一致，从数据上来看，收入越低的群体，年均增长率越低。但是从相对值来看，不管是收入差距的增长率，还是"高收入户"收入占"低收入户"收入之比，均体现出一种趋于稳定的态势，可见我国农村居民人均收入之间的差距并没有表现出大规模的拉大态势，但规模上的差距还是值得政府决策部门的关注（见图 4 – 5）。

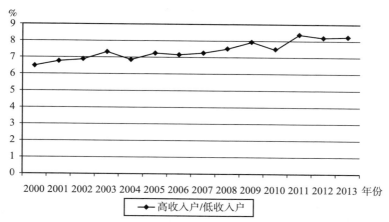

图 4 – 5　我国农村居民高收入户收入与低收入户收入之比

资料来源：《中国统计年鉴（2000～2013）》。

4.2.2.2　我国农村居民人均可支配收入结构分析

　　表 4 – 8 数据显示，农村居民人均收入包括工资性纯收入、经营纯

收入、财产性纯收入和转移性纯收入等。从农村人均收入整体情况来看，纯收入的整体规模处于不断增长的态势，从 2000 年的 2253.4 元增长至 2012 年的 7916.6 元，在 12 年的时间内增长了 3.51 倍。具体来看，农村居民人均收入具体结构均处于不断增长态势，其中工资性纯收入从 2000 年的 702.3 元增长至 2012 年的 3447.5 元，增长了 4.91 倍；经营纯收入从 2000 年的 1427.3 元增长至 2012 年的 3533.4 元，增长了 2.48 倍；财产性纯收入从 2000 年的 45.0 元增长至 2012 年的 249.1 元，增长了 5.54 倍；转移性纯收入从 2000 年的 78.8 元增长至 2012 年的 686.7 元，增长了 8.71 倍。从这四种收入来源来看，增长倍数最高的是转移性纯收入，最低的为经营纯收入。

表 4-8 **我国农村居民人均收入结构**

指标 年份	农村工资性纯收入		经营纯收入		财产性纯收入		转移性纯收入		纯收入 (元)
	总量 (元)	比例 (%)	总量 (元)	比例 (%)	总量 (元)	比例 (%)	总量 (元)	比例 (%)	
2000	702.3	31.166	1427.3	63.340	45.0	1.997	78.8	3.497	2253.4
2001	771.9	32.619	1459.6	61.680	47.0	1.986	87.9	3.715	2366.4
2002	840.2	33.939	1486.5	60.046	50.7	2.048	98.2	3.967	2475.6
2003	918.4	35.024	1541.3	58.779	65.8	2.509	96.8	3.692	2622.2
2004	998.5	34.004	1745.8	59.454	76.6	2.609	115.5	3.933	2936.4
2005	1174.5	36.084	1844.5	56.668	88.5	2.719	147.4	4.529	3254.9
2006	1374.8	38.327	1931.0	53.833	100.5	2.802	180.8	5.040	3587.0
2007	1596.2	38.552	2193.7	52.983	128.2	3.096	222.3	5.369	4140.4
2008	1853.7	38.938	2435.6	51.162	148.1	3.111	323.2	6.789	4760.6
2009	2061.3	40.000	2526.8	49.034	167.2	3.245	398.0	7.723	5153.2
2010	2431.1	41.073	2832.6	47.859	202.3	3.418	452.9	7.652	5919.0
2011	2963.4	42.472	3222.0	46.178	228.6	3.276	563.3	8.073	6977.3
2012	3447.5	43.548	3533.4	44.633	249.1	3.147	686.7	8.674	7916.6

图 4-6 显示了农村居民人均收入各个组成部分的具体占比（图 4-6 中具体数据是根据表 4-8 数据整理得到）。图中数据显示，农村人均收入的重要组成部分即经营性纯收入，其结构占比最高，但趋势不

断下降，从 2000 年的 63.34% 下降至 2012 年的 44.63%，而工资性纯收入占农村人均收入的比重不断上升，从 2000 年的 31.17% 上升至 2012 年的 43.55%，并且逐渐成为农村人均收入结构中的重要构成。工资性收入结构占比的上升，以及经营性收入结构占比的下降，反映了我国当前的城镇化态势。与此同时，转移性纯收入占农村人均收入比重也在不断上升，从 2000 年的 3.5% 上升至 2012 年的 8.67%，并成为农村居民人均收入的重要构成。与城镇居民人均收入相同的是，财产性纯收入占农村居民人均收入的比重也不高，在四种收入来源中的位置较低，农村居民财产性纯收入的结构占比从 2000 年到 2010 年不断上升，从 2000 年的 2% 上升至 2010 年的 3.42%，这体现出与城镇居民人均收入的区别，但自 2010 年开始，该比重又呈现小幅下降，可见财产性纯收入对农村居民人均收入的贡献或影响力度也不大，并且呈现出不断弱化的趋势，这可能与城镇居民人均收入中财产性收入所占比重不高一样，均是由于我国金融市场发展较为滞后、金融资产缺乏必要的多元化及长期的金融抑制所致。

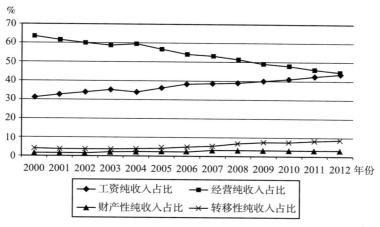

图 4 - 6　我国农村居民人均收入结构

资料来源：《中国统计年鉴（2000～2013）》。

总体而言，我国农村居民人均收入在近 20 年来实现了迅速增长，并且贡献较高的即经营性纯收入与工资性纯收入，并且后者对农村居民收入增加的贡献力度不断提升。可见，若同时对比城镇居民与农村居民，财产性纯收入都不是收入的重要来源，这反映了我国收入分配差距需要解决的重要问题，为此，只有实现财产性收入的增加，强化财产性收入对居民收入的贡献程度，通过平衡财产性收入在不同收入群体之间的差距，才能较好地解决我国收入分配差距等问题。

4.2.2.3 我国农村居民人均可支配收入具体结构的不平等情况分析

1. 我国农村居民家庭经营纯收入的不平等状况分析

当前，在农村家庭经营收入中，家庭经营纯收入是一项重要来源。表4-9体现了农村家庭经营纯收入的变化态势。从整体规模来看，农村家庭经营纯收入呈现不断增长的态势，从2005年的1844.5元增长至2012年的3533.4元，增长了1.92倍。具体来看，不同收入群体家庭经营纯收入的增长程度均不一样，其中，"低收入户"家庭的经营纯收入从2005年的662.6元增长至2012年的937.5元，增长了1.42倍；"中等偏下户"家庭的经营纯收入从2005年的1230.7元增长至2012年的2216.2元，增长了1.80倍；"中等收入户"家庭的经营纯收入从2005年的1651.9元增长至2012年的3124.7元，增长了1.89倍；"中等偏上户"的家庭经营纯收入从2005年的2231.0元增长至2012年的4330.4元，增长了1.94倍；"高收入户"的家庭经营纯收入从2005年的3965.9元增长至2012年的8500.1元，增长了2.14倍。可见，收入越高的群体，家庭经营性纯收入的增长倍数越高，这种增长态势对于平衡不同收入群体家庭经营纯收入的差距明显是不利的。

表4-9　　　　我国农村居民家庭经营纯收入的不平等状况

指标 年份	农村低收入户 人均家庭 经营纯收入		中等偏下户 人均家庭 经营纯收入		中等收入户 人均家庭 经营纯收入		中等偏上户 人均家庭 经营纯收入		高收入户 人均家庭 经营纯收入		经营 纯收入 （元）
	收入 （元）	增长率 （%）	收入 （元）	增长率 （%）	收入 （元）	增长率 （%）	收入 （元）	增长率 （%）	收入 （元）	增长率 （%）	
2005	662.6		1230.7		1651.9		2231.0		3965.9		1844.5
2006	698.9	5.19	1265.7	2.77	1731.3	4.59	2356.5	5.33	4172.0	4.94	1931.0
2007	768.4	9.04	1428.5	11.40	1978	12.47	2635.7	10.59	4857.1	14.11	2193.7
2008	781.2	1.64	1580.1	9.59	2169.3	8.82	2945.4	10.51	5512.6	11.89	2435.6

续表

指标\年份	农村低收入户人均家庭经营纯收入		中等偏下户人均家庭经营纯收入		中等收入户人均家庭经营纯收入		中等偏上户人均家庭经营纯收入		高收入户人均家庭经营纯收入		经营纯收入（元）
	收入（元）	增长率（％）	收入（元）	增长率（％）	收入（元）	增长率（％）	收入（元）	增长率（％）	收入（元）	增长率（％）	
2009	767.3	−1.81	1608.0	1.74	2238.3	3.08	3081.1	4.40	5778.6	4.60	2526.8
2010	939.4	18.32	1828.4	12.05	2496.6	10.35	3462.2	11.01	6419.4	9.98	2832.8
2011	824.9	−13.88	2018.6	9.42	2856.7	12.61	3947.6	12.30	7784.4	17.54	3222.0
2012	937.7	12.03	2216.2	8.92	3124.8	8.58	4330.4	8.84	8500.1	8.42	3533.4

图4−7分析了不同收入群体经营纯收入的具体增长率。从图中数据可看出，"低收入户"家庭经营纯收入的增长率在五个群体中平均最低，在部分年份甚至出现了负值，比如2009年的−1.81％和2011年的−13.88％。而"中等偏下户"、"中等收入户"、"中等偏上户"和"高收入户"家庭经营纯收入的平均增长率均比较高，四者的最高值分别为2010年的12.05％、2011年的12.61％、2011年的12.30％和2011年的17.54％，但值得注意的是，这五个收入群体家庭经营纯收入的增长率均不稳定，均出现了大幅度波动。

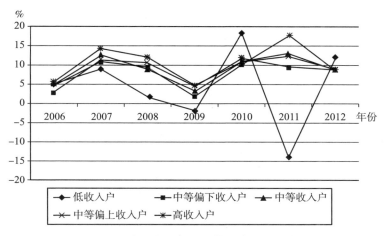

图4−7 我国农村居民经营纯收入增长情况

资料来源：《中国统计年鉴（2005~2013）》。

从绝对值来看，表4－10反映了"高收入户"与"低收入户"关于家庭经营纯收入的差距。具体来看，"高收入户"与"低收入户"的经营纯收入差距不断拉大，从2005年的3303.3元增长至2012年的7562.4元，增长了2.29倍。与此同时，通过分析"高收入户"与"低收入户"的经营性纯收入之比可以发现两者之比在2005年为5.99，而在2012年增长至9.06（见图4－8），可见"高收入户"与"低收入户"的经营纯收入之比也在不断增加。

总之，不管是基于绝对值（即"高收入户"与"低收入户"经营纯收入的具体差距）的分析，还是基于相对值（即"高收入户"与"低收入户"的经营纯收入之比）的分析，"高收入户"与"低收入户"在经营纯收入方面的差距在不断扩大。作为农民的传统收入来源，经营纯收入差距的扩大不利于农民收入差距的解决。

表4－10　　　　高收入户与低收入户关于家庭经营纯收入的差距

指标 ＼ 年份	2005	2006	2007	2008	2009	2010	2011	2012
高收入户－低收入户（元）	3303.3	3473.1	4088.7	4731.4	5011.3	5480.0	6959.5	7562.4
增长率（%）		5.14	17.72	15.72	5.92	9.35	27.00	8.66

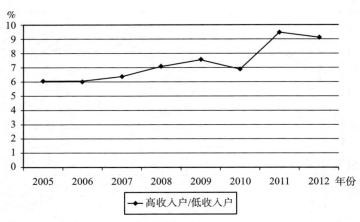

图4－8　"高收入户"经营纯收入与"低收入户"经营纯收入之比

资料来源：《中国统计年鉴（2005～2013）》。

2. 我国农村居民家庭工资纯收入的不平等状况分析

从前面的分析可知，随着城镇化的不断推进，工资性收入逐步成为农村居民可支配收入的重要组成部分，其对农村居民可支配收入的影响力度也有着赶超经营纯收入的态势。表 4 - 11 反映了我国农村家庭工资纯收入的变动趋势及不平等状况。从整体变动趋势来看，工资性纯收入从 2005 年的 1174.5 元逐步增加至 2012 年的 3447.5 元，增长了 2.94 倍。具体来看，不同收入群体的工资性纯收入均有不同程度的增加，其中，"低收入户"的工资性纯收入从 2005 年的 321.7 元增加至 2012 年的 993.4 元，增加了 3.09 倍；"中等偏下户"的工资性纯收入从 2005 年的 672.2 元增加至 2012 年的 2053.7 元，增加了 3.06 倍；"中等收入户"的工资性纯收入从 2005 年的 1043.1 元增加至 2012 年的 3196.4 元，增加了 3.06 倍；"中等偏上户"的工资性纯收入从 2005 年的 1538.8 元增加至 2012 年的 4789.2 元，增加了 3.11 倍；"高收入户"的工资性纯收入从 2005 年的 3097.0 元增加至 2012 年的 8109.6 元，增加了 2.62 倍。可见，工资性纯收入在不同收入群体之间的增速并不相同。

表 4 - 11　　　　我国农村居民家庭工资纯收入的不平等状况

年份 \ 指标	农村居民低收入户人均工资性纯收入		农村居民中等偏下户人均工资性纯收入		农村居民中等收入户人均工资性纯收入		农村居民中等偏上户人均工资性纯收入		农村居民高收入户人均工资性纯收入		工资性纯收入（元）
	收入（元）	增长率（%）	收入（元）	增长率（%）	收入（元）	增长率（%）	收入（元）	增长率（%）	收入（元）	增长率（%）	
2005	321.7		672.2		1043.1		1538.8		3097.0		1174.5
2006	386.0	16.66	814.1	17.43	1230.5	15.23	1807.0	14.84	3495.2	11.39	1374.8
2007	447.3	13.70	969.8	16.05	1450.1	15.14	2142.0	15.64	3930.4	11.07	1596.2
2008	528.7	15.40	1095.2	11.45	1686.7	14.03	2494.8	14.14	4525.1	13.14	1853.7
2009	561.8	5.89	1201.1	8.82	1865.6	9.59	2805.4	11.07	4993.7	9.38	2061.3
2010	675.4	16.82	1431.6	16.10	2239.5	16.70	3289.8	14.72	5880.8	15.08	2431.1
2011	861.0	21.56	1792.2	20.12	2739.8	18.26	4083.1	19.44	6943.6	15.31	2963.4
2012	993.4	13.33	2053.7	12.73	3196.4	14.28	4789.2	14.73	8109.6	14.38	3447.5

与此同时，本节分析农村居民工资性纯收入的具体增长情况（见图 4 - 9）。相对于前面农村居民经营性纯收入的增长情况，农村居民工资

性纯收入的增长情况稍显平稳，五个收入群体工资性纯收入增长率的最低年份均在 2009 年，依次为 5.89%、8.82%、9.59%、11.07% 与 9.38%，这可能是受到当时国际金融危机冲击的影响。而工资性纯收入增长率的最高年份均为 2011 年，依次为 21.56%、20.12%、18.26%、19.44% 与 15.31%。可以看出的，五个收入群体工资性纯收入增长率的变动趋势基本一致。

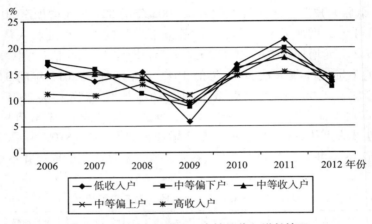

图 4-9　我国农村居民工资性纯收入增长情况

资料来源：《中国统计年鉴（2005～2013）》。

　　从绝对值来看，"高收入户"与"低收入户"的家庭工资性纯收入差距不断变动，从 2005 年的 2775.3 元增长至 2012 年的 7116.2 元，增长率也不断扩大，在 2006 年，这种差距的增长率为 12.03%，而到 2012 年，这种差距的增长率扩大至 16.99%（见表 4-12）。从相对值来看，自 2005～2012 年，"高收入户"与"低收入户"的工资性纯收入之比出现逐步下降趋势，从 2005 年的 9.63 下降至 2012 年的 8.16。总之，对于农村家庭工资性纯收入的变动趋势，通过对绝对值的分析发现收入差距有扩大态势，但通过对相对值变化态势的分析可知差距正趋于稳定，可见，与经营性纯收入不同，农民工资性纯收入的差距并没有呈现明显扩大态势，这可能与我国近几年城镇化趋势不断推进紧密相关。

表4-12 高收入户与低收入户关于家庭工资性纯收入的差距

指标\\年份	2005	2006	2007	2008	2009	2010	2011	2012
高收入户 - 低收入户(元)	2775.3	3109.2	3483.1	3996.4	4431.9	5205.4	6082.6	7116.2
增长率(%)		12.03	12.03	14.74	10.90	17.45	16.85	16.99

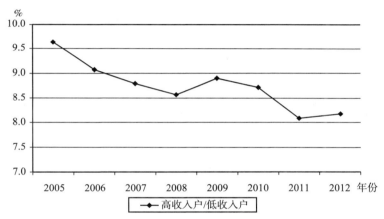

图4-10 "高收入户"经营纯收入与"低收入户"工资性纯收入之比

资料来源:《中国统计年鉴(2005~2013)》。

3. 我国农村居民转移性纯收入的不平等状况分析

表4-13反映了我国农村居民转移性纯收入的变动情况。与前面对几种收入讨论一致的是,农村居民转移性纯收入也在不断增加,从2005年的147.4元增加至2012年的686.7元,增加了4.66倍。具体来看,不同收入群体的转移性纯收入具有不同程度的增加,其中,"低收入户"的转移性纯收入从2005年的61元增加至2012年的332.4元,增加了5.45倍;"中等偏下户"的转移性纯收入从2005年的83.1元增加至2012年的452.7元,增加了5.45倍;"中等收入户"的转移性纯收入从2005年的109.5元增加至2012年的576.7元,增加了5.27倍;"中等偏上户"的转移性纯收入从2005年的152.6元增加至2012年的785.8元,增加了5.15倍;"高收入户"的转移性纯收入从2005年的380.5元增加至2012年的1513.9元,增加了3.98倍。可见,不同收入

群体的转移性纯收入均有不同程度的增长倍数。对于农村转移性纯收入的增长率，五个收入群体增长率的最高值均发生在 2008 年，从"低收入户"到"高收入户"依次是 36.41%、36.41%、37.91%、33.51%与 23.18%，并且可以看到的是，农村居民转移性纯收入的增长率要高于经营性纯收入与工资性纯收入。

表 4 – 13　　　　　　我国农村居民转移性纯收入的不平等状况

指标 年份	农村低收入户人均转移性纯收入		中等偏下户人均转移性纯收入		中等收入户人均转移性纯收入		中等偏上户人均转移性纯收入		高收入户人均转移性纯收入		转移性纯收入
	收入（元）	增长率（%）	收入（元）	增长率（%）	收入（元）	增长率（%）	收入（元）	增长率（%）	收入（元）	增长率（%）	（元）
2005	61.0		83.1		109.5		152.6		380.5		147.4
2006	77.7	21.49	109.5	24.11	134.8	18.77	192.1	20.56	448.2	15.10	180.8
2007	101.3	23.30	135.5	19.43	164.9	18.25	236.3	18.71	551.7	18.76	222.3
2008	159.3	36.41	213.7	36.41	265.6	37.91	355.4	33.51	718.2	23.18	323.2
2009	194.3	18.01	251.5	15.03	312.0	14.87	436.9	18.65	917.1	21.69	398.0
2010	210.9	7.87	288.0	12.67	364.8	14.47	502.8	13.11	1047.4	12.44	452.9
2011	265.0	20.42	360.7	20.16	468.7	22.17	650.2	22.67	1263.3	17.09	563.3
2012	332.4	20.28	452.7	20.32	576.7	18.73	785.8	17.26	1513.9	16.55	686.7

资料来源：《中国统计年鉴（2005～2013 年）》。

表 4 – 14 反映了"高收入户"与"低收入户"转移性纯收入的差距，是衡量两者差距的绝对值。图 4 – 11 反映了"高收入户"与"低收入户"转移性纯收入之比，是衡量两者差距的相对值。从绝对值来看，"高收入户"与"低收入户"的转移性纯收入差距在不断扩大，从 2005 年的 319.5 元增加至 2012 年的 1181.5 元，增加了 3.7 倍；而从相对值来看，"高收入户"与"低收入户"的转移性纯收入之比在逐步降低，从 2005 年的 6.24 降低至 2012 年的 4.55。可见，虽然从绝对值来看，两者差距在不断扩大，但相对值的变动趋势反映了这种扩大态势在逐渐趋缓。

表 4 –14   "高收入户"转移性纯收入与"低收入户"
                    转移性纯收入的差距

指标＼年份	2005	2006	2007	2008	2009	2010	2011	2012
高收入户 – 低收入户（元）	319.5	370.5	450.4	558.9	722.8	836.5	998.3	1181.5

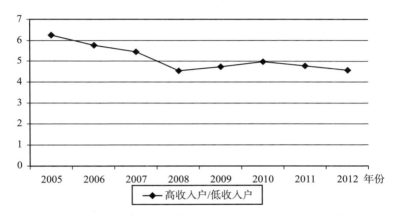

图 4 –11   "高收入户"转移性纯收入与"低收入户"转移性纯收入之比

资料来源：《中国统计年鉴（2005～2013）》。

4. 我国农村居民财产性纯收入的不平等状况分析

表 4 –15 反映了我国农村居民财产性纯收入的发展情况。作为我国农村居民人均收入所占份额较小的部分，人均财产性收入也保持不断增长的态势，从 2005 年的 88.5 元增长至 2012 年的 249.1 元，增长了 2.81 倍。详细来看，人均财产性纯收入在每个群体中均处于不断上升趋势，具体来讲，财产性收入在"低收入户"中从 2005 年的 21.9 元增长至 2012 年的 52.7 元，增加了 2.41 倍；"中等偏下户"的财产性纯收入从 2005 年的 32.4 元增长至 2012 年的 84.8 元，增加了 2.62 倍；"中等收入户"的财产性纯收入从 2005 年的 46.4 元增长至 2012 年的 143.2 元，增加了 3.09 倍；"中等偏上户"的财产性纯收入从 2005 年的 80.9 元增长至 2012 年的 236.7 元，增加了 2.93 倍；"高收入户"的财产性纯收入从 2005 年的 304 元增长至 2012 年的 885.3 元，增加了 2.91 倍。

可见，不同收入群体的财产性纯收入均有不同程度的增长幅度。从增长率来看，不同收入群体的财产性纯收入增长率均不稳定，比如"低收入户"的增长率，在 2006 年和 2009 年分别出现了负值，即 - 10.05% 和 - 19.38%，但在 2010 年又达到了 41.5% 的高点。与此同时，"中等偏下户"、"中等收入户"、"中等偏上户"和"高收入户"也出现了不稳定的增长态势，这反映了财产性纯收入对我国农村居民人均收入的贡献力度还不是很大，需要继续强化。

表 4 - 15　　　　　　我国农村居民财产性纯收入的不平等状况

指标 \ 年份	农村居民低收入户人均财产性纯收入		农村居民中等偏下户人均财产性纯收入		农村居民中等收入户人均财产性纯收入		农村居民中等偏上户人均财产性纯收入		农村居民高收入户人均财产性纯收入		人均财产性纯收入（元）
	收入（元）	增长率（%）	收入（元）	增长率（%）	收入（元）	增长率（%）	收入（元）	增长率（%）	收入（元）	增长率（%）	
2005	21.9		32.4		46.4		80.9		304.0		88.5
2006	19.9	- 10.05	32.6	0.61	51.8	10.42	91.1	11.20	359.4	15.41	100.5
2007	29.9	33.44	47.7	31.66	65.9	21.40	115.9	21.40	451.5	20.40	128.2
2008	30.8	2.92	46.0	- 3.70	81.5	19.14	132.9	12.79	534.3	15.50	148.1
2009	25.8	- 19.38	49.6	7.26	86.3	5.56	144.1	7.77	629.7	15.15	167.2
2010	44.1	41.50	73.3	32.33	120.8	28.56	185.8	22.44	702.1	10.31	202.3
2011	49.6	11.09	84.3	13.05	142.4	15.17	212.1	12.40	791.7	11.32	228.6
2012	52.7	5.88	84.8	0.59	143.2	0.56	236.7	10.39	885.3	10.57	249.1

资料来源：《中国统计年鉴（2005～2013）》。

表 4 - 16 与图 4 - 12 分别反映了"高收入户"与"低收入户"的财产性纯收入差距的绝对值和相对值。从绝对值来看，"高收入户"与"低收入户"的财产性纯收入绝对差距在不断拉大，从 2005 年的 282.1 元增加至 2012 年的 832.6 元，增加了 2.95 倍；从相对值来看，虽然"高收入户"与"低收入户"的财产性纯收入之比不存在明显上升态势，但最低值也仅仅是 2005 年的 13.88，最高值为 2009 年的 24.41，远高于前面关于经营性纯收入、工资性纯收入以及转移性纯收入的讨论，可见，农村"高收入户"与"低收入户"的财产性纯收入差距虽然没有扩大，但绝对值还是偏高。

表 4 - 16 我国农村"高收入户"与"低收入户"
关于财产性纯收入之差

指标 \ 年份	2005	2006	2007	2008	2009	2010	2011	2012
高收入户 – 低收入户（元）	282.1	339.5	421.6	503.5	603.9	658.0	742.1	832.6

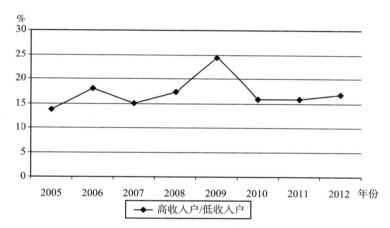

图 4 - 12 "高收入户"转移性纯收入与"低收入户"财产性纯收入之比

资料来源：《中国统计年鉴（2005~2013）》。

4.2.3 我国城镇不同行业间收入分配格局分析

表 4 – 17 反映了我国城镇不同行业间的收入分配基本格局，我们是以"平均工资"这个变量来反映行业间的收入分配情况。从表中数据可以看出，我国城镇不同行业间收入分配格局呈现出以下几个方面的特点：

第一，从业人员的平均工资水平规模不断提高，但行业之间的差距也在不断扩大。从绝对差额来看，2005 年的信息传输、计算机服务和软件业等行业 38799 元的平均工资水平最高，也就是收入水平最高的行业，而农林牧副渔业等行业 8207 元的平均工资水平为最低行业，两个行业的差距为 30592 元。到 2014 年，金融业 108273 元的平均工资水平为收入最高的行业，而农林牧副渔业仍为收入最低的行业，平均工资水平为 28356 元，差距为 79917 元。在这 10 年的时间里，最高与最低平均工资水平的差距扩大了 2.61 倍，并且表中数据显示，金融业、信息传输、计算机服务和软件业及科学研究、技术服务和地质勘查业等一直是平均工资水平前三位的行业，该三类行业也是对城镇居民平均工资水平影响较大的行业。

第二，产业政策对不同行业平均工资形成的影响较大。众所周知，在近 10 年内，我国金融业发展速度较快，也是我国政府当局比较重视的行业之一，因此在第三产业中，保险业、银行业等行业的职工收入一直处于较高水准，这也是我国当前金融业成为平均工资水平最高行业的重要原因。表中数据还反映，2005~2014 年，金融业的平均工资水平增长率最高，平均每年增长 13.4%，这也是该行业成为平均工资水平最高行业的原因之一。

表 4-17　　　　　按行业分城镇单位就业人员平均工资　　　　单位：元

指标	2014 年		2013 年		2012 年		2008 年		2005 年		2005~2014 年增幅（%）
	平均工资（元）	位次	平均工资（元）	位次	平均工资（元）	位次	平均工资（元）	位次	平均工资（元）	位次	
城镇单位就业人员平均工资（元）	56339		51483		46769		28898		18200		
金融业	108273	1	99653	1	89743	1	53897	2	29229	2	13.4
信息传输、计算机服务和软件业	100797	2	90915	2	80510	2	54906	1	38799	1	10.4
科学研究、技术服务和地质勘查业	82220	3	76602	3	69254	3	45512	3	27155	3	11.5
电力、燃气及水的生产和供应业	73339	4	67085	4	58202	4	38515	4	24750	4	11.3
租赁和商务服务业	66475	5	62538	5	53162	8	32915	7	21233	6	11.8
文化、体育和娱乐业	64150	6	59336	7	53558	6	34158	6	22670	5	10.9

续表

指标	2014 年		2013 年		2012 年		2008 年		2005 年		2005 ~ 2014 年增幅（%）
	平均工资（元）	位次	平均工资（元）	位次	平均工资（元）	位次	平均工资（元）	位次	平均工资（元）	位次	
交通运输、仓储和邮政业	63416	7	57993	8	53391	7	32041	10	20911	7	11.6
卫生、社会保障和社会福利业	63267	8	57979	9	52564	9	32185	9	20808	8	11.6
采矿业	61677	9	60138	6	56946	5	34233	5	20449	9	11.4
教育业	56580	10	51950	10	47734	10	29831	12	18259	12	11.7
批发和零售业	55820	11	50308	12	46340	12	25818	13	15256	15	13.4
房地产业	55554	12	51048	11	46764	11	30118	11	20253	10	10.5
公共管理和社会组织	53110	13	49259	13	46074	13	32296	8	20234	11	10.1
制造业	51369	14	46431	14	41650	14	24404	14	15934	13	12.2
建筑业	45804	15	42072	15	36483	15	21223	16	14112	16	12.2
居民服务和其他服务业	41882	16	38429	16	35135	16	22858	15	15747	14	10.3
水利、环境和公共设施管理业	39198	17	36123	17	32343	17	21103	17	14322	17	10.6
住宿和餐饮业	37264	18	34044	18	31267	18	19321	18	13876	18	10.4
农、林、牧、渔业	28356	19	25820	19	22687	19	12560	19	8207	19	12.9

资料来源：《中国统计年鉴（2005 ~ 2014）》。

　　第三，行业间收入差距的流动性较弱。本节已经讨论过，金融业、信息传输、计算机服务和软件业以及科学研究、技术服务和地质勘查业等行业一直处于平均工资前三位，而水利、环境、公共设施管理业、住宿、餐饮业以及农林牧副渔业等行业的平均工资水平较低，并在近十年的位次没有发生显著变化。与此同时，从中间若干行业平均工资水平位次来看，比如像文化体育娱乐业、采矿业及教育业等行业，其平均工资水平也没有发生很大变化，这可能是行业垄断或行政垄断导致的结果。

4.3 本章小结

本章内容重点探讨了我国城乡居民的收入分配和财富分配格局。一方面，对我国城乡居民宏观收入分配关系进行分析，主要讨论了国民收入分配和个人收入分配的含义，并基于此对我国国民收入分配的现状进行探讨，包括国民收入初次分配与个人收入分配发展现状、国民收入再分配与个人收入分配现状，及城乡间国民收入分配的现状等。另一方面，对我国城乡居民个人收入分配格局进行分析，对于城镇居民而言，主要针对收入增长和整体不平等程度、人均可支配收入结构进行分析；对于农村居民而言，主要针对农村收入增长、整体不平等程度、可支配收入结构等进行探讨。最后，本部分内容对城镇不同行业间的收入分配格局进行了剖析。

第5章 我国居民收入流动现状

代际收入流动可有效体现社会机会平等，而代内收入流动对于缓解长期收入不平等具有重要作用。随着当前我国收入分配差距不断拉大，有必要从代内和代际两个视角研判我国的收入流动现状。为此，本章将利用中国健康和营养调查（China Health and Nutrition Survey，CHNS）数据对我国自20世纪90年代以来的收入流动变动趋势进行分析。

5.1 我国居民代际收入流动的测度

5.1.1 基于转换矩阵的居民代际收入流动测度

5.1.1.1 我国城镇居民代际收入转换矩阵

在本章中，本节利用中国健康和营养调查数据（CHNS）相关数据，该数据库详细记录了家庭成员与户主之间的关系。若在"住户调查"中询问"您是户主的什么人？"存在以下答案可供选择："00 户主，01 配偶，02 父母，03 子代，04 兄弟姐妹，05 孙子（女），06 岳父母/公婆，07 女婿/儿媳，08 其他亲属，09 佣人，10 其他非亲属"，根据问题将户主与子代信息进行筛选分离，可以得到父代和子代的信息。上述信息为分析代际收入流动提供了必要条件，并可以找到同一家庭中父亲和子女的收入信息，同时将被调查数据中子代和父代的信息进行数据配对，得到同时包含孩子和父亲相关信息的家庭样本，然后将户主和子女的收入分别进行从低到高的排列，然后各自进行五等分，从而得到五等分代际收入流动转换矩阵。

表5-1是我国城镇居民1989年的收入转换矩阵，可以看到，父代处于最贫困20%的人群，其子代发生了较高的向上收入流动，仅36%的人仍然留在该组，这表明有64%低收入群体家庭中的子女已经跳出贫困阶层，上升到更高的收入组，其中有16%的比例进入了第五阶层。在父代处于最富裕的20%人群中，留在原组的比例为32%，进入到最低收入阶层的比例为16%，上述数据表明，1989年我国居民的代际间流动水平较高，并没有出现明显的代际阶层固化。

表5-1　　　　　我国城镇居民1989年代际收入转换矩阵

		子代所处收入阶层				
		1	2	3	4	5
父代所处收入阶层	1	0.36	0.17	0.13	0.17	0.16
	2	0.25	0.21	0.26	0.12	0.17
	3	0.14	0.20	0.21	0.27	0.18
	4	0.11	0.20	0.29	0.24	0.17
	5	0.16	0.20	0.12	0.20	0.32

注：（1）根据定义转换矩阵每行和每列之和都应为1，上表进行了四舍五入。
（2）转换矩阵根据由冯·科姆（Van Kerm，2002）编写的"matrxmob"程序计算得出。
资料来源：中国健康和营养调查（China Health and Nutrition Survey，CHNS）。

表5-2分析了1991年的代际收入流动。父代处于最贫困20%的人群之中，有46%的人在仍然留在该组，高于1989年的水平。父代在最富裕的20%人群中，子代仍留在原组的比例达到34%，共有66%的群体进入其他阶层，其中23%比例流向第四阶层，流向最底层的比例为11%。通过对处于第二、第三、第四阶层群体的分析可以看到，处于原收入组的群体占比大约为20%。数据表明，1991年代际收入流动程度较高，但低于1989年的水平。

表 5 – 2　　　　我国城镇居民 1991 年代际收入转换矩阵

		子代所处收入阶层				
		1	2	3	4	5
父代所处收入阶层	1	0. 46	0. 11	0. 14	0. 13	0. 15
	2	0. 18	0. 32	0. 23	0. 15	0. 11
	3	0. 14	0. 23	0. 23	0. 23	0. 15
	4	0. 10	0. 19	0. 22	0. 26	0. 24
	5	0. 11	0. 15	0. 16	0. 23	0. 34

注：同表 5 – 1。
资料来源：同表 5 – 1。

　　表 5 – 3 的结果显示，最贫困的 20% 群体中代际收入流动水平又有所回升，由 1991 年的 46%，下降为 1993 年的 38%，其子代进入最富裕的 20% 行列的人数达到了 15%，与 1991 年基本持平。父代处于最富裕的 20% 人群中，有 22% 的人其子代仍留在原阶层中，低于 1991 年的水平。父代处于第二、第三、第四阶层群体，其子代处于原阶层的比例与 1991 年相比，也出现了明显下降。整体而言，1993 年比 1991 年呈现出更大的代际收入流动性。

表 5 – 3　　　　我国城镇居民 1993 年代际收入转换矩阵

		子代所处收入阶层				
		1	2	3	4	5
父代所处收入阶层	1	0. 38	0. 15	0. 10	0. 23	0. 15
	2	0. 16	0. 15	0. 26	0. 18	0. 25
	3	0. 13	0. 27	0. 23	0. 18	0. 18
	4	0. 13	0. 26	0. 23	0. 18	0. 20
	5	0. 20	0. 22	0. 13	0. 23	0. 22

注：同表 5 – 1。
资料来源：同表 5 – 1。

　　1997 年我国城镇居民代际收入流动水平在表 5 – 4 进行表述。可以看到，父辈收入在最低收入阶层的人群之中，其子辈处于原收入阶层的比例为45%，其中进入最高收入阶层的占比为13%。这表明相比1989年和1991年，父代处于最底层20%的居民，其代际收入流动水平有所下降。对比处于最高收入阶层父代的情况，留在原阶层的比例为35%，进入相邻阶层的比例为21%，有11%的人群进入最低阶层。此外，中间收入阶层（二阶层、三阶层、四阶层）发生的流动趋势也明显低于1989～1993年的水平。结果表明，进入1997年，我国代际收入流动水平出现下降。

表5-4   我国城镇居民1997年代际收入转换矩阵

		子代所处收入阶层				
		1	2	3	4	5
父代所处 收入阶层	1	0.45	0.13	0.17	0.11	0.13
	2	0.25	0.35	0.16	0.11	0.13
	3	0.09	0.20	0.25	0.24	0.22
	4	0.10	0.15	0.27	0.32	0.16
	5	0.11	0.16	0.17	0.21	0.35

注：同表5-1。
资料来源：同表5-1。

表5-5为2000年的代际收入转换矩阵，最贫困20%的群体，子代有54%仍留在原阶层，达到自1989年以来的最高值，其中进入最富裕的20%行列的仅占4%，底层居民出现了显著的代际阶层固化。最高20%人群的代际收入流动水平略低于1997年，有31%的子代仍留在原组，比1997年下降了4%，但是流入最底层的比例出现下降，降为9%。上述数据表明，在2000年后我国显著下降的流动性水平，体现出阶层固化之趋势。

表5-5   我国城镇居民2000年代际收入转换矩阵

		子代所处收入阶层				
		1	2	3	4	5
父代所处 收入阶层	1	0.54	0.13	0.12	0.17	0.04
	2	0.20	0.29	0.25	0.13	0.13

		子代所处收入阶层				
		1	2	3	4	5
父代所处收入阶层	3	0.12	0.30	0.25	0.16	0.17
	4	0.06	0.12	0.21	0.29	0.32
	5	0.09	0.16	0.18	0.26	0.31

注：同表 5 - 1。
资料来源：同表 5 - 1。

　　表 5 - 6 显示 2004 年代际收入流动仍处于较低水平。其中，最低收入阶层群体中，父辈和子辈处于同一阶层的比例达到 50%，表明低收入阶层父代和子代收入仍具有很高的相关性。处于最富裕 20% 的父代留在原组的比例虽然为 29%，但有 36% 的群体仅流入了相邻一层。此外，第二、第三阶层居民处于原阶层的比例均有所上升，再次表明社会整体流动性较低。

表 5 - 6　　　　　我国城镇居民 2004 年代际收入转换矩阵

		子代所处收入阶层				
		1	2	3	4	5
父代所处收入阶层	1	0.50	0.13	0.15	0.15	0.07
	2	0.24	0.33	0.09	0.20	0.13
	3	0.11	0.17	0.30	0.15	0.28
	4	0.11	0.18	0.34	0.16	0.20
	5	0.04	0.18	0.13	0.36	0.29

注：同表 5 - 1。
资料来源：同表 5 - 1。

　　表 5 - 7 表明，在 2006 年，最高收入阶层的群体，其子代仍留在原阶层的比例为 35%。父代处于最低收入阶层的群体，其子代处于原阶层的群体比例为 37%，为自 1989 年以来的最低水平。中间阶层的收入群体也呈现较高的流动性水平。整体而言，2006 年代际收入流动水平有所回升，但仍处于较低水平。

表 5 - 7   我国城镇居民 2006 年代际收入转换矩阵

		子代所处收入阶层				
		1	2	3	4	5
父代所处收入阶层	1	0.37	0.29	0.09	0.20	0.06
	2	0.17	0.14	0.29	0.17	0.23
	3	0.17	0.26	0.20	0.17	0.20
	4	0.14	0.14	0.23	0.34	0.14
	5	0.15	0.18	0.21	0.12	0.35

注：同表 5 - 1。
资料来源：同表 5 - 1。

　　表 5 - 8 显示，父代处于最底层 20% 的居民，其子代处于原阶层的比例为 42%，有 13% 进入最高收入阶层，高于 2006 年的水平，在最高 20% 的居民中，处在原阶层的比例下降至 28%，并有 23% 的比例进入第四阶层，共有 49% 的比例流入第一阶层、第二阶层和第三阶层。此外，第二阶层居民子代处于原阶层比例仍较高，但是第三、第四阶层居民代际收入流动水平都出现上升。以上数据显示，在 2009 年，我国底层城镇居民的代际流动性水平较高。

表 5 - 8   我国城镇居民 2009 年代际收入转换矩阵

		子代所处收入阶层				
		1	2	3	4	5
父代所处收入阶层	1	0.42	0.17	0.17	0.13	0.13
	2	0.15	0.35	0.17	0.15	0.19
	3	0.24	0.15	0.17	0.22	0.22
	4	0.09	0.21	0.23	0.28	0.19
	5	0.13	0.13	0.23	0.23	0.28

注：同表 5 - 1。
资料来源：同表 5 - 1。

　　表 5 - 9 报告的结果表明，与 2009 年相比，2011 年的代际收入流动水平有着明显提高，收入最高 20% 的居民，其子代处于原阶层的概率下降为 19%，收入最低 20% 的居民，其子代处于原阶层概率下降

为 33%，为自 1989 年以来的最低水平。第二、第三、第四阶层的收入流动也有所提高。结果表明 2011 年的代际收入流动水平出现了显著上升。

表 5 - 9　　　　　　　我国城镇居民 2011 年代际收入转换矩阵

		子代所处收入阶层				
		1	2	3	4	5
父代所处收入阶层	1	0.33	0.28	0.22	0.10	0.07
	2	0.17	0.24	0.17	0.18	0.24
	3	0.17	0.14	0.14	0.26	0.30
	4	0.13	0.19	0.26	0.23	0.19
	5	0.21	0.18	0.19	0.24	0.19

注：同表 5 - 1。
资料来源：同表 5 - 1。

从上述对城镇居民的分析可以看出，我国城镇居民的代际收入流动总体上呈现出先下降后上升的态势，进入 2000 年至 2004 年间达到较低水平，自 2006 年开始流动性有一定上升，2011 年达到较高水平。这表明伴随着改革开放的深入，我国城镇居民目前代际间的固化态势有所缓解，这为成功跨越"中等收入陷阱"提供了有力保障。

5.1.1.2　我国农村居民代际收入转换矩阵

表 5 - 10 是我国农村居民 1989 年的收入转换矩阵，可以看到，父代处于最贫困的 20% 人群，其子代有 50% 仍然留在该组，仅有 9% 的人群进入收入最顶层。在父代处于最富裕的 20% 人群中，其子代有 35% 的人在仍然留在原组中，共有 65% 的群体流入其他阶层，其中有 19% 的群体进入到相邻阶层，上述数据表明，1989 年我国农村居民的代际间流动水平较低，低收入群体的子代较难改变收入状况。

表 5 - 10   我国农村居民 1989 年代际收入转换矩阵

		子代所处收入阶层				
		1	2	3	4	5
父代所处 收入阶层	1	0.50	0.16	0.13	0.11	0.09
	2	0.13	0.29	0.29	0.15	0.14
	3	0.13	0.19	0.22	0.33	0.14
	4	0.14	0.19	0.18	0.23	0.26
	5	0.11	0.18	0.17	0.19	0.35

注：同表 5 - 1。
资料来源：同表 5 - 1。

表 5 - 11 是 1991 年农村居民的转换矩阵。最底层人群仍留在原组的比例由 1989 年的 50% 下降为 41%，表明底层居民的代际收入流动性有所上升。顶层居民代际收入流动水平和 1989 年基本持平，其子代处于同一阶层的比率仍为 35%，但是流入相邻阶层的比率有所增加，变为 23%，代际收入流动性有一定程度下降。此外，父代收入处在第二、第三、第四阶层的群体，其子代收入处于原阶层的比例分别为 38%、26% 和 30%，与 1989 年相比分别上升了 9 个、4 个和 7 个百分点。这表明随着时间推移，这种不同阶层居民代际收入流动性所体现出的不同特征，显示底层居民流动性不断上升，顶层居民流动性却有所下降。

表 5 - 11   我国农村居民 1991 年代际收入转换矩阵

		子代所处收入阶层				
		1	2	3	4	5
父代所处 收入阶层	1	0.41	0.23	0.12	0.12	0.12
	2	0.16	0.38	0.27	0.09	0.09
	3	0.21	0.15	0.26	0.25	0.13
	4	0.09	0.12	0.18	0.30	0.31
	5	0.13	0.12	0.16	0.23	0.35

注：同表 5 - 1。
资料来源：同表 5 - 1。

　　表 5 - 12 是 1993 年农村居民收入转换矩阵，可以看到，处于最贫困 20% 的父代之中，其子代留在该组的概率为 47%，比 1991 年增加了 6 个百分点，表明底层居民在 1993 年的代际收入流动性有所下降。父代处于最富裕 20% 的人群中，其子代处于同一阶层的概率为 37%，略高于 1989 年和 1991 年的水平。这表明处于底层、顶层居民的代际收入流动，均出现一定程度的下降。分析父代处于中间阶层（二层、三层、四层）的群体，可以看到，子代处于原收入组的概率为 22%、22% 和 23%，比 1991 年分别下降了 16 个、4 个和 7 个百分点，这说明中间阶层的代际收入流动有所上升。

表 5 - 12　　　　　　我国农村居民 1993 年代际收入转换矩阵

		子代所处收入阶层				
		1	2	3	4	5
父代所处 收入阶层	1	0.47	0.20	0.16	0.10	0.08
	2	0.19	0.22	0.27	0.16	0.15
	3	0.12	0.20	0.22	0.33	0.13
	4	0.12	0.21	0.18	0.23	0.26
	5	0.11	0.17	0.17	0.19	0.37

注：同表 5 - 1。
资料来源：同表 5 - 1。

　　表 5 - 13 显示，在 1997 年中，父代处于最低 20% 的收入阶层群体，其子代处于原阶层的概率为 47%，和 1993 年一致；父代处于最高 20% 的收入阶层群体，其子代处于原阶层的概率为 39%，略高于 1993 年两个百分点。从中间阶层来看，父代处于第二、第三、第四阶层的群体，其子代处于原阶层的比率都呈现显著上升，这表明与 1991 年相比，中间阶层收入流动性呈现显著下降。

表 5 - 13　　　　　　我国农村居民 1997 年代际收入转换矩阵

		子代所处收入阶层				
		1	2	3	4	5
父代所处 收入阶层	1	0.47	0.19	0.13	0.13	0.09
	2	0.16	0.35	0.18	0.20	0.11

		子代所处收入阶层				
		1	2	3	4	5
父代所处收入阶层	3	0.13	0.24	0.32	0.13	0.19
	4	0.13	0.15	0.21	0.28	0.23
	5	0.11	0.07	0.16	0.26	0.39

注：同表 5-1。
资料来源：同表 5-1。

表 5-14 为 2000 年代际收入转换矩阵，与 1997 年相比，父代处于最低 20% 的收入阶层群体和父代处于最高 20% 的收入阶层群体，其子代处于原阶层的概率均有所下降。除第二阶层以外，父代处于第三阶层和第四阶层的群体，其子代处于原阶层的概率有所下降。这表明整体而言，2000 年的代际收入流动水平要高于 1997 年。

表 5-14　　　　　我国农村居民 2000 年代际收入转换矩阵

		子代所处收入阶层				
		1	2	3	4	5
父代所处收入阶层	1	0.42	0.15	0.14	0.14	0.15
	2	0.17	0.36	0.18	0.13	0.16
	3	0.19	0.22	0.24	0.17	0.18
	4	0.12	0.14	0.31	0.27	0.16
	5	0.10	0.13	0.14	0.29	0.34

注：同表 5-1。
资料来源：同表 5-1。

由表 5-15 可以看出，进入 2004 年，最底层群体的代际收入流动性继续呈现上升趋势，子代处于原阶层的概率下降为 36%。顶层居民的代际收入流动性表现出下降趋势。而对于中间阶层，第二阶层的代际收入流动持续下降，子代与父代处于同一阶层的概率上升为 45%，第三、第四阶层群体中子代和父代在同一阶层的概率高于 2000 年的水平，与 1997 年的水平基本持平。可见，不同阶层呈现出不同的代际收入流动特征。

表 5 – 15　　　　　　我国农村居民 2004 年代际收入转换矩阵

		子代所处收入阶层				
		1	2	3	4	5
父代所处 收入阶层	1	0.36	0.21	0.19	0.14	0.10
	2	0.21	0.45	0.13	0.14	0.07
	3	0.20	0.21	0.31	0.20	0.09
	4	0.12	0.05	0.24	0.29	0.31
	5	0.12	0.08	0.14	0.24	0.42

注：同表 5 – 1。
资料来源：同表 5 – 1。

　　表 5 – 16 报告的 2006 年代际收入流动水平与 2004 年相比呈现出明显的上升态势。其中，对于最底层居民而言，父代和子代处于同一收入阶层的概率为 35%，最顶层居民处于同一阶层概率为 36%，均低于 2004 年的水平。第二、第三、第四阶层的代际收入流动性也表现出不同程度的上升。

表 5 – 16　　　　　　我国农村居民 2006 年代际收入转换矩阵

		子代所处收入阶层				
		1	2	3	4	5
父代所处 收入阶层	1	0.35	0.23	0.20	0.16	0.06
	2	0.27	0.23	0.21	0.15	0.15
	3	0.13	0.23	0.26	0.19	0.19
	4	0.13	0.19	0.15	0.31	0.23
	5	0.10	0.13	0.21	0.20	0.36

注：同表 5 – 1。
资料来源：同表 5 – 1。

　　由表 5 – 17 可以看出，2009 年中，代际收入流动水平进一步上升。父代处于最低 20% 的群体中，其子代处于同一阶层的概率为 34%，父代处于最高 20% 的群体中，其子代处于同一阶层的概率下降为 30%，比 2006 年少了 6 个百分点。此外，中间收入阶层的收入流动也呈现上升趋势。

表 5 - 17 　　　　　　我国农村居民 2009 年代际收入转换矩阵

		子代所处收入阶层				
		1	2	3	4	5
父代所处收入阶层	1	0.34	0.15	0.22	0.18	0.11
	2	0.27	0.25	0.15	0.19	0.15
	3	0.17	0.18	0.24	0.18	0.22
	4	0.10	0.21	0.26	0.23	0.21
	5	0.13	0.21	0.14	0.23	0.30

注：同表 5 - 1。
资料来源：同表 5 - 1。

由表 5 - 18 可以看出，进入 2011 年，我国农村居民的代际收入流动水平达到最高。其中，最底层 20% 的居民，父代和子代处于同一阶层的概率下降为 33%；父代处于最顶层 20% 的居民，其子代处于同一阶层的概率仅为 19%，有 21% 的群体流入到了最低阶层，代际收入流动达到较高水平。此外，父代处于第二、第三、第四阶层的群体，其子代处于同一阶层的概率也出现明显下降。整体而言，2011 年我国农村居民代际收入流动水平呈现明显上升。

表 5 - 18 　　　　　　我国农村居民 2011 年代际收入转换矩阵

		子代所处收入阶层				
		1	2	3	4	5
父代所处收入阶层	1	0.33	0.28	0.22	0.10	0.07
	2	0.17	0.24	0.17	0.18	0.24
	3	0.17	0.14	0.14	0.26	0.30
	4	0.13	0.19	0.26	0.23	0.19
	5	0.21	0.18	0.19	0.24	0.19

注：同表 5 - 1。
资料来源：同表 5 - 1。

总体而言，我国农村的代际收入流动变动趋势呈现的特征如下：

从最底层的代际收入流动水平来看，从 1991 年到 2000 年，代际收入流动水平一直呈下降趋势。在 1991 年处于最贫困的 20% 的父代之中，子代有 41% 仍处于相同阶层，在 1993 年这一概率上升到 47%，1997 年和 2000 年均维持在 47% 的概率，进入 2004 年出现下降，为 34%，随后一直处于较低水平，到 2011 年下降为 31%。这表明我国农民最底层居民的代际收入流动性保持上升趋势，有更多子代流动到其他阶层，实现了收入地位的改变。

从最顶层的代际收入流动水平来看，最富裕 20% 的父代和子代的代际收入流动表现出先递减后递增的趋势。可以看到，1991 年父代处于最富裕 20% 阶层的群体，其子代仍处于同一阶层的比率为 35%，在随后的 1993 年和 1997 年中，这一比率分别上升为 37% 和 39%，直至 2004 年，处于同一阶层的比率达到 42%，这表明子代和父代处于同一收入阶层的概率增加，最富裕群体的代际收入流动水平逐渐降低。进入 2006 年最富裕阶层父代和子代处于同一阶层的概率出现降低，下降为 36%，2009 年继续下降为 30%，2011 年达到最低，仅为 19%，这表明进入 2011 年我国农村居民最富裕阶层的代际收入流动性显著升高。

5.1.2 基于统计指标的居民代际收入流动测度

5.1.2.1 指标选择及测度过程说明

本书已经在第 3 章介绍了相关流动性测度指标，考虑到流动性本身测度存在的争议，为了更全面地反映我国居民代际收入流动性情况，我们选取一组指标进行测度。其中，对于时间依赖，将选择 χ^2 指数作为测度指标；以位置变动含义为基础的收入流动，我们将选择惯性率指标、亚惯性率指标以及加权平均移动率作为度量指标。测度区间依然为 1989 ~ 2011 年共 9 个时间段。

5.1.2.2 我国城镇居民相对收入流动测度指标

指标值的具体结果如表 5 - 19 所示，得到结论如下：

表 5 – 19　　　　　　中国城镇居民代际收入流动性测度指标

时间段	χ^2 指数	惯性率	亚惯性率	加权平均移动率
1989	0.488	0.268	0.630	1.401
1991	0.851	0.322	0.656	1.228
1993	0.434	0.232	0.568	1.505
1997	1.021	0.344	0.668	1.184
2000	1.368	0.336	0.702	1.120
2004	1.373	0.316	0.652	1.191
2006	0.759	0.280	0.614	1.335
2009	0.660	0.265	0.602	1.305
2011	0.448	0.226	0.568	1.450
平均值	0.822	0.292	0.629	1.302

注：根据表 5 – 1 ~ 表 5 – 9 相对应的转换矩阵进行计算所得，计算结果四舍五入。

将 1989 年、1991 年、1993 年、1997 年、2000 年、2004 年、2006 年、2009 年和 2011 年共 9 个时段的相对收入流动指标进行纵向比较，结果表明：

第一，以时间依赖定义为基础的 χ^2 指数先上升后下降，因为 χ^2 指数越大，反映时间依赖性越强，相对应的代际收入流动水平越小，这说明我国城镇居民的代际收入流动整体呈现先下降后上升的趋势。其中，1989 年期间指标值为 0.488，1991 年为 0.851，出现流动性水平短暂下降，进入 1993 年后流动性水平再次上升，χ^2 指数仅为 0.434；进入 1997 年之后，χ^2 指数值逐渐增大，1997 年、2000 年和 2004 年分别为 1.021、1.368 和 1.373，表明流动性一直呈现下降趋势。但是从 2006 年开始，χ^2 指数再次出现下降，2011 年达到最低值，仅为 0.448。

第二，以惯性率和亚惯性率来看，二者在 1989 年分别为 0.268 和 0.63，进入 1991 年指标变为 0.322 和 0.656，两组指标值均下降，说明流动性水平上升，进入 1993 年指标值再度下降为 0.232 和 0.568。进入 1997 年之后，惯性率和亚惯性率指标一直在上升，表明流动性在不断下降。但是进入 2006 年之后指标值开始下降，表明流动性水平再度上升。此外，加权平均移动率指标也呈现出大致相同的变动趋势，指标值先下降后上升，表明代际收入流动水平先下降后上升。

根据上述分析可知，测度指标和转换矩阵所呈现的收入流动变动趋势基本相同。整体而言，我国城镇居民代际收入流动整体上表现出先下降后上升的变动趋势，我国居民在 20 世纪 90 年代初具有较高的流动性水平，在 1997 之后不断下降，但在进入 2006 年之后流动性又呈现一定的上升，这表明随着改革的继续深入，社会中的个人将会拥有更多机会改善自身收入状况，父代和子代间收入代际继承性有所减弱，这一趋势有利于社会公平的实现。

5.1.2.3　我国农村居民相对收入流动测度指标

我国农村居民相对收入流动测度指标的具体结果如表 5 - 20 所示，得到结论如下：

表 5 - 20　　　　　　中国居民相对收入流动性测度指标结果

时间段	χ^2 指数	惯性率	亚惯性率	加权平均移动率
1989	1.052	0.318	0.664	1.212
1991	1.091	0.340	0.696	1.146
1993	0.937	0.302	0.666	1.216
1997	1.173	0.362	0.682	1.212
2000	0.861	0.326	0.656	1.228
2004	1.384	0.366	0.716	1.093
2006	0.665	0.306	0.648	1.230
2009	0.407	0.272	0.598	1.352
2011	0.639	0.284	0.634	1.286
平均值	0.912	0.320	0.662	1.219

注：根据表 5 - 10 ~ 表 5 - 18 相对应的转换矩阵进行计算所得，计算结果四舍五入。

一方面，对农村居民的收入流动趋势进行纵向比较。χ^2 指数基本上也呈现先上升后下降的趋势，20 世纪 90 年代中后期和 21 世纪初期的流动性水平较低，进入 2006 年之后流动性水平有着明显上升。以位置变动定义界定的三个指标惯性率、亚惯性率和加权平均移动率呈现基本一致的变动趋势。1997 ~ 2004 年的惯性率和亚惯性率值较高，与之对应的加权平均移动率较低，表明此期间的流动性水平较低，同样，进入

2006 年之后，惯性率和亚惯性率有所下降，加权平均移动率也开始上升。整体而言，我国农村居民收入流动变动趋势和城镇居民变动趋势基本一致，都是呈现先上升后下降的趋势。

另一方面，对农村居民和城镇居民同一时期的流动性进行横向对比。计算 9 个时间段 χ^2 指数平均值，城镇居民为 0.822，农村居民为 0.912，说明整体而言城镇居民流动性高于农村居民。同时，城镇居民的惯性率和亚惯性率得到平均指标值为 0.292 和 0.629，低于农村居民的指标均值，此外，加权平均移动率指标也呈现相同的结果。上述指标值均表明，我国城镇居民代际间的流动性水平高于农村居民。

5.1.3　基于代际收入弹性的居民代际收入流动测度

5.1.3.1　模型设定

结合我国居民代际流动的基本特征，得到代际收入弹性回归方程如式（5-1）：

$$\ln y_{1,t} = \alpha_1 + \beta \ln y_{0,t} + \gamma X + \varepsilon \qquad (5-1)$$

其中，$\ln y_{1,t}$ 和 $\ln y_{0,t}$ 分别是对子代和父代在 t 年收入的自然对数，β 用于表示代际收入流动弹性，X 用来表示相应的控制变量，包括子代的性别、受教育水平、地区、职业等变量。

考虑到回归过程中会出现样本选择性偏误的问题，本书将利用赫克曼（Heckman）提出的样本选择模型的两步估计法（Heckman Two-step Estimation）进行估计。该模型的核心步骤为：（1）先采纳 Probit 对整体样本进行分析，构造概率模型，对每个人预测事件发生概率；（2）将预测概率作为变量放入原回归方程模型中得到统计模型。具体的统计方法如下：

$$P^* = Z\gamma + uP = 1 \ 若 \ Z\gamma + u > 0$$
$$X = X\beta + \lambda\alpha + \eta \qquad (5-2)$$

其中，逆 Mills 比用 λ 来表示，如果系数结果是显著的，则证明存在选择性偏误；反之，则不存在，在这种情况下，OLS 估计是有效的。

5.1.3.2　模型回归结果

1. OLS 回归结果

选择 1989～2011 年共 9 个年份，区分我国居民区分为城镇和农村，利用 OLS 回归方法得到结果如表 5 - 21 所示。

表 5 - 21   我国城镇和农村居民代际收入弹性

因变量：子代收入				
父代收入	城镇居民		农村居民	
年份	系数	标准差	系数	标准差
1989	0. 186 ***	0. 037	0. 350 ***	0. 030
1991	0. 317 ***	0. 039	0. 250 ***	0. 026
1993	0. 184 ***	0. 050	0. 333 ***	0. 038
1997	0. 230 ***	0. 042	0. 435 ***	0. 036
2000	0. 479 ***	0. 054	0. 321 ***	0. 033
2004	0. 427 ***	0. 062	0. 396 ***	0. 052
2006	0. 228 ***	0. 059	0. 309 ***	0. 054
2009	0. 235 ***	0. 063	0. 177 ***	0. 046
2011	0. 211 ***	0. 056	0. 237 ***	0. 041

注：双尾检验的显著性水平 1%、5% 和 10% 分别由 ***、** 和 * 表示。
资料来源：中国健康和营养调查（China Health and Nutrition Survey，CHNS）

表 5 - 21 反映了对城镇居民和农村居民代际收入流动弹性 β 的估计结果。城镇居民的结果显示，代际收入弹性体现出先增后减态势。在 2000 年达到最大值 0. 479，随后出现下降，2011 年降为 0. 2113。这个结果与转换矩阵的测算结果基本一致，这表明不论是离散数据方法还是连续数据方法，得到的我国城镇居民代际收入流动变化趋势基本一致。

从农村居民来看，代际收入弹性值变化趋势较为复杂，整体上呈现先上升后下降，随后再度上升然后下降的趋势，从 1993 年到 2000 年，代际收入弹性出现下降，并于 2004 年和 2006 年达到较高水平，2009 ~ 2011 年又出现下降，但是绝对值仍然较高。

上述数据表明，转换矩阵结果与代际收入弹性变化态势基本一致。从横向对比看，城镇居民的代际收入弹性低于农村居民，因此，我国城镇居民具有较高的收入流动性水平。

2. 赫克曼估计结果

表 5 - 22 分别对城镇和农村住户的单变量概率模型进行估计。在该

选择概率模型中，将子代收入记录能否被观察到作为虚拟变量，然后以父辈与子代的相关变量，并设置地区间的虚拟变量为自变量进行 Probit 回归。其中子代的年龄、子代年龄的平方、教育年限、教育程度及性别等变量用来表示子代相关变量；父辈年龄、父辈年龄的平方、身体质量指数、教育年限、教育程度、父辈工作单位类型及性别等用来表示父辈变量。地区虚拟变量中西部地区为基本组。表中只报告了回归结果显著的变量。

表 5 – 22　　　　　　　　　　赫克曼两阶段模型估计结果

变量	城镇居民		农村居民	
	选择方程	结果方程	选择方程	结果方程
hincome	0.126 ***	0.586 ***	0.015 ***	0.596 ***
	(0.000)	(0.000)	(0.000)	(0.000)
male	− 0.202 ***	0.016 ***	− 0.142 ***	0.007 ***
	(0.000)	(0.000)	(0.000)	(0.000)
a8zidai	− 0.084 ***	0.030 ***	− 0.029 ***	0.034 ***
	(0.000)	(0.000)	(0.000)	(0.000)
age	0.074 ***	0.141 ***	0.152 ***	0.157 ***
	(0.000)	(0.000)	(0.000)	(0.000)
age2	− 0.001 ***	− 0.002 ***	− 0.002 ***	− 0.002 ***
	(0.000)	(0.000)	(0.000)	(0.000)
schooling	− 0.001 ***	0.050 ***	0.015 ***	0.065 ***
	(0.000)	(0.000)	(0.000)	(0.000)
eastern	0.380 ***	0.295 ***	0.036 ***	0.268 ***
	(0.000)	(0.000)	(0.000)	(0.000)
λ		3.938 ***		2.985 ***
		(0.000)		(0.000)
Wald chi2		27.66		22.48

注：双尾检验的显著性水平 1%、5% 和 10% 分别由 ***、** 和 * 表示，括号里报告的是标准差。

资料来源：中国健康和营养调查（China Health and Nutrition Survey，CHNS）

用赫克曼模型纠正后的回归结果表明城镇居民代际弹性系数为
0.586，农村居民代际弹性系数为 0.596，调整之后代际收入弹性系数出
现了明显上升，高于 OLS 回归结果，说明我国整体代际收入流动水平
出现下降。对比城镇和农村代际弹性值结果，得到与 OLS 基本一致的
结果，农村居民的代际弹性系数仍略高于城镇居民，表明城镇居民的代
际流动水平较高。

5.2　我国居民代内收入流动

5.2.1　基于转换矩阵的代内收入流动测度

转换矩阵也是分析代内收入流动的重要工具，它反映的是处于不同
收入阶层的群体在各收入阶层间的转移概率。表 5-23～表 5-29 分别
显示了 1991～1993 年、1993～1997 年、1997～2000 年、2000～2004
年、2004～2006 年、2006～2009 年和 2009～2011 年这 7 个不同时期的
计算结果。

表 5-23 为 1991～1993 年的收入转换矩阵。可以看到，处在最贫
困的 20% 人群之中仍处于原收入组的比例为 66%，只有 34% 的比例上
升到高收入阶层，进入最高收入阶层的比例仅为 4%。对 1991 年收入处
于顶层的群体而言，在 1993 年中有 49% 比例群体仍留在原阶层中，占
比为 24% 的群体流向相邻一层，进入更低层比例为 26%。处于二阶层、
三阶层、四阶层的中间群体的跨期流动多发生于原阶层或相邻阶层，很
少群体发生跨阶层的流动。

表 5-23　　　　　　　1991～1993 年收入转换矩阵

		1993 年所处收入阶层				
		1	2	3	4	5
1991 年所处收入阶层	1	0.66	0.19	0.06	0.05	0.04
	2	0.17	0.31	0.21	0.18	0.13
	3	0.07	0.27	0.29	0.24	0.13

		\multicolumn{5}{c}{1993 年所处收入阶层}				
		1	2	3	4	5
1991 年所处收入阶层	4	0.06	0.12	0.30	0.30	0.23
	5	0.06	0.10	0.10	0.24	0.49

注：根据定义转换矩阵每行和每列之和都应为1，上表进行了四舍五入。
资料来源：中国健康和营养调查（China Health and Nutrition Survey，CHNS）

表 5 - 24 的结果显示，1993～1997 年居民的代内收入流动高于 1991～1993 年。1993 年，处于最贫困 20% 的人群中，在 1997 年仍有 53% 留在该组，相比 1991～1993 年下降 13%；而进入最富裕 20% 的人数为 7%，相对于 1991～1993 年上升 3%。1993 年，处于最富裕的 20% 人中，在 1997 年仍有 38% 留在原组，相比 1991～1993 年下降了 11%，在最高 20% 的收入中，有 62% 的城镇居民流向较低收入组。

表 5 - 24　　　　　　　　　**1993～1997 年收入转换矩阵**

		\multicolumn{5}{c}{1997 年所处收入阶层}				
		1	2	3	4	5
1993 年所处收入阶层	1	0.53	0.29	0.05	0.05	0.07
	2	0.33	0.24	0.20	0.15	0.08
	3	0.06	0.21	0.30	0.24	0.18
	4	0.03	0.14	0.26	0.30	0.28
	5	0.05	0.12	0.19	0.26	0.38

注：同表 5 - 23。
资料来源：同表 5 - 23。

表 5 - 25 的结果显示，在 1997～2000 年这一时期，处于最贫困 20% 人群的收入流动得到加快，只有 50% 的群体留在原收入组，比 1993～1997 年下降了 3%，与 1991～1993 年相比降低了 16%。最顶层群体的流动性明显低于 1993～1997 年，留在原收入组人群的比例比 1993～1997 年上升了 11 个百分点。上述表明，在 1997～2000 年，我国底层居民收入变动较为活跃，但顶层居民呈现阶层固化的态势。

表 5 - 25　　　　　　　　　1997～2000 年收入转换矩阵

		2000 年所处收入阶层				
		1	2	3	4	5
1997 年所处收入阶层	1	0. 50	0. 34	0. 09	0. 05	0. 02
	2	0. 24	0. 33	0. 21	0. 12	0. 09
	3	0. 11	0. 19	0. 29	0. 27	0. 15
	4	0. 10	0. 08	0. 29	0. 28	0. 24
	5	0. 04	0. 06	0. 12	0. 28	0. 49

注：同表 5 - 23。
资料来源：同表 5 - 23。

　　表 5 - 26 显示，在 2000～2004 年这一时期，处于最贫困 20% 的群体仍留在原阶层的比例由 1997～2000 年的 50% 上升为 51% ，增加了 1 个百分点。而最富裕 20% 的人群留在原组的比例为 55% ，明显高于之前三个时期。再进一步分析处于第二、第三收入组的群体，有占比分别达到 34% 和 27% 的群体留在原阶层。而处于第二收入阶层的群体，发生的收入变动多为向较低一层流动，能够成功进入最富 20% 群体的仅占 7% 。而处于第四层的群体留在原组的比例为 30% ，流向第五阶层的比例为 23% 。分析表明，进入 1997～2000 年，我国收入阶层呈现出一定程度的固化态势。

表 5 - 26　　　　　　　　　2000～2004 年收入转换矩阵

		2004 年所处收入阶层				
		1	2	3	4	5
2000 年所处收入阶层	1	0. 50	0. 28	0. 14	0. 05	0. 04
	2	0. 29	0. 34	0. 21	0. 09	0. 07
	3	0. 09	0. 23	0. 27	0. 30	0. 12
	4	0. 10	0. 10	0. 27	0. 30	0. 23
	5	0. 03	0. 07	0. 11	0. 25	0. 55

注：同表 5 - 23。
资料来源：同表 5 - 23。

表 5 - 27 显示, 在 2004 ~ 2006 年, 代内收入流动性继续降低, 阶层固化态势加剧。在 2006 年仍处于原组的最低 20% 和最高 20% 收入组的群体比例达到 49% 和 54%。第二阶层、第三阶层、第四阶层的收入群体, 仍处于原收入组比例分别达到 38%、33% 和 40%, 与 2000 ~ 2004 年这一时期相比, 分别上升了 4 个、6 个和 10 个百分点。

表 5 - 27　　　　　　　　　　2004 ~ 2006 年收入转换矩阵

		2006 年所处收入阶层				
		1	2	3	4	5
2004 年所处收入阶层	1	0.49	0.26	0.13	0.08	0.05
	2	0.27	0.38	0.20	0.10	0.05
	3	0.11	0.24	0.33	0.22	0.11
	4	0.06	0.09	0.19	0.40	0.26
	5	0.07	0.03	0.15	0.20	0.54

注: 同表 5 - 23。
资料来源: 同表 5 - 23。

表 5 - 28 显示, 进入 2006 ~ 2009 年, 底层居民的流动性水平有所提高, 如在 2006 年处于最低 20% 收入组, 进入 2009 年仍处于阶层的比例为 40%, 达到自 1989 年来的最低水平。但是, 顶层居民的阶层固化态势仍然显著。

表 5 - 28　　　　　　　　　　2006 ~ 2009 年收入转换矩阵

		2009 年所处收入阶层				
		1	2	3	4	5
2006 年所处收入阶层	1	0.40	0.30	0.16	0.07	0.07
	2	0.19	0.40	0.25	0.12	0.04
	3	0.15	0.16	0.39	0.21	0.09
	4	0.14	0.10	0.15	0.35	0.25
	5	0.12	0.05	0.05	0.24	0.55

注: 同表 5 - 23。
资料来源: 同表 5 - 23。

表 5 - 29 显示，进入 2009～2011 年，我国底层居民的阶层固化相比 2006～2009 年又有所加剧。顶层居民的代内收入流动性水平仍然较低。

表 5 - 29　　　　　　　　　2009～2011 年收入转换矩阵

		2011 年所处收入阶层				
		1	2	3	4	5
2009 年所处收入阶层	1	0.44	0.25	0.13	0.09	0.08
	2	0.26	0.35	0.20	0.12	0.07
	3	0.15	0.21	0.37	0.18	0.09
	4	0.09	0.11	0.21	0.38	0.20
	5	0.06	0.08	0.09	0.23	0.55

注：同表 5 - 23。
资料来源：同表 5 - 23。

以上是通过对收入转换矩阵进行结构性分析得到的结果，可以看到，在所观察的 7 个时期中，进入 2000 年以后收入流动性水平都出现了明显的下降；分不同层次群体来看，我国居民中间阶层群体较为活跃，顶层和最底层居民的收入地位出现了逐渐固化的趋势。为了对利用转换矩阵做出的判断进行进一步的证实，我们将构建收入流动性指标。

5.2.2　基于统计指标的代内收入流动测度

将 1991～1993 年、1993～1997 年、1997～2000 年、2000～2004 年、2004～2006 年、2006～2009 年和 2009～2011 年共 7 个时段的流动性指标变动趋势如下：

第一，χ^2 指数整体呈现先下降后上升进而再度下降的趋势。其中，1991～1993 年指标值为 2.532，1993～1997 年有所下降，变为 1.818，表明这个时期代内流动性水平出现上升；而进入 1997～2000 年、2000～2004 年、2004～2006 年的 χ^2 指数值分别为 2.100、2.269 和 2.368，一直呈现上升趋势，表明流动性在下降；2006～2009 年和 2009～2011 年 χ^2 指数值有所下降，但仍处于比较高的水平。

103

第二，以惯性率和亚惯性率来看，二者在 1991～1993 年分别为
0.410 和 0.780，进入 1993～1997 年变为 0.350 和 0.764，两组指标值
均下降，说明流动性水平呈现上升，但进入 1997 年之后，惯性率和亚
惯性率指标一直在上升，表明流动性在不断下降。此外，加权平均移动
率指标也呈现出大致相同的变动趋势，1991～1993 年加权平均移动率
为 0.914，1993～1997 年为 0.985，出现短暂指标值的上升，说明流动
性的增加，但此后指标值一直下降，表明流动性水平出现下降。与惯性
率和亚惯性率变动趋势有所不同的是，进入 2006 年之后，流动性水平
呈现上升。

根据上述分析可以得知，转换矩阵和流动性指标均反映我国居民代
内流动性呈现先上升后下降然后上升的变动趋势。具体而言，我国居民
在 20 世纪 90 年代初具有较高的流动性水平，在 1997 年之后不断下降，
但在进入 2009～2011 年流动性又呈现一定的上升，这表明随着改革的
继续深入，社会中的个人将会拥有更多的机会改善自身收入状况。

表 5 - 30　　　　　中国居民相对收入流动性测度指标结果

时间段	χ^2 指数	惯性率	亚惯性率	加权平均移动率
1991	2.532	0.410	0.780	0.914
1993	1.818	0.350	0.764	0.985
1997	2.100	0.378	0.790	0.919
2000	2.269	0.392	0.804	0.891
2004	2.368	0.428	0.796	0.872
2006	2.161	0.420	0.770	0.951
2009	2.035	0.418	0.766	0.940

注：根据表 5 - 23～表 5 - 29 相对应的转换矩阵进行计算所得，计算结果四舍五入。

5.3　本章小结

社会机会平等的重要标识即代际收入流动，同时代内收入流动可以
有效缓解长期收入不平等，为此，本章就对我国当前居民代际收入流动
和代内收入流动现状进行分析。首先，对我国居民代际收入流动现状进

行分析，主要利用转换矩阵方法，分析我国城镇和农村居民代际收入流动水平。通过分析发现，我国城镇居民代际收入流动自 2006 年以来有一定程度的上升，这反映随着改革开放的不断深入，当前城镇代际间的固化态势得到一定程度的缓解，这为城镇居民收入成功跨越"中等收入陷阱"提供了有力保障；农村最底层居民的代际收入流动呈上升态势，这有利于更多子代向更高阶层流动，从而实现收入地位的改变，与此同时，农村最富裕阶层的代际收入流动也显著提高。其次，基于代际收入弹性方法，对我国居民代际收入流动现状进行分析，主要是结合我国居民代际收入流动的基本特征，构建代际收入弹性回归方程，并基于 OLS 和赫克曼估计结果发现，农村居民代际收入弹性系数略高于城镇居民，这说明城镇居民的代际收入水平较高。最后，对我国居民代内收入流动进行分析，一方面也是采取转换矩阵方法，发现我国居民中间阶层群体较为活跃、顶层和最底层居民的收入地位不断出现固化态势；另一方面基于代内收入流动测度指标，发现进入 2009 ~ 2011 年之后，居民代内收入流动呈现一定程度的上升，这说明随着改革的不断深入，个人将会获得更多机会来改善自身的收入状况。

第6章 我国居民收入流动区域比较分析

"区域差异改革"是指在改革实践中，不同区域实施不同的市场引入机制。当市场引入的时机、程度、速度等不尽相同时，经济体制改革就会形成区域差异（郝大海和李路路，2006）。在改革开放过程中，东部地区率先引入市场化改革机制，通过区域改革的辐射与示范效应，不断在全国推广、展开。在改革初期，在沿海地区建立了14个经济特区，并将"先行一步"的特殊政策在沿海省份实施。而市场机制本身的成长发育又取决于一系列与之相应的环境与条件。各地区在经济条件、资源禀赋上存在显著差异，一些沿海地区由于具有显著的区位优势和政策优势，可以借助这些实现迅速发展，从而拉开与其他区域的差距。

上述原因致使我国存在显著的区域差距，人们收入增长速度也不尽相同，东部地区居民收入增长速度显著高于中、西部，并且各个省份和区域的经济发展也是不均衡的。学者们对我国区域收入差距进行了探讨。肖红叶等（2001）认为，在1981年，东、中、西部的城镇居民人均收入之比为1.2∶1∶1.18，东、西部地区的收入水平较高，并且收入差距较小。而在1991年，三大地区的收入之比为1.48∶1∶1.10，东部与中、西部地区的收入差距不断扩大，中、西部地区的收入差距不断缩小。也有学者利用增长回归法对区域间居民收入是否存在收敛性进行探讨，马拴友和于红霞（2003）通过研究发现我国区域差距正以1.2%～2.1%的速度扩大。

鉴于区域经济发展的差异，本章将根据东部、中部和西部三大区域的划分进行对比分析，数据仍然来自CHNS数据。CHNS数据共包括11个省市自治区，因为从2011年才开始加入北京、上海和重庆三个直辖市，考虑到连贯性，在进行区域对比中，不包含这三个地区，仍以辽宁、黑龙江、江苏、山东、湖北、湖南、河南、广西和贵州这9个省市自治区为研究对象。其中东部地区包括山东、辽宁和江苏，中部地区包括湖北、湖南和河南，西部地区为广西和贵州。本章首先区分东部、中部和西部三大区域进行分析，并以五等分组的收入转换矩阵为基础进行收入流动结构分析。

6.1　分地区代际收入流动结构分析

6.1.1　基于转换矩阵的结构分析

在转换矩阵的基础上，本章对地区间收入流动进行结构分析，并进一步汇总各阶层收入流动发生的概率，以表6-1中的相关数据为例。

其中，维持原阶层不变的总概率（即总惯性）为2.05，底层惯性率为0.66，第二层惯性率为0.31，其他收入阶层依次类推；由此得到在所有阶层不变群体中处于底层的群体占总体不流动的比例为0.322（=0.66/2.05）[1]；发生向上流动总概率为1.46，底层占总阶层向上收入流动比例（简称"底层占总体向上流动比例"）为0.233（=0.34/1.46）[2]，其他收入阶层依次类推；发生向下流动总概率为1.49，顶层占总阶层向下收入流动比例为0.342（=0.51/1.49）[3]，其他收入阶层依次类推[4]；第四层向上/向下流动比率为0.479（=0.23/0.48），其他收入阶层依次类推。

---

[1]　2.05 = 0.66 + 0.31 + 0.29 + 0.30 + 0.49

[2]　1.46 = (0.19 + 0.06 + 0.05 + 0.04) + (0.21 + 0.18 + 0.13) + (0.24 + 0.13) + 0.23；0.34 = 0.19 + 0.06 + 0.05 + 0.04

[3]　1.49 = 0.17 + (0.07 + 0.27) + (0.06 + 0.12 + 0.30) + (0.06 + 0.10 + 0.10 + 0.24)；0.51 = 0.06 + 0.10 + 0.10 + 0.24

[4]　对于初始位置处于顶层的居民来说，不存在向上收入流动；对于初始位置处于底层的居民来说，则不存在向下的收入流动。

表6-1 收入转换矩阵

t-1 期	t 期				
	1	2	3	4	5
1	0.66	0.19	0.06	0.05	0.04
2	0.17	0.31	0.21	0.18	0.13
3	0.07	0.27	0.29	0.24	0.13
4	0.06	0.12	0.30	0.30	0.23
5	0.06	0.10	0.10	0.24	0.49

6.1.1.1 东部地区代际收入流动结构分析

表6-2体现了东部地区的收入流动结构变化态势。首先，从惯性率的角度看，我国东部地区居民的代际收入流动水平在2004年达到最高，总惯性率仅为0.9(=0.26+0.16+0.26+0.11+0.11)，平均值仅为0.18(=0.9/5)。在2006年惯性率达到最高，平均值为0.306，这表明2006年代际收入流动弹性最低。各阶层在1989~2011年的惯性率均值为0.24。

其次，从向上/向下流动比率来看，父代收入处于第二、第三、第四层居民，其子代发生的向上/向下流动比率在1997年仅为0.73，该比值小于1，说明整体子代发生向下流动的力量大于向上流动。1991年和2000年比值的平均值小于1，分别为0.927和0.999，其余年份计算的向上/向下流动比率均大于1，表明我国居民发生的代际收入流动整体上有利于子代改善自身收入状况。总体而言，1989~2011年向上/向下流动比率的平均值为1.22。

再次，从向下流动的分析中可以看到，父代收入处于最顶层居民，其子代发生的向下流动在2004年达到0.90，为最高值，1997年最低，仅为0.60。对顶层居民子代发生向下流动占总体向下流动的比率进行分析发现，在1997年，该比率为0.29(=0.6/(0.32+0.55+0.59+0.60))，并在2011年达到0.441(=0.79/(0.24+0.36+0.40+0.79))的最高水平。同时，1989~2011年顶层向下流动中所占比例的平均值为0.39，略高于全国均值，表明东部地区收入阶层地位的固定性相对较低，子代更易改变收入地位。

最后，通过对向上流动分析中发现，在 2006 年，父代处于底层，并且其子代的向上流动达到 0.87，为最高水平，底层向上流动占总体向上流动的比例为 0.512（ = 0.87/（0.87 + 0.42 + 0.20 + 0.21）），并于 2011 年达到最低。进入 2011 年，底层父代的子代向上流动仅为 0.69，底层的向上流动占比仅为 0.34（ = （0.69/（0.69 + 0.66 + 0.42 + 0.27））），为最低值。1989～2011 年，父代处于底层，子代发生向上流动占总向上流动的比例平均值为 0.42。

表 6－2　　　　　　　　　　　　东部地区结构分析

		结构	1989年	1991年	1993年	1997年	2000年	2004年	2006年	2009年	2011年
各阶层代际收入流动结构分析	各层在向下流动中所占比例	第二层向下流动	0.20	0.29	0.14	0.32	0.36	0.21	0.14	0.30	0.24
		第三层向下流动	0.49	0.53	0.57	0.55	0.33	0.26	0.34	0.27	0.36
		第四层向下流动	0.63	0.42	0.62	0.59	0.58	0.63	0.57	0.57	0.40
		顶层向下流动	0.81	0.63	0.81	0.60	0.77	0.90	0.71	0.83	0.79
		平均值	0.53	0.47	0.54	0.52	0.51	0.50	0.44	0.49	0.45
	各层在向上流动中所占比例	底层向上流动	0.79	0.76	0.71	0.71	0.73	0.75	0.87	0.75	0.69
		第二层向上流	0.62	0.51	0.54	0.54	0.37	0.63	0.42	0.45	0.66
		第三层向上流动	0.32	0.24	0.15	0.15	0.57	0.47	0.20	0.53	0.42
		第四层向上流动	0.16	0.24	0.14	0.14	0.14	0.26	0.21	0.19	0.27
		平均值	0.47	0.44	0.39	0.39	0.45	0.53	0.43	0.48	0.51
	各层向上/向下流动比率	第二层向上/向下流动比率	3.10	1.76	5.43	1.69	1.03	3.00	3.00	1.50	2.75
		第三层向上/向下流动比率	0.65	0.45	0.33	0.27	1.73	1.81	0.59	1.96	1.17
		第四层向上/向下流动比率	0.25	0.57	0.16	0.24	0.24	0.41	0.37	0.33	0.68
		各层平均值	1.34	0.93	1.97	0.73	1.00	1.74	1.32	1.27	1.53

	结构	1989年	1991年	1993年	1997年	2000年	2004年	2006年	2009年	2011年
各阶层代际收入流动结构分析 各阶层惯性率	底层惯性	0.21	0.24	0.24	0.29	0.27	0.26	0.13	0.25	0.31
	第二层惯性	0.17	0.21	0.10	0.14	0.27	0.16	0.43	0.25	0.12
	第三层惯性	0.19	0.24	0.24	0.30	0.10	0.26	0.47	0.21	0.21
	第四层惯性	0.22	0.35	0.29	0.27	0.29	0.11	0.21	0.24	0.33
	顶层惯性	0.20	0.38	0.24	0.40	0.24	0.11	0.29	0.17	0.20
	平均值	0.198	0.284	0.212	0.28	0.234	0.18	0.306	0.224	0.234

资料来源：中国健康和营养调查（China Health and Nutrition Survey，CHNS）。

6.1.1.2 中部地区代际收入流动结构分析

通过对表 6 - 3 关于中部地区相关数据的分析，我们得到以下结果：

首先，对于向上流动，父代处于底层的居民，其子代发生的向上流动在 1997 年达到 0.79 的最大值，2000 年达到最小，仅为 0.35。从子代发生向上流动在总向上流动所占比例来看，1991 年该比率最小，仅为 0.310，2009 年达到最大，为 0.396。1989～2011 年，父代处于底层，子代发生向上流动占总向上流动比例的平均值为 0.361，远低于东部地区。

其次，对于向下流动，父代处于顶层的居民，子代向下流动在 1993 年达到 0.83 的最大值，2004 年达到最小，仅为 0.50。从顶层居民的子代发生向下流动占总向下流动的比例来看，2004 年达到 0.293 的最小值，1989 年该比例最高为 0.429。总体而言，1989～2011 年，顶层居民子代向下流动占总向下流动的比例均值为 0.373，略低于东部地区。

再次，通过考察向上/向下流动比率，位于第二、三、四层的父代，其子代向上/向下流动比率在 1989～2011 年的平均值为 1.337，比东部地区较高，这反映发生在中部地区代际收入流动，对于改善子代收入水平更有利。

最后，从惯性率来看，各阶层居民惯性率在 2000 年达到 1.96（＝0.65 + 0.38 + 0.25 + 0.32 + 0.36）的最大值，平均值为 0.392（＝1.96/5），1993 年达到 1.02（＝0.21 + 0.11 + 0.32 + 0.21 + 0.17）的最小值，平均值为 0.204（＝1.02/5）。各阶层居民在 1989～2011 年的

惯性率平均值为 0.302，高于东部地区。

表 6-3　　　　　　　　　　　中部地区结构分析

	结构	1989年	1991年	1993年	1997年	2000年	2004年	2006年	2009年	2011年
各阶层代际收入流动结构分析	**各层在向下流动中所占比例** 第二层向下流动	0.19	0.21	0.32	0.25	0.15	0.29	0.14	0.18	0.23
	第三层向下流动	0.31	0.37	0.53	0.34	0.33	0.38	0.35	0.50	0.31
	第四层向下流动	0.50	0.48	0.58	0.48	0.43	0.54	0.71	0.59	0.31
	顶层向下流动	0.75	0.70	0.83	0.61	0.64	0.50	0.56	0.70	0.61
	平均值	0.438	0.440	0.565	0.420	0.388	0.428	0.440	0.493	0.365
	各层在向上流动中所占比例 底层向上流动	0.65	0.52	0.79	0.56	0.35	0.77	0.66	0.72	0.63
	第二层向上流	0.59	0.57	0.58	0.39	0.46	0.47	0.64	0.54	0.31
	第三层向上流动	0.29	0.37	0.16	0.37	0.43	0.57	0.43	0.38	0.54
	第四层向上流动	0.24	0.22	0.21	0.28	0.25	0.18	0.05	0.18	0.23
	平均值	0.443	0.420	0.435	0.400	0.373	0.498	0.445	0.455	0.428
	各层向上/向下流动比率 第二层向上/向下流动比率	3.11	2.71	2.35	0.96	3.07	1.62	4.57	3.00	1.35
	第三层向上/向下流动比率	0.94	1.00	0.39	0.68	1.30	1.50	1.23	0.76	1.74
	第四层向上/向下流动比率	0.48	0.46	0.47	0.37	0.58	0.33	0.07	0.31	0.74
	各层平均值	0.97	1.74	1.43	1.23	1.54	0.63	0.84	1.06	1.28
	各阶层惯性率 底层惯性	0.36	0.49	0.21	0.44	0.65	0.24	0.33	0.29	0.36
	第二层惯性	0.22	0.23	0.11	0.38	0.38	0.24	0.21	0.29	0.46
	第三层惯性	0.39	0.26	0.32	0.29	0.25	0.06	0.21	0.13	0.15
	第四层惯性	0.26	0.30	0.21	0.24	0.32	0.29	0.24	0.24	0.46
	顶层惯性	0.25	0.30	0.17	0.36	0.36	0.50	0.43	0.31	0.38
	平均值	0.296	0.316	0.204	0.348	0.392	0.266	0.284	0.252	0.362

资料来源：中国健康和营养调查（China Health and Nutrition Survey，CHNS）。

6.1.1.3　西部地区代际收入流动结构分析

表 6-4 是对西部地区的代际收入流动进行结构分析。从反映代

111

际收入向上流动可以看到，父代处于底层，子代发生向上流动在 1991 年和 2004 年同时达到最低，为 0.50，最高值出现在 1989 年和 1997 年，为 0.64。从底层向上流动占总向上流动的比率来看，1991 年达到最低，为 0.316，2004 年达到最大值，为 0.417。1989~2011 年，父代处于底层，子代发生向上流动占总向上流动比率的平均值为 0.353，低于东部和中部地区，表明底层居民的收入流动性水平较低。

对向下流动进行分析得到，父代处于顶层，子代发生向下流动在 2006 年达到最大值 0.83，1989 年为最低值 0.51。向下流动占总向下流动的比率在 1989 年达到最低值 0.302，在 1997 年达到最大值 0.426。在 1989~2011 年顶层居民发生向下流动的平均值为 0.637，占总向下流动比率的平均值为 0.366，顶层居民流动性水平较低。

从惯性率来看，西部地区居民代际收入流动性水平在 2006 年达到最高，惯性率仅为 0.222，在 2004 年达到最低，惯性率为 0.408。从各阶层的代际收入流动性水平来看，底层居民最缺乏流动，1989~2011 年平均惯性率为 0.43，第三层最富有代际流动性，1989~2011 年的平均惯性率为 0.268。

表 6－4　　　　　　　　　西部地区结构分析

	结构	1989年	1991年	1993年	1997年	2000年	2004年	2006年	2009年	2011年
各阶层代际收入流动结构分析	各层在向下流动中所占比例 第二层向下流动	0.29	0.14	0.29	0.26	0.26	0.30	0.33	0.27	0.23
	第三层向下流动	0.34	0.35	0.23	0.40	0.21	0.50	0.50	0.33	0.31
	第四层向下流动	0.55	0.50	0.60	0.43	0.64	0.40	0.54	0.40	0.31
	顶层向下流动	0.51	0.62	0.65	0.81	0.52	0.55	0.83	0.63	0.61
	平均值	0.42	0.40	0.44	0.48	0.41	0.44	0.55	0.41	0.37
	各层在向上流动中所占比例 底层向上流动	0.64	0.50	0.58	0.64	0.53	0.50	0.56	0.54	0.63
	第二层向上流	0.47	0.55	0.57	0.52	0.54	0.33	0.45	0.45	0.31
	第三层向上流动	0.33	0.26	0.46	0.41	0.52	0.20	0.45	0.25	0.54
	第四层向上流动	0.17	0.27	0.20	0.29	0.05	0.33	0.33	0.30	0.23
	平均值	0.40	0.40	0.45	0.47	0.41	0.30	0.42	0.39	0.43

续表

	结构	1989年	1991年	1993年	1997年	2000年	2004年	2006年	2009年	2011年
各阶层代际收入流动结构分析	各层向上/向下流动比率 第二层向上/向下流动比率	1.62	3.93	1.97	2.00	2.08	1.00	1.00	1.67	1.35
	第三层向上/向下流动比率	0.97	0.74	2.00	1.03	2.48	0.40	0.90	0.76	1.74
	第四层向上/向下流动比率	0.31	0.54	0.33	0.67	0.08	0.50	0.61	0.75	0.74
	平均值	0.98	1.74	1.43	1.23	1.54	0.63	0.84	1.06	1.28
	各阶层惯性率 底层惯性	0.36	0.50	0.43	0.37	0.47	0.50	0.43	0.45	0.36
	第二层惯性	0.24	0.31	0.14	0.22	0.21	0.40	0.33	0.27	0.46
	第三层惯性	0.33	0.39	0.32	0.19	0.26	0.30	0.05	0.42	0.15
	第四层惯性	0.28	0.23	0.20	0.29	0.32	0.40	0.13	0.30	0.46
	顶层惯性	0.50	0.38	0.35	0.19	0.47	0.44	0.17	0.36	0.38
	平均值	0.34	0.36	0.29	0.20	0.35	0.41	0.22	0.3	0.36

资料来源：中国健康和营养调查（China Health and Nutrition Survey，CHNS）。

113

6.1.1.4　不同地区代际收入流动对比分析

综上所述，代际收入流动在各地区和各阶层体现出不同特征。整体来讲，代际收入流动的趋势为先递减，再递增，最后递减。从各个阶层来看，底层居民流动性较强的为东部，而顶层居民流动性较高的为中部。但各个区域代际收入流动对收入地位的改善均是有利的。从横向来看，代际流动性水平较高的为东部，而中西部流动性较低，这表明东部地区较高的经济发展水准促使收入实现高水平流动。

6.1.2　分地区代际收入弹性分析

我们将利用代际收入流动弹性，分析区域间代际收入流动水平。在图6-1中，我们代入代际收入弹性值。

图6-1对我国不同地区代际收入弹性进行了比较分析。可以看出，东部和中部整体变化趋势较为一致，代际收入流动弹性整体经历了先递

增后递减，进而继续增加，最后呈现下降的趋势。横向来看，西部地区的代际收入流动弹性值要明显高于同期的东部和中部地区，其变动趋势大致也呈现先递增后递减，进而递增，最后进入递减的阶段，但整体波动幅度要高于东部和中部地区，尤其在 2000 年和 2004 年，代际收入流动弹性分别达到了 0.686 和 0.627，这表明我国西部地区的代际传递性显著，父代收入对子代收入具有显著影响。随后的章节将对影响代际收入弹性的原因进行分析，整体而言，西部地区不完善的信贷市场和落后的经济发展水平，将加剧代际间的收入传承性，导致代际收入流动水平较低。

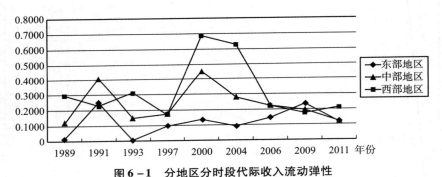

图 6 - 1   分地区分时段代际收入流动弹性

资料来源：中国健康和营养调查（China Health and Nutrition Survey，CHNS）。

6.2 分地区代内收入流动分析

6.2.1 基于转换矩阵的结构分析

6.2.1.1 东部地区代内收入流动结构分析

表 6 - 5 是东部代内收入流动的结构分析结果。

一是从各层的向上流动和向下流动来看。首先在向上流动中，底层居民在 1993 ~ 1997 年发生向上流动的值最高，达到 0.72，按照底层居民发生向上流动在各阶层发生的总向上流动所占比例来看，1993 ~ 1997

年也达到最高，该比例为 0.377[①]。其次在向下流动中，顶层居民在 1993 ~ 1997 年也达到向上流动的最大值为 0.65。按照顶层居民在向下流动中所占比率来看，该比率为 0.351[②]，为各阶段中的最高值。因此，各阶层发生向上和向下流动表明 1993 ~ 1997 年是流动频率较高的一个时期。进入 2000 年之后，底层居民在向上流动中所占比例和顶层居民在向下流动所占比例均呈现下降趋势。横向比较来看，东部地区底层居民在全部向上流动中的占比均值为 0.384，高于中部和西部地区，说明东部地区的底层收入变动较为活跃；但是东部地区顶层居民在向下流动中占比平均值为 0.305，低于中西部地区，表明东部地区顶层收入者的收入地位较为稳固，难以发生向下流动，这表明东部地区具有较为明显的阶层固化现象。

二是从各层的向上/向下流动比率来看，位于中间阶层（二层、三层、四层）居民的向上/向下流动比率在 1989 ~ 2011 年的平均值分别为 1.685、0.831 和 0.535；中间阶层居民向上/向下流动比率的整体平均值为 0.999，该比值小于全国均值，表明东部地区向上/向下流动力量偏弱，但整体发生的变动有利于居民收入地位的改善。纵向来看，中间阶层居民的向上/向下流动比率表现出先增加后递减的趋势，1993 ~ 1997 年达到最大值，为 1.254，随后出现下降；2006 ~ 2009 年最低，仅为 0.806，2009 ~ 2011 年有所回升，但仍处于较低水平。这反映东部居民所发生的代内收入流动，不利于改善中等收入阶层的收入地位。

115

表 6 - 5　　　　　　　东部地区居民代内收入流动结构分析

各阶层代际收入流动结构分析		时间段	1989 ~ 1991	1991 ~ 1993	1993 ~ 1997	1997 ~ 2000	2000 ~ 2004	2004 ~ 2006	2006 ~ 2009	2009 ~ 2011
	各层向下流动	第二层向下流动	0.26	0.33	0.26	0.26	0.27	0.22	0.27	0.24
		第三层向下流动	0.35	0.37	0.33	0.51	0.46	0.43	0.5	0.37
		第四层向下流动	0.45	0.45	0.61	0.51	0.49	0.45	0.4	0.40
		顶层向下流动	0.57	0.56	0.65	0.56	0.54	0.38	0.38	0.48

---

① 　0.377 = 0.72/(0.72 + 0.55 + 0.43 + 0.21)

② 　0.351 = 0.65/(0.26 + 0.33 + 0.61 + 0.65)

	时间段	1989~1991	1991~1993	1993~1997	1997~2000	2000~2004	2004~2006	2006~2009	2009~2011
各阶层代际收入流动结构分析	**各层向上流动** 底层向上流动	0.57	0.64	0.72	0.65	0.59	0.62	0.64	0.52
	第二层向上流动	0.40	0.41	0.55	0.53	0.51	0.41	0.37	0.36
	第三层向上流动	0.30	0.39	0.43	0.30	0.33	0.28	0.25	0.27
	第四层向上流动	0.22	0.24	0.21	0.25	0.29	0.25	0.24	0.23
	各层向上/向下流动比率 第二层向上/向下流动比率	1.538	1.242	2.115	2.038	1.889	1.864	1.370	1.500
	第三层向上/向下流动比率	0.857	1.054	1.303	0.588	0.717	0.651	0.500	0.730
	第四层向上/向下流动比率	0.489	0.533	0.344	0.49	0.604	0.556	0.600	0.575
	平均值	0.961	0.943	1.254	1.039	1.070	0.990	0.806	0.935
	各阶层惯性率 底层惯性	0.43	0.37	0.29	0.35	0.41	0.38	0.36	0.49
	第二层惯性	0.34	0.25	0.18	0.21	0.22	0.37	0.35	0.40
	第三层惯性	0.34	0.24	0.24	0.19	0.21	0.28	0.25	0.36
	第四层惯性	0.32	0.31	0.18	0.25	0.22	0.29	0.36	0.37
	顶层惯性	0.44	0.45	0.35	0.46	0.47	0.61	0.61	0.53
	平均值	0.374	0.324	0.248	0.292	0.306	0.386	0.448	0.400

注：表中结果进行了四舍五入。

资料来源：中国健康和营养调查（China Health and Nutrition Survey，CHNS）。

三是从惯性率来看。首先各阶层发生的整体代内流动在1993~1997年最高，这期间各阶层的平均惯性率仅为0.248，2006~2009年达到最低，各阶层平均惯性率为0.448。整体而言，代内收入流动水平呈现出先增后减的趋势。其次从各阶层代内流动来看，顶层最缺乏流动，1989~2011年各阶段发生收入流动的平均惯性率为0.497[①]，这表明我国顶层居民的收入地位逐渐稳固；第三层最富有流动性，平均惯性率为0.253；底层居民的平均惯性率为0.379，表明我国最贫困20%居民经济地位改善较为困难。

---

① 0.497 = (0.43 + 0.37 + 0.29 + 0.35 + 0.41 + 0.38 + 0.36 + 0.49)

6.2.1.2　中部地区代内收入流动结构分析

本部分将对中部地区收入流动性状况进行研究，具体结果如表 6-6 所示。

第一，从向上流动和向下流动来看。首先在向上流动中，底层居民在 2006～2009 年发生的向上流动最高，为 0.58，按照底层居民发生的向上流动在总向上流动所占比例来看，2004～2006 年也达到最高，该比例为 0.410。其次在向下流动中，顶层居民在 1993～1997 年也达到向下流动最大值为 0.66，按照顶层居民在向下流动中所占比率来看，该比率为 0.415，为各阶段中的最高值。最后从各时段发生的收入流动总体来看，顶层居民在 1989～2011 年发生的向下收入流动占总向下流动的比率平均值为 0.376，高于东部地区（0.305）；底层居民在 1989～2011 年发生的向上流动占总向上流动比率为 0.319，低于东部地区（0.384）。上述分析表明，从东部和中部对比来看，东部地区顶层居民具有较为明显的阶层固化，但底层居民的收入流动性较高。

第二，通过分析各收入阶层向上/向下流动比率，各层居民向上/向下流动比率均值为 1.234，大于 1，远高于东部地区同期水平（0.999），这表明中部地区发生的收入流动有利于改善中间收入阶层居民收入地位。

第三，从惯性率来看。首先，我国中部地区的代内收入流动在 1991～1993 年达到最高，各阶层惯性率平均值为 0.340，在 2009～2011 年最低，各阶层惯性率平均值为 0.428，中部地区代内收入流动整体表现为先递增后递减的趋势，与东部地区基本保持一致。其次，从各层流动水平来看，底层 1989～2011 年平均惯性为 0.508[1]，第三层最富有流动性，惯性率为 0.331[2]，顶层居民的惯性率为 0.486[3]。横向来看，中部地区顶层居民的惯性率小于东部地区（0.497），表明中部地区顶层居民代内收入流动高于东部地区。而中部地区底层居民的代内流动水平远小于东部地区（东部地区底层居民的平均惯性率为

---

[1]　$0.508 = (0.59 + 0.66 + 0.53 + 0.47 + 0.48 + 0.44 + 0.42 + 0.47)/8$

[2]　$0.331 = (0.32 + 0.31 + 0.31 + 0.26 + 0.25 + 0.39 + 0.45 + 0.36)/8$

[3]　$0.486 = (0.45 + 0.45 + 0.34 + 0.52 + 0.58 + 0.52 + 0.48 + 0.55)/8$

0.379）。

表 6 - 6　　　　　　中部地区居民代内收入流动结构分析

	结构	1989~1991年	1991~1993年	1993~1997年	1997~2000年	2000~2004年	2004~2006年	2006~2009年	2009~2011年
各阶层代际收入流动结构分析	各层向下流动 第二层向下流动	0.22	0.17	0.24	0.19	0.23	0.39	0.20	0.22
	第三层向下流动	0.25	0.32	0.32	0.32	0.33	0.36	0.28	0.36
	第四层向下流动	0.48	0.45	0.37	0.44	0.47	0.32	0.35	0.40
	顶层向下流动	0.55	0.56	0.66	0.48	0.42	0.48	0.53	0.46
	各层向上流动 底层向上流动	0.42	0.34	0.47	0.52	0.51	0.55	0.58	0.53
	第二层向上流动	0.48	0.50	0.53	0.40	0.38	0.27	0.38	0.41
	第三层向上流动	0.42	0.37	0.38	0.41	0.43	0.26	0.28	0.27
	第四层向上流动	0.20	0.23	0.32	0.24	0.21	0.26	0.31	0.20
	各层向上/向下流动比率 第二层向上/向下流动比率	2.182	2.941	2.208	2.105	1.652	0.692	1.900	1.864
	第三层向上/向下流动比率	1.680	1.156	1.186	1.281	1.303	0.722	1.000	0.750
	第四层向上/向下流动比率	0.417	0.511	0.865	0.545	0.447	0.813	0.886	0.500
	平均值	1.426	1.536	1.420	1.310	1.134	0.742	1.262	1.038
	各层惯性率 底层惯性	0.59	0.66	0.53	0.47	0.48	0.44	0.42	0.47
	第二层惯性	0.30	0.33	0.22	0.41	0.39	0.35	0.43	0.36
	第三层惯性	0.32	0.31	0.31	0.26	0.25	0.39	0.45	0.36
	第四层惯性	0.31	0.32	0.30	0.32	0.32	0.41	0.33	0.40
	顶层惯性	0.45	0.45	0.34	0.52	0.58	0.52	0.48	0.55
	平均值	0.394	0.414	0.340	0.396	0.404	0.422	0.422	0.428

资料来源：中国健康和营养调查（China Health and Nutrition Survey，CHNS）。

6.2.1.3　西部地区代内收入流动结构分析

西部地区居民的个人收入变动情况如表 6 - 7 所示。首先，分析不同收入阶层的惯性率。西部地区的流动水平在 2000~2004 年达到最高，各层惯性率平均值为 0.332；整体流动水平在 1989~1991 年最低，各层惯性率平均值为 0.410。纵向来看，西部地区的代内收入流动与东部和中部地区的趋势略有不同，其收入流动水平自 1989 年起一直呈现上升态势，在 2000～2004 年达到最高，进入 2004 年后出现下降，2004～2006 年和 2006～2009 年略微有所下降。这表明西部地区阶层固化的出现要晚于东西部地区。从各个层级的流动程度来看，最缺乏流动的是顶层，1989～2011 年平均惯性达到 0.508，第三层最富有流动性，1989～2011 年平均惯性值为 0.295，高于东中部地区。

其次，从各层向上和向下流动来看。底层居民发生的向上流动在 2006～2009 年达到最高，为 0.78，按照底层居民发生的向上流动在各阶层总向上流动所占比例来看，2006～2009 年达到最高为 0.408。顶层居民发生的向下流动在 1989～1991 年达到最高，发生的流动占总向下流动的比率为 0.407。横向来看，在 1989～2011 年，顶层居民发生的向下流动占总向下流动平均值为 0.324，低于中部地区（0.376），但高于东部地区（0.305）；而底层在全部向上流动中的占比平均为 0.362，高于中部地区（0.319），但低于东部地区（0.384）。

最后，通过分析各个收入阶层收入地位的动态变化态势，第二、第三、第四层级的城镇居民，其向上/向下流动比率均值为 1.256，明显高于东部和中部地区，这表明我国西部地区发生的代内收入流动最有利于改善中间阶层居民的收入地位。

表 6 - 7　　　　　　　西部地区居民代内收入流动结构分析

		结构	1989～1991 年	1991～1993 年	1993～1997 年	1997～2000 年	2000～2004 年	2004～2006 年	2006～2009 年	2009～2011 年
各阶层代际收入流动结构分析	各层向下流动	第二层向下流动	0.23	0.28	0.47	0.15	0.29	0.67	0.21	0.27
		第三层向下流动	0.18	0.34	0.36	0.46	0.49	0.46	0.41	0.38
		第四层向下流动	0.42	0.34	0.31	0.30	0.35	0.26	0.38	0.49
		顶层向下流动	0.57	0.50	0.52	0.52	0.47	0.20	0.49	0.48
	各层向上流动	底层向上流动	0.48	0.47	0.59	0.57	0.71	0.29	0.78	0.59
		第二层向上流动	0.37	0.36	0.20	0.48	0.48	0.36	0.53	0.42
		第三层向上流动	0.50	0.40	0.42	0.30	0.20	0.58	0.23	0.27
		第四层向上流动	0.21	0.28	0.29	0.38	0.35	0.43	0.37	0.18

结构		1989~1991年	1991~1993年	1993~1997年	1997~2000年	2000~2004年	2004~2006年	2006~2009年	2009~2011年
各层向下/向下流动比率	第二层向上/向下流动比率	1.609	1.286	1.606	3.200	1.655	1.586	2.524	1.556
	第三层向上/向下流动比率	2.778	1.176	1.909	0.652	0.408	0.722	0.561	0.711
	第四层向上/向下流动比率	0.500	0.824	0.935	1.267	1.000	0.345	0.974	0.367
	平均值	1.629	1.095	1.483	1.706	1.021	0.884	1.353	0.878
各层惯性率	底层惯性	0.52	0.54	0.41	0.43	0.30	0.33	0.31	0.40
	第二层惯性	0.40	0.36	0.33	0.37	0.23	0.25	0.36	0.31
	第三层惯性	0.32	0.26	0.22	0.24	0.31	0.38	0.21	0.35
	第四层惯性	0.38	0.38	0.39	0.32	0.30	0.22	0.34	0.32
	第五层惯性	0.43	0.49	0.48	0.47	0.52	0.58	0.61	0.52
	平均值	0.410	0.406	0.366	0.366	0.332	0.352	0.366	0.380

（表格最左侧竖排文字：各阶层代际收入流动结构分析）

资料来源：中国健康和营养调查（China Health and Nutrition Survey，CHNS）。

6.2.2　分地区代内收入流动指标分析

6.2.2.1　相对收入流动指标变动趋势

本部分列出反映相对收入流动含义的亚惯性率、χ^2 指数和加权平均移动率，具体结果如表 6-8 所示。表 6-8 表明，亚惯性率、χ^2 指数和加权平均移动率的变动趋势基本趋于一致。在第 3 章的研究中已经指出，χ^2 指数越大，表明两个期间的时间依赖性越强，对应的代内收入流动越小。通过对上表的分析发现，在 2004 年之后，东中部地区的亚惯性率和 χ^2 指数表现出明显的上升趋势，同时加权平均移动率在同期呈现下降态势，这反映出这两个地区的阶层固化较为严重。

横向比较来看，以 2004 年为分界线，在此之前的四个时段，即 1991~1993 年、1993~1997 年、1997~2000 年和 2000~2004 年中，东部地区的 χ^2 指数分别为 1.277、0.579、1.052 和 1.383，显著低于相同时期的中部（分别为 2.435、1.662、2.168 和 2.333）和西部地区（分别为 2.663、2.966、2.019 和 1.816），且同时期的加权平均移动率指标依次为 1.083、1.335、1.193、1.095，高于同期的中部和西部地区，这表明我国东部地区具有较高的代内收入流动水平。但是进入 2004 年之后，这一趋势发生了显著转变，西部地区的 χ^2 指数为 1.882、1.823 和 1.522，明显低于同时期东部地区，而西部地区的加权平均移动率为 1.073、1.090 和 1.046，也高于东部地区，所以无论 χ^2 指数，还是加权平均移动率，都同时反映西部地区的流动性已经明显超越东部地区，东部地区已经开始出现阶层固化。这一结论也与我国改革的进程基本吻合。在改革初期，东部地区居民具有更多的机会，所以阶层流动较为频繁，而随着改革的推进，阶层固化逐渐显著，中西部地区才开始注入新的活力，增加了阶层流动性。进入改革深化期，如何继续保持经济活力，增强阶层流动性，是亟须思考的问题。

表 6 - 8　　　　　　　　不同地区相对收入流动指标

时间段	东部地区			中部地区			西部地区		
	亚惯性率	χ^2 指数	加权平均移动率	亚惯性率	χ^2 指数	加权平均移动率	亚惯性率	χ^2 指数	加权平均移动率
1991~1993	0.734	1.277	1.083	0.768	2.435	0.941	0.794	2.663	0.826
1993~1997	0.640	0.579	1.335	0.744	1.662	1.047	0.842	2.966	0.815
1997~2000	0.682	1.052	1.193	0.786	2.168	0.921	0.722	2.019	1.022
2000~2004	0.728	1.383	1.095	0.774	2.333	0.904	0.704	1.816	1.069
2004~2006	0.758	2.153	0.962	0.800	2.552	0.853	0.742	1.882	1.073
2006~2009	0.774	3.543	0.796	0.770	3.166	0.794	0.698	1.823	1.090
2009~2011	0.780	2.176	0.918	0.768	2.140	0.932	0.728	1.522	1.046

资料来源：中国健康和营养调查（China Health and Nutrition Survey，CHNS）。

6.2.2.2 绝对收入流动指标变动趋势

由表 6 - 9 可知，非定向变动指标和定向变动指标呈现不同的变动态势。

一是从对同一地区收入流动性的纵向比较来看，东部地区和中部地区的非定向变动指标呈现先上升，都在 1993 ~ 1997 年达到最大值，随后再呈现下降，进入 2009 ~ 2011 年再度上升达到最大值，随后进入 2009 ~ 2011 年又出现下降的趋势。而西部地区非定向变动的最大值出现在 2000 ~ 2004 年，进而出现下降，进入 2006 ~ 2009 年再一次出现上升，然后开始下降，这说明东、中、西部非定向变动指标的趋势大体一致，但是西部的最大值要晚于东中部地区出现。

相比较非定向变动指标，定向变动指标能够更好地反映一个社会总福利水平变化。总体而言，东部定向变动指标呈现出先上升后下降进而再度上升的趋势。其中在 2004 ~ 2006 年定向指标值达到最低为 -0.006，这说明在这段时期内发生的收入流动不利于改善长期收入不平等。中部定向变动进入 2006 年之后出现明显下降，2009 ~ 2011 年达到较低水平，为 0.119。西部和中部地区变动趋势与东部地区基本一致，2000 ~ 2004 年达到最大值 0.350，此后一直呈现下降趋势。

二是从对不同地区横向比较来看，西部非定向变动指标平均值高于东部和中部地区，这反映出东、中部地区的收入波动程度小于西部。通过对定向收入流动指标变动趋势进行分析发现，虽然中、西部的收入波动程度较大，但是发生的收入流向并不是以向上流动为主，将向上和向下流动进行抵消之后，得到的定向收入流动性指标值低于同期东部，尽管在 2004 ~ 2006 年和 2006 ~ 2009 年有所逆转，但进入 2009 ~ 2011 年东部地区的定向流动指标再度超过了西部和中部地区。

表 6-9　　　　　　　　不同地区绝对收入流动指标

时间段	东部地区		中部地区		西部地区	
	非定向变动	定向变动	非定向变动	定向变动	非定向变动	定向变动
1991 ~ 1993	0.639	0.070	0.676	0.100	1.038	0.555
1993 ~ 1997	0.800	0.469	0.939	0.341	1.030	0.025
1997 ~ 2000	0.715	0.214	0.909	0.165	1.071	0.231
2000 ~ 2004	0.749	0.440	0.884	0.340	1.160	0.350
2004 ~ 2006	0.737	-0.006	0.790	0.300	1.033	0.284
2006 ~ 2009	1.049	0.167	1.195	0.180	1.189	0.188
2009 ~ 2011	0.645	0.234	0.708	0.119	0.889	0.166

资料来源：中国健康和营养调查（China Health and Nutrition Survey，CHNS）。

6.3　本章小结

鉴于"区域差异改革"是我国当前改革中的重要策略，因此从区域角度对我国居民收入流动进行对比分析显得极其重要，这也是本章讨论的核心问题。关于居民收入流动的区域比较，本章主要从如下四个方面来展开：

第一，对分地区的代际收入流动结构进行分析。本部分内容是用收入转换矩阵的研究方法，对地区间收入流动进行结构分析，并对各个阶层收入流动发生的概率进行汇总。主要结论有：从各个阶层来看，底层居民流动性较强的在东部，顶层居民流动性比较高的在中部；从横向来看，中西部代际流动性水平较高，而东部流动性较低。该结论表明虽然东部地区经济发展速度最快，但也较快进入代际间的阶层固化。

第二，对分地区的代际收入弹性进行分析，发现东部和中部地区代际收入弹性的整体变化趋势较为一致，但东部和中部的代际收入弹性值明显低于西部地区，并且西部地区代际收入弹性值的波动幅度也高于东部和中部地区。

第三，对分地区的代内收入流动进行分析。本部分内容分别对东部地区、中部地区和西部地区的代内收入流动结构进行分析，发现不同区域的收入流动呈现出不同程度的递减趋势。此外，各个区域的代内收入流动也体现出不同的变化态势，西部和东部的趋势较为一致，并且与中西部相比，东部顶层阶层缺乏流动性，表明东部高收入阶层具有一定经济地位垄断性。

第四，对分地区的代内收入流动指标进行分析。主要分析相对和绝对收入流动指标变动趋势。其中，相对收入流动指标显示，随着改革的推进，东部地区的阶层固化逐步显著，而由于中西部地区不断注入新的活力，该区域的阶层流动性显著增强；绝对收入流动指标发现，虽然中西部收入波动的程度较大，但这两个区域发生的收入流动方向并不是以向上流动为主，在向上和向下流动的作用互相抵消之后，这两个区域最终的收入流动性指标要低于同时期的东部地区。

第 7 章　我国居民收入流动动因分析

本章中将对影响我国居民收入流动的主要因素进行分析，考虑到影响代内收入流动和代际收入流动的因素会有所不同，所以在分析时将分开进行阐述。但是有一些共同的因素，如人力资本、劳动力市场结构等将同时对代内收入流动和代际收入流动产生影响，本章中将率先阐述收入流动与上述两个因素之间的关系，并在分析总结我国人力资本和劳动力市场结构发展现状的基础上，分别探讨代际收入流动和代内收入流动的影响因素。

7.1　我国居民收入流动动因分析

7.1.1　人力资本因素引致的收入流动性差异

舒尔茨（Schults，1961）第一次对"人力资本"（Human Capital）进行了明确定义，认为微观个人在健康、职业训练、教育及移民等方面的花费可以看做有意识的投资行为，这些投资被定义为人力资本投资，因为上述投资所形成的资本与其他资本投资相类似，可为投资者带来预期收益，但有所区别的是这些投资均未形成与所有者的分离。在舒尔茨（1961）的定义下，人力资本不再局限于传统的物质资本，而是泛指一切可以带来价值增值的资源。

随后，很多学者把人力资本理论与收入分配领域相结合，对社会收入不平等问题都做出解释（Mincer，1958，1974）。明瑟（Mincer，1958）最早基于人力资本理论对美国收入分配问题进行研究。明瑟（1974）进一步将在职培训与正规学校教育作为人力资本积累重要的两部分，同时用教育和工作年限表示在校教育与在校教育后的人力资本投资，由此构架了著名的"明瑟收入函数"，分别对在职培训与教育投资的收益率进行估计。

贝克尔（Becker，1964，1986）是最先从家庭人力资本投资的视角出发，构建了人力资本和代际收入相关性的学者。贝克尔（1964）认为，父母培养子女，及针对子女的人力资本投资均属于经济行为，既然是经济行为就需要进行效益—成本分析，而投资的收益率将是决定人力资本投资规模的重要因素。与此同时，贝克尔和托姆斯（Becker and Tomes，1986）提出了人力资本收入函数，结果表明人力资本投资水平或人力资本存量水平与个人收入水平为正相关的关系。

综上所述，父代与子代之间收入的纽带可由人力资本来决定。收入的重要决定因素即人力资本，而父代对子代做出的人力资本投资可衡量子代的人力资本水平。父代将会基于收益—成本的角度，对子代人力资本投资规模进行衡量，而子代收入水平的提高，也得益于父代对子代的人力资本投资。通常来讲，若对信贷市场进行限制，父代的收入水平越高，其对子代的人力资本投资越多，为此我们可以得知，人力资本可以决定代际收入流动水平。

除此之外，人力资本对代内收入流动水平也具有重要影响。阿特金森（Atkinson，1992）引入弗里德曼和库兹涅茨（Friedman and Kuznets，1954）持久收入水平模型，分析人力资本对个人终生收入水平的决定作用，可以说这是对人力资本理论的一项重要推进。模型中论证，在个人的生命周期中，其收入总是先递增，然后递减；而收入的这种变化又是人力资本投资递增或递减的结果，因此，人力资本是决定代内收入流动的重要因素。

7.1.2　劳动力市场分割引致的收入流动性差异

劳动力市场具有广义和狭义之分，是市场结构的重要分支。广义上讲，劳动力市场是一种基础性市场机制，是针对劳动力配置的平台，主要内容包括劳动力培训、就业保障、契约合同等内容。狭义上讲，劳动力市场仅指劳动力供给方与需求方进行匹配和交换的平台，也就是进行劳动力调节的一种运作方式，劳动力市场的运作方式可作为收入的重要决定要素。很多数学者针对劳动力市场对收入流动的影响进行了实证分析，也有学者对比分析了发达国家和发展中国家的收入流动情况，结果发现人力资本对发展中国家收入流动的作用并不显著，主要是由于发展中国家的劳动力市场并不成熟，也就是说存在一定的劳动力市场分割问题。在分割的劳动力市场结构下，限制了个人的职业流动机会，而这种流动机会的限制妨碍了个人收入水平的提高。

德林格和帕雷（Doeringer and Piore，1971）最早提出了劳动力市场分割理论，将劳动力市场划分为一级劳动力市场（Primary Labor Market）和二级劳动力市场（Secondary Labor Market）。德林格和帕雷（1971）将一级劳动力市场界定为工资水平高及工作条件优越的市场，并将二级劳动力市场定义为工资较低与工作条件差的市场。此外，也有学者提出职位竞争理论（Thurow and Lucas，1972）。该理论认为，劳动力分割不仅仅局限于工作结构与企业行为所不同的企业内部结构，还表现为劳动力市场的职业分隔，一种建立在职业结构之上且外在于企业的工作行为。也有学者在此基础上提出了效率工资模型（Bulow and Summers，1986；Shapiro and Stiglits，1984）。效率工资理论认为，在市场出清的情况下，一级市场的效率工资水平高于均衡水准，而二级市场仅获得边际工资率。为此，在市场均衡状态下，由于劳动力市场的分割，在工作特性存在差异的情况下，同等人力资本投资的工人却获得不同的工资水平。

有学者进一步论证，劳动力市场分割会大大减弱处于二级劳动市场中的个人对人力资本进行投资的动机。假定一级劳动力市场和二级劳动力市场是独立的，唯一的投资主体是劳动力。理性投资者会针对收益和成本进行对比分析。如一个处于非正规就业家庭中的孩子在接受教育上考虑读 11 年书和读 12 年书时，他就会比较多读 1 年的成本（包括直接成本和间接成本）及收益。我们做以下假定：学生在 11 年教育后的预期收益是工资 A，而 12 年教育后的预期收益为工资 B，退休之前的工作时间为 T，则多受一年教育后的投资贴现值为：

$$R = \sum_{t=1}^{T} \frac{A_t - B_t}{(1+r)^t} \qquad (7-1)$$

式（7-1）中，R 和 r 分别为总收益与利息率。接受教育的成本包括直接成本与必须缴纳的学费、课本及学习用具等方面的开支等，用

C_0 表示。接受教育的机会成本也需要关注，假定为 I_0。因此可知，接受教育的总成本为：$C = C_0 + I_0$。

投资者将会针对收益与成本进行对比分析，来决定是否投资。但实际上，收益与投资的影响因素较为复杂，不同劳动者，由于非人力资本方面的原因，其获得某种职业及工资的机会也存在很大不同。而分割的劳动力市场，将是公平机会的最大阻碍。在该背景下，完全竞争条件下的某概率值将是人力资本投资的唯一收益，我们假设人力资本投资后，将有 P 的概率获得 $A_t - B_t$ 的超额收益，则决定人力资本投资的条件为：

$$C_0 + I_0 < \sum_{t=1}^{T} \frac{P(A_t - B_t)}{(1+r)^t} \qquad (7-2)$$

式（7-2）表示，人力资本将有 P 的概率获得较高收益，投资的未来收益为 $A_t - B_t$，相应的直接成本和机会成本都是人力资本投资决策的关键变量。若劳动力市场是分割的，特定的劳动者只能被限定在某一区域内就业，且次级劳动力市场工资率较低，则该市场中就业劳动者人力资本投资的收益将降低，那么投资的激励效应将大打折扣。即便并不存在很严格的劳动力市场分割，劳动力人力资本投资的预期收益仅为平均收益水平。

通过上述论证可以得到，一方面，劳动力市场分割会对代际收入流动产生影响。因为在存在劳动力市场分割时，会改变人们对人力资本投资的预期，代际累积效应将在这种预期下出现，即对代际收入流动产生影响。具体而言，若孩子出生于非正规家庭，教育成本对整个家庭来讲就过高，相应的，受到自身成长环境的影响，他们将产生更加悲观的未来预期，这就致使出身低微家庭的人力资本投资较少，这与人力资本投资是收入不平等重要原因的论证一致，而劳动力市场分割状态将会进一步加剧收入不平等。另一方面，代内收入流动也会受到劳动力市场分割的影响。主要是由于二级市场中的劳动力缺乏人力资本投资的动力，并且二级市场中的劳动力关于培训或工作的要求也较低。人力资本存量积累的缺乏将进一步拉大他们与一级市场要求之间的差距，形成恶性循环。并且由于劳动力市场分割阻碍了劳动力流动，收入阶层地位改变的概率也将下降。

通过上述分析可知，由于诸多体制性障碍和机制而导致的劳动力市场分割，令已处于二级市场中的劳动者很难实现向一级市场的流动，由于制度原因导致劳动力束缚在较低层次的市场中，向高层次市场转变就变得较为困难，这不利于人们获得平等的竞争机会以及职业流动的选择机会，这导致市场分割致使的收入差距长期存在，由此对居民收入流动形成限制。

7.2 我国居民代际收入流动动因分析

7.2.1 人力资本因素引致的代际收入流动差异

7.2.1.1 模型设定

在代际收入流动中，教育的作用较为重要，其影响代际收入流动的渠道有两方面，其中一个就是人力资本投资是父代影响子代的重要渠道，并最终影响到子代收入。本章中我们将首先构建包含子代受教育年限的模型，来考察受教育水平对子代收入水平的影响，进而反映代际间收入的相关性。

模型一：

我们首先构建模型一考察两代人之间受教育水平的相关性，进而分析教育本身不平等传递程度，基本回归方式为：

$$edu_{t+1} = \alpha_0 + \beta_1 edu_t + \beta_2 Z + \varepsilon_{t+1} \qquad (7-3)$$

其中，子代和父代的受教育水平分别为 edu_{t+1}、edu_t，该模型主要分析父代受教育水平的变化对子代教育水平的影响程度。一般而言，父代教育水平越高，其对子代的教育也将显得更为重视。Z 为一系列控制变量，一般包括子辈的年龄及年龄的平方、性别等，ε 为白噪声误差项。

模型二：

父代影响子代收入的一个重要途径即相应的人力资本投资，由此影响子代的收入水平，进而影响代际收入流动，构建模型二，以考察子代教育对代际收入弹性的影响：

$$lnY_{t+1} = \alpha_0 + \beta_0 lnY_t + \beta_1 lnY_t \times edu_{t+1} + \beta_2 edu_{t+1} + \beta_3 male + $$
$$\beta_4 age_{t+1} + \beta_5 age_{t+1}^2 + \varepsilon_{t+1} \qquad (7-4)$$

其中，Y_{t+1}、Y_t 分别代表子代和父代的实际收入，edu_{t+1} 代表受教育年限，考虑到个体收入在生命周期中会呈现二次型的特点（何石军和黄桂田，2013），所以加入变量 $age_{i,t+1}$ 和 $age^2_{i,t+1}$ 表示子代的年龄和年龄的平方。交叉项 β_1 反映了教育水平对代际收入弹性的影响，是核心变量，ε 代表随机扰动项。

OLS 模型存在的重要缺陷就是会将一些无法观测，但有可能产生重要影响的因素放入残差项中，此时估计出的 β 值将是有偏的。为此，为了排除遗漏变量的缺陷，我们采用固定效应或随机效应模型进行分析：

$$\Delta lnY_{t+1} = \gamma_0 \Delta lnY_t + \gamma_1 \Delta lnY_t \times \Delta edu_{t+1} + \gamma_2 \Delta edu_{t+1} +$$

$$\gamma_3 \Delta age + \gamma_4 \Delta age^2 + \gamma_5 male + \varepsilon_{t+1} \qquad (7-5)$$

其中，描述收入流动随时间的变动态势由年份哑变量表示；X'_i 和 ΔZ_{it} 为影响子代收入的控制变量，即受教育水平、年龄、性别等。残差项 u_{it} 由两部分组成。我们将采纳豪斯曼检验结果，以决定运用固定效应或者随机效应模型。

7.2.1.2　数据描述

本章数据仍然来自中国健康和营养问卷调查（CHNS）数据。问卷调查中主要涵盖 11 省（区）城镇和农村中相应家庭户主与子女的收入水平、职业类型、教育程度、年龄等数据。

户主和子女关系：CHNS 对家庭成员与户主的关系进行记录。比如，2000 年的"住户调查问卷"中询问"您是户主的什么人？"，该问题答案有："00 户主，01 配偶，02 父母，03 子代，04 兄弟姐妹，05 孙子（女），06 岳父母/公婆，07 女婿/儿媳，08 其他亲属，09 佣人，10 其他非亲属"。因此本章可以把这一问题的回答作为线索，对户主与子代信息进行筛选分离。值得说明的是在本书用到的（CHNS）数据中，父亲为大多数家庭的户主，选取 03 子代作为子女信息。上述信息为分析代际收入流动提供了必要条件。

收入：CHNS 中与收入有关的项目较多。对于城镇家庭的居民来讲，工资性收入、奖金、补贴及其他各种补助是工资性收入的重要组成部分；对于农村家庭中的居民而言，收入还包括了家庭农业饲养收入、集体农场饲养场收入、水果蔬菜种植收入、渔业养殖收入、小手工业以及小型商业经营收入等。本部分内容将收入界定为上述各项收入之和，同时对此进行对数处理。

教育：有两种表示方法，第一种是以教育年限划分，即按照 CHNS 对受教育水平的分类，对教育年限依次定义为：小学以下 3 年、小学 6 年、初中 9 年、高中 12 年、大专 14 年、大学及以上 16 年；第二种是按照最高学历划分，具体分为四种类型，分别是小学及以下、初中、高中及中等职业技术学校、大专及以上。此外，还控制了性别、年龄、职业等变量。

为了减少对生命周期短期冲击带来的误差，针对子女的年龄限定为 20～45 岁，随后基于子女样本数据来配对。为了注重长期的代际收入流动变化态势，对 1989～2011 年的数据进行保留，同时对父代和子代缺失样本进行剔除。各变量描述性统计如表 7-1～表 7-4 所示。

表 7-1　　　　　我国城镇居民父代数据描述性统计分析

变量	stats	mean	sd	min	max	N
父代收入对数	Flnincome	8.7522	1.1705	3.6367	12.5593	1578
父代年龄	Fage	52.7206	4.5495	25.13	59.99	1601
父代受教育年限	Fschooling	6.9051	4.7771	0	18	1539
小学及以下（=1，其他=0）	Fedutype1	0.5278	0.4994	0	1	1589
初中（=1，其他=0）	Fedutype2	0.2467	0.4312	0	1	1589
高中（=1，其他=0）	Fedutype3	0.1580	0.3648	0	1	1589
大学及以上	Fedutype4	0.0680	0.2518	0	1	1589
父代性别	Fmale	0.7508	0.4327	0	1	1601

资料来源：中国健康和营养调查（China Health and Nutrition Survey，CHNS）。

表 7-2　　　　　我国城镇居民子代数据描述性统计分析

变量	stats	mean	sd	min	max	N
子代收入对数	Slnincome	8.5888	1.2145	3.5062	12.6030	1589
子代年龄	Sage	25.2903	3.7586	20	44.4	1601
子代受教育年限	Sschooling	11.1499	3.3618	0	18	1428
小学及以下（=1，其他=0）	Sedutype1	0.1018	0.3025	0	1	1591
初中（=1，其他=0）	Sedutype2	0.3476	0.4764	0	1	1591

变量	stats	mean	sd	min	max	N
高中（＝1，其他＝0）	Sedutype3	0.3690	0.4827	0	1	1591
大学及以上	Sedutype4	0.1816	0.3857	0	1	1591
子代性别	Smale	0.6265	0.4839	0	1	1601

资料来源：中国健康和营养调查（China Health and Nutrition Survey，CHNS）。

表7－3　　　我国农村居民父代数据描述性统计分析

变量	stats	mean	sd	min	max	N
父代收入对数	Flnincome	8.2817	1.1944	0.4362	12.8868	3363
父代年龄	Fage	51.8671	4.7049	23.8	60	3455
父代受教育年限	Fschooling	5.8322	3.6148	0	18	3403
小学及以下（＝1，其他＝0）	Fedutype1	0.6524	0.4763	0	1	3438
初中（＝1，其他＝0）	Fedutype2	0.2504	0.4333	0	1	3438
高中（＝1，其他＝0）	Fedutype3	0.0864	0.2810	0	1	3438
大学及以上	Fedutype4	0.0108	0.1032	0	1	3438
父代性别	Fmale	0.8608	0.3462	0	1	3455

资料来源：中国健康和营养调查（China Health and Nutrition Survey，CHNS）。

表7－4　　　我国农村居民子代数据描述性统计分析

变量	stats	mean	sd	min	max	N
子代收入对数	Slnincome	8.1712	1.2808	2.6374	12.3541	3384
子代年龄	Sage	24.3335	3.6115	20	44.36	3455
子代受教育年限	Sschooling	8.8077	3.0879	0	18	3167
小学及以下（＝1，其他＝0）	Sedutype1	0.2469	0.4312	0	1	3427
初中（＝1，其他＝0）	Sedutype2	0.5282	0.4993	0	1	3427
高中（＝1，其他＝0）	Sedutype3	0.1876	0.3905	0	1	3427
大学及以上	Sedutype4	0.0374	0.1896	0	1	3427
子代性别	Smale	0.6550	0.4754	0	1	3455

资料来源：中国健康和营养调查（China Health and Nutrition Survey，CHNS）。

7.2.1.3 回归结果

1. 模型一回归结果

区分我国城镇居民和农村居民利用模型一进行回归，分析父辈受教育水平对子代受教育水平影响的程度。

表7-5 的结果显示，不管是在城镇还是农村，子代受教育水平均受到父代影响，并且城镇居民的影响程度较高。在控制其他变量之后，父代受教育水平对子代受教育水平影响的绝对值有所下降，但结果仍非常显著。

表7-5 模型一回归结果

因变量：子代受教育水平（Sschooling）						
	总体	城镇	农村	总体	城镇	农村
	（1）	（2）	（3）	（4）	（5）	（6）
Fschooling	0.355 ***	0.359 ***	0.307 ***	0.275 ***	0.287 ***	0.252 ***
	0.01	0.01	0.01	0.01	0.01	0.01
Sage				0.049 ***	0.008	0.050 ***
				0.01	0.01	0.01
$Sage^2$				-0.001 ***	-0.002 ***	-0.001 ***
				0.00	0.00	0.00
Smale				-0.116	-0.432 ***	0.166
				0.08	0.13	0.10
_cons	7.520 ***	8.660 ***	7.169 ***	5.901 ***	8.137 ***	5.433 ***
	0.06	0.10	0.08	0.18	0.29	0.22
R2	0.202	0.278	0.138	0.355	0.382	0.282
N	6667	2293	4374	6258	2153	4105

注：双尾检验的显著性水平1%、5%和10%分别由 *** 、 ** 和 * 表示，回归中报告的是稳健标准误。
资料来源：中国健康和营养调查（China Health and Nutrition Survey，CHNS）。

2. 模型二回归结果

分别对总体居民、城镇和农村地区的父代—子代之间的匹配样本进行 OLS 回归和固定效应回归模型，分析教育对代际收入流动的影响。OLS 回归结果显示，不管是在城镇还是农村，受教育水平均是影响子代收入的重要因素，并且城镇居民的影响力度较高。表7-6 中的方程（4）表明受教育水平每增加 1 年，收入将增加 0.086 个百分点，高于方程（6）城镇居民的 0.072 个百分点。这说明，父辈对子辈的教育投资，将会在很大程度上对子辈的收入水平产生影响，因此，教育是增加代际收入传递的重要渠道。

表 7 - 6　　　　　　　　　　　OLS 模型估计结果

	因变量：子代收入 Slnincome					
	总体居民		城镇居民		农村居民	
	（1）	（2）	（3）	（4）	（5）	（6）
Flnincome	0.434 ***	0.422 ***	0.433 ***	0.419 ***	0.433 ***	0.422 ***
	0.01	0.01	0.02	0.02	0.01	0.01
Sedutype2	0.286 ***		0.279 ***		0.289 ***	
	0.03		0.06		0.04	
Sedutype3	0.470 ***		0.496 ***		0.451 ***	
	0.04		0.06		0.05	
Sedutype4	0.846 ***		0.898 ***		0.751 ***	
	0.05		0.08		0.08	
Sschooling		0.077 ***		0.086 ***		0.072 ***
		0.00		0.01		0.01
Sage	0.052 ***	0.054 ***	0.053 ***	0.055 ***	0.052 ***	0.053 ***
	0.00	0.00	0.00	0.00	0.00	0.00
$Sage^2$	- 0.001	- 0.002	- 0.002	- 0.001	- 0.001	- 0.002
	0.00	0.00	0.00	0.00	0.00	0.00
Smale	0.128 ***	0.106 ***	0.071	0.048	0.164 ***	0.143 ***
	0.03	0.03	0.04	0.04	0.04	0.04
_cons	2.938 ***	2.615 ***	2.969 ***	2.535 ***	2.926 ***	2.647 ***
	0.1	0.1	0.17	0.16	0.13	0.13
R^2	0.358	0.372	0.4	0.419	0.312	0.324

注：双尾检验的显著性水平 1%、5% 和 10% 分别由 ***、** 和 * 表示，回归中报告的是稳健标准误。

资料来源：中国健康和营养调查（China Health and Nutrition Survey，CHNS）。

表7-7报告了固定效应模型回归结果：

第一，对城镇居民而言，不论是选择受教育年限还是受教育阶层作为解释变量，子代收入均受到显著影响，其中受教育每增加一年，子代收入增加0.086个百分点，并在1%显著性水平上显著。以小学及以下为参照组，子代如果为具有高中或者大学及以上学历的群体，其收入水平将显著提高。对农村居民而言，受教育程度也是影响子代收入的重要因素，其中受教育年每增加一年，子代收入增加0.073个百分点。横向来看，受教育水平对城镇居民子代收入的影响要高于农村居民。

第二，构建父代收入和子代收入教育阶层的交互项来反映受教育水平对代际收入弹性的影响。结果表明，无论对于城镇居民还是农村居民，交互项的结果并不是十分显著。

上述结果表明，受教育水平的提高有利于增加个人收入，但是并没有降低代际间的收入流动性。

表7-7 固定效应模型回归结果

	因变量：子代收入 Slnincome					
	城镇居民			农村居民		
	(1)	(2)	(3)	(4)	(5)	(6)
Flnincome	0.419***	0.433***	0.376***	0.432***	0.421***	0.465***
	0.02	0.02	0.05	0.01	0.01	0.03
Sschooling	0.086***			0.073***		
	0.01			0.01		
agezidai	0.055***	0.053***	0.050***	0.052***	0.053***	0.051***
	0	0	0	0	0	0
Sedutype2		0.279***	0.616		0.287***	0.843**
		0.06	0.51		0.04	0.29
Sedutype3		0.496***	-0.257		0.453***	0.535
		0.06	0.5		0.05	0.37
Sedutype4		0.898***	-2.315***		0.747***	0.136
		0.08	0.68		0.08	0.72
Flnincome × Sedutype2			-0.048			-0.073*
			0.06			0.04

因变量：子代收入 Slnincome					
	城镇居民			农村居民	
	（1）	（2）	（3）	（4）	（5）	（6）
Flnincome × Sedutype3			0.079			− 0.01
			0.06			0.04
Flnincome × Sedutype4			0.340 ***			0.055
			0.08			0.08
_cons	2.535 ***	2.969 ***	3.540 ***	2.935 ***	2.655 ***	2.732 ***
	0.16	0.17	0.45	0.13	0.13	0.25
Hausman(Prob > chi2 =)						
R2	0.278	0.267	0.411	0.310	0.32	0.31
N			2497			4551

注：双尾检验的显著性水平1%、5%和10%分别由 ***、** 和 * 表示。根据豪斯曼检验结果，本章选固定效应模型。为了解决异方差问题，回归中报告的是聚类稳健标准误。

资料来源：中国健康和营养调查（China Health and Nutrition Survey，CHNS）。

7.2.2 不同家庭背景引致的代际收入流动差异

7.2.2.1 模型设定及数据描述

贝克尔（1979）指出家庭背景是影响代际收入流动的重要因素。很多学者以家庭的社会经济地位作为衡量家庭背景的指标（Markus，2000；James et al.，2009），而职业类型则是反映家庭经济地位的重要指标（周兴和张鹏，2014）。因为，在劳动力市场中所存在的"子承父业"现象，正反映了在求职者的工作搜寻过程中家庭背景的重要作用，因此职业是决定一个家庭社会关系网络的重要因素。前面已经讨论，我国劳动力市场分割导致的职业阶层是收入差距的重要原因。

本部分将结合 CHNS 调查数据的职业分类，结合李弘毅（2007）等的做法，将 CHNS 问卷中的职业分为体力劳动人员、一般办事人员、技术人员和管理人员四种类型。体力劳动人员类型包括"农民、渔民、猎人、非技术工人或非熟练工人、司机、服务行业人员"等职业，一般办事人员类型包括"办事人员、士兵与警察"等职业，技术人员类型包括"高级专业和一般专业技术工作者、技术工人或熟练工人"等职业，管理人员类型包括"管理者、行政官员、经理、军官与警官"等职业，并根据 CHNS 的职业分类，遵循郭丛斌（2004）的分类方法，将利用各职业社会经济地位指数，将"国家机关、党群组织、企事业单位负责人，专业技术人员，办事人员"作为第一层次的三种职业划归为一级劳动力市场；将"商业、服务业人员，农林牧渔水利业生产人员，生产、运输设备操作人员以及不便分类的其他从业人员"作为第二层次的四种职业划归为二级劳动力市场。

1. 模型设定

本章所构建的模型，重点考察代际职业传承对代际收入流动的影响，核心变量 $Samejob_{i,j}$ 表示父子是否从事同一劳动力市场阶层的虚拟变量，如果子代和父代处于同一职业阶层赋值为 1，如果处于不同阶层赋值为 0，交叉项系数 θ 反映了代际间职业传承对代际收入弹性的影响。回归方程如下：

$$\ln Y_{i,t+1} = \alpha + \gamma_1 \ln Y_{i,t} + \theta \ln Y_{i,t} \times Samejob_{i,j} + \gamma_2 Samejob_{i,j} + \gamma_3 age_{i,t+1}$$
$$+ \gamma_4 age_{i,t+1}^2 + \gamma_5 male_{t+1} + \gamma_6 edu_{i,t+1} + \varepsilon \quad (7-6)$$

方程中控制变量包括性别 $male_{t+1}$、受教育年数 edu_{t+1}、年龄和年龄的平方 $age_{i,t+1}$ 和 $age_{i,t+1}^2$。

2. 数据描述

职业核心变量的数据描述如表 7-8 所示。

表 7-8　　　　　　　城乡家庭中子代与父代职业分布统计

城镇居民职业分布						
变量		mean	sd	min	max	N
父代职业阶层（处于一级劳动市场 =1，其他 =0）	Fjob	0.459	0.498	0	1	1302
子代职业阶层（处于一级劳动市场 =1，其他 =0）	Sjob	0.471	0.4995	0	1	1508
父代和子代处于同一职业阶层（=1），其他 =0	Samejob	0.727	0.446	0	1	1247

农村居民职业分布						
变量		mean	sd	min	max	N
父代职业阶层（处于一级 劳动市场＝1，其他＝0）	Fjob	0.186	0.389	0	1	3153
子代职业阶层（处于一级 劳动市场＝1，其他＝0）	Sjob	0.210	0.408	0	1	3252
父代和子代处于同一 职业阶层（＝1），其他＝0	Samejob	0.808	0.394	0	1	3034

资料来源：中国健康和营养调查（China Health and Nutrition Survey，CHNS）。

7.2.2.2　回归结果

表7-9反映了代际职业传承对代际收入流动影响的回归结果。

首先，在考虑职业影响之后，城镇和农村居民家庭的代际收入弹性分别为0.577和0.500，农村家庭的代际流动水平仍然弱于城镇家庭。

其次，以二级劳动力市场为参照，子代如果处于一级劳动力市场将会获得更高的收入。其中，对农村家庭而言，如果能够成功进入一级劳动力市场，将会为个人带来更高的收入。这表明，我国存在的劳动力市场分割已成为影响个人收入水平的重要因素。

最后，针对代际职业传承和父代收入对数的交叉项表明，在城镇家庭中，代际职业传承家庭的代际收入弹性，比其他家庭高0.021；在农村家庭中，具有代际职业传承的家庭比其他家庭代际收入弹性值高0.022，上述结果均表明代际职业传承对城镇和农村家庭具有显著影响，以职业因素为代表的家庭背景是影响收入流动的重要因素，代际间的职业继承不利于收入流动水平的提高。

表7-9　　　　　　　　　　　回归结果

因变量：子代收入水平（Slnincome）				
	城镇家庭		农村家庭	
	系数	标准差	系数	标准差
Flnincome	0.577 ***	0.03	0.500 ***	0.02
Sjob	0.106	0.06	0.233 ***	0.06

因变量：子代收入水平（Slnincome）				
	城镇家庭		农村家庭	
	系数	标准差	系数	标准差
Samejob × Flnincome	− 0. 021 **	0. 01	− 0. 022 ***	0. 01
Sschooling	0. 049 ***	0. 01	0. 046 ***	0. 01
Sage	0. 083	0. 09	0. 134 *	0. 06
Sage^2	− 0. 001	0	− 0. 001	0
Smale	− 0. 07	0. 06	0. 113 **	0. 04
R2	0. 47		0. 357	

注：双尾检验的显著性水平 1% 、5% 和 10% 分别由 *** 、** 和 * 表示。

资料来源：中国健康和营养调查（China Health and Nutrition Survey，CHNS）。

7.2.2.3 回归的进一步分析——倾向得分模型回归

本部分进一步利用倾向匹配得分法，分析代际职业传承对代际收入流动的影响。相比普通最小二乘法，倾向匹配得分法的优势在于能够减少因样本选择偏误造成的内生性问题，令回归结果更为准确。该方法的具体实施步骤为：

首先，获取倾向得分值，也就是得到父代和子代处于同一劳动力市场结构的条件概率：

$$P(X) = Pr[Samejob_{t, t+1} = 1 \mid X] = E[Samejob_{t, t+1} \mid X] \quad (7-7)$$

以 $Samejob_{t, t+1}$ 为核心处理变量，如果"父代和子代处于同一劳动力市场结构"，则 $Samejob_{t, t+1}$ 赋值为 1，表示为处理组，如果"父代和子代处于不同的劳动力市场结构"，则 $Samejob_{t, t+1}$ 赋值为 0，表示为控制组。X 为影响子代和父代是否处于同一劳动力市场结构的因素，也叫匹配变量。在具体操作中一般利用 Logit 或者 Probit 等概率来获得倾向得分。其次，对处理组和控制组样本进行匹配。本研究中的样本为离散变量，所以可以选择将具有"共同取值范围内"的个体进行匹配。再次，对匹配结果进行平衡性检验，其目的是为了考察在控制两组样本共同特征后，父代对子代收入影响的差异，是否是由两代人之间的职业继承导致的。最后，计算平均处理效应（ATT），在完成匹配之后的样本除了需要讨论的核心变量 $Samejob_{t,t+1}$ 之外，其他特征已经不存在明显差异，所以回归结果就反应了代际职业继承对代际收入流动影响的净效应，若回归结果显著，则表明代际职业继承确实是影响代际收入流动的重要因素。平均处理效应方程为：

$$ATT = E[Y_{1i} - Y_{0i} \mid D_i = 1] = E\{E[Y_{1i} \mid D_i = 1, P(X_i)]$$
$$- E[Y_{0i} \mid D_i = 0, P(X_i) \mid D_i = 1]\} \qquad (7-8)$$

式（7-8）中 Y 为子代收入水平，表示结果变量。

1. 匹配变量与平衡性检验

通过表 7-10 可以看到，匹配后大多数变量的标准化偏差均小于 10%，只有子代年龄的平方（$Sage^2$）项偏差较高。对比匹配前的结果，除 $Sage^2$ 项外，大多数变量的标准化偏差均大幅缩小。而且大多数 t 检验的结果不拒绝处理组与控制组无系统差异的原假设，表明平衡性假设得到验证。

表 7-10　　　　　　　　　匹配变量与平衡性检验

匹配变量		均值		标准化偏差（%）	标准偏差减少幅度（%）	T 检验	T 值
		处理组	控制组				
Flnincome	匹配前	8.628	9.035	−37.8		−1.82	0
	匹配后	8.628	8.723	−8.8	76.6	−1.82	0.068
Sedutype2	匹配前	0.365	0.320	9.5		1.48	0.139
	匹配后	0.365	0.357	1.7	82.4	0.35	0.728
Sedutype3	匹配前	0.339	0.479	−28.9		−4.57	0
	匹配后	0.339	0.352	−2.8	90.3	−0.60	0.548
Sedutype4	匹配前	0.158	0.151	2.0		0.30	0.761
	匹配后	0.158	0.164	−1.6	19.6	−0.32	0.746
Smale	匹配前	0.616	0.627	−2.3		−0.36	0.716
	匹配后	0.616	0.635	−4.0	−70.8	−0.84	0.403
Seastern	匹配前	25.010	24.795	6.1		0.94	0.35
	匹配后	25.010	24.911	2.8	53.9	0.57	0.569
Sage	匹配前	638.880	626.050	6.9		1.04	0.297
	匹配后	638.880	633.50	2.9	58.1	0.58	0.561

续表

匹配变量		均值		标准化偏差（%）	标准偏差减少幅度（%）	T检验	T值
		处理组	控制组				
Sage²	匹配前	0.733	0.749	-1.5		-0.24	0.81
	匹配后	0.733	0.969	-23.4	-1418.4	-4.67	0
Sjob	匹配前	1.077	1.263	-24.4		-3.78	0
	匹配后	1.077	1.043	4.5	81.7	0.94	0.349

资料来源：中国健康和营养调查（China Health and Nutrition Survey，CHNS）。

2. 平均处理效应结果

表7-11报告了在控制个人变量等其他主要特征后，核心变量匹配前后的平均处理效应（ATT）大小和显著性水平。

利用平均处理效应结果来检验代际职业继承对收入流动的影响。匹配后的结果表明，处理组相对于控制组不利于子代收入的变化，并容易导致代际间阶层固化，这说明代际间的职业继承不利于提高社会收入流动性。ATT对应的t值为2.55，大于临界值，回归结果显著。此外，匹配前两组样本的平均处理效应差值绝对值为0.420，高于匹配后ATT差值的绝对值，说明匹配前高估了代际职业继承对代际收入流动的影响。这再次证明了利用倾向得分匹配方法能够在一定程度上解决内生性问题，从而得到更为准确的回归结果。

表 7 - 11 平均处理效应（ATT）

变量	样本	处理组	控制组	ATT	S. E.	t值
Slnincome	匹配前	8.340	8.760	-0.420	0.075	-5.62
	匹配后	8.340	8.599	-0.259	0.102	-2.55

资料来源：中国健康和营养调查（China Health and Nutrition Survey，CHNS）。

7.2.3 政府因素引致的代际收入流动差异

7.2.3.1 模型设定

作为公共投资者，政府也将影响代际收入流动，尤其是公共教育投资的作用，公共教育的投资有利于缓解起点不公平，防止在信贷市场不完善的情况下，低收入家庭因无法对子代进行充分投资，而产生与高收入家庭的过大差距。

构建包括政府公共教育投资的交互项模型，分析政府公共教育支出对社会代际流动性的影响，所利用方程如下：

$$\ln Y_c = \alpha + \beta_0 \ln Y_p + \beta_1 G_s + \beta_2 (\ln Y_p \times G_s) + \beta_3 X + \varepsilon_c \qquad (7-9)$$

其中，政府公共教育支出为 G_s，本书利用人均教育支出来衡量公共教育支出规模。为了体现政府支出对父辈收入的影响，构建人均教育支出和父代收入的交叉项。此外，X 表示一组控制变量，包括年龄、性别、受教育水平、职业、地区等基本变量。

7.2.3.2　回归结果

本部分利用 CHNS 数据，表 7 – 15 中第（1）栏和表 7 – 16 中第（1）是对整体居民而言的回归结果，表明：

首先，表 7 – 12 中第（1）栏生均教育经费的系数为 0.595，表明对城镇居民而言生均教育经费每增加一个单位，子代收入增加 0.595 个百分点，并且结果显著。表 7 – 16 中第（1）栏生均教育经费的系数为 0.486，其含义为，农村居民每增加 1 单位生均教育经费投入，子代收入增加 0.486 个百分点，且回归结果显著。这表明，在我国公共教育支出有利于子代收入水平的提高，整体而言，对城镇居民的作用高于农村居民。

其次，表 7 – 12 中第（1）栏显示生均教育经费和父代收入对数交叉项的系数表明，在城镇家庭中，生均教育经费投入导致代际收入弹性减少 0.063，表 7 – 13 中第（1）栏中的交叉项表明，在农村家庭中，生均教育经费投入导致代际收入弹性减少 0.049。上述实证结果显示，人均教育经费的投入有利于提高代际收入流动水平。

上述回归分析也对不同的教育等级进行对比，通过分析公共教育投入对代际收入流动的影响，相应结果表明：

首先，从方向上讲，不管是城镇居民还是农村居民，各个教育阶段，比如小学、初中以及高中的人均教育经费均降低了代际收入弹性，而大学的人均教育经费有利于提高代际收入弹性。

其次，从力度上讲，小学的人均教育经费最有利于降低代际收入弹性，而初中和高中的作用力度较弱。其中，小学的生均教育经费投入对城镇居民代际收入弹性的影响大于农村居民。

上述结果表明，不论是城镇居民还是农村居民，小学与中等教育的公共教育投入均能够促进代际收入流动，而针对大学的教育支出则阻碍代际收入流动。这就是说，大学阶段的投入对于促进代际收入流动性是有限的，而针对小学和中等教育阶段的教育投入影响更大。

表 7 - 12　　城镇居民对应就学阶段的教育情况与代际收入弹性

因变量：子代收入对数（Slnincome）					
	整体	小学	初中	高中	大学
	（1）	（2）	（3）	（4）	（5）
Flnincome	0.869 ***	2.548 *	0.842 *	0.734 ***	0.086
	0.12	0.98	0.33	0.22	0.12
生均教育经费	0.595 ***	2.937 *	0.699	0.503	-0.063
	0.15	1.12	0.39	0.27	0.15
Flnincome×生均教育经费	-0.063 ***	-0.295 *	-0.074	-0.055	0.002
	0.01	0.13	0.04	0.03	0.02
Smale	0.024	0.206	0.05	0.058	0.128
	0.06	0.32	0.14	0.1	0.14
Sage	0.183 ***	0.08	0.203 ***	0.137 ***	0.178 **
	0.02	0.05	0.04	0.03	0.07
$Sage^2$	-0.001 ***	-0.001	-0.003 ***	-0.002 **	-0.002 *
	0	0	0	0	0
R2	0.361	0.321	0.277	0.198	0.212
N	1297	83	355	563	155

注：双尾检验的显著性水平1%、5%和10%分别由 ***、** 和 * 表示。结果中报告的是标准误。

资料来源：中国健康和营养调查（China Health and Nutrition Survey，CHNS）。

表7-13　　　农村居民对应就学阶段的教育情况与代际收入弹性

因变量：子代收入对数（Slnincome）				
整体	小学	初中	高中	大学
（1）	（2）	（3）	（4）	（5）

	整体（1）	小学（2）	初中（3）	高中（4）	大学（5）
Flnincome	0.731***	0.354	0.643***	0.734***	0.086
	0.09	0.38	0.18	0.22	0.12
生均教育经费	0.486***	0.165	0.469*	0.503	-0.063
	0.12	0.47	0.21	0.27	0.15
Flnincome×生均教育经费	-0.049***	-0.003	-0.044	-0.055	0.002
	0.01	0.05	0.02	0.03	0.02
Smale	0.004	-0.064	0.022	0.058	0.128
	0.06	0.14	0.08	0.10	0.14
Sage	0.192***	0.202***	0.180***	0.137***	0.178**
	0.02	0.03	0.03	0.03	0.07
$Sage^2$	-0.002***	-0.002***	-0.002***	-0.002**	-0.002*
	0	0	0	0	0
R2	0.268	0.289	0.203	0.198	0.212
N	2502	440	1336	563	155

注：双尾检验的显著性水平1%、5%和10%分别由***、**和*表示。结果中报告的是标准误。

资料来源：中国健康和营养调查（China Health and Nutrition Survey，CHNS）。

7.3　我国居民代内收入流动动因分析

当前文献多数侧重于我国代内收入流动状况的描述（王海港，2005；尹恒等，2006），然而从某种意义来讲，剖析收入流动性的影响因素更有利于进行政策选择，也有利于加深对收入分配动态变化的理解，从而做出社会公平政策的选择。本节将主要针对影响我国代内居民收入流动的主要因素进行分析。

7.3.1 数据描述及模型设定

7.3.1.1 数据描述

（1）收入变量：首先，标记收入变动起讫时点，9 次调查共有 8 段间隔，分别是：1989 ~ 1991 年、1991 ~ 1993 年、1993 ~ 1997 年、1997 ~ 2000 年、2000 ~ 2004 年、2004 ~ 2006 年和 2006 ~ 2009 年、2009 ~ 2011 年；其次，用各期的期末收入减去期初收入，得到每期中发生的收入变动值，并对变动值进行对数处理。

（2）职业及职业变动：基本职业划分为四类，分别是体力劳动人员、一般办事人员、技术人员和管理人员，考虑到同一个人在不同时期所处的职业地位会发生变化，将同时构建职业变动指标，来刻画同一主体在劳动力市场之间进行的地位转换，具体包括四种类型：处在二级劳动力市场、一级劳动力市场向二级劳动力市场的转移、二级劳动力市场向一级劳动力市场的转移和处在一级劳动力市场四种情形。

（3）所有制特征变量及变动：将我国的所有制类型分为国有部门和非国有部门两类。跨所有制的就业变动，用来描述个人就业状态在不同所有制属性部门之间转换，也包括四种情形：一直处于非国有部门、国有部门向非国有部门的转移、非国有部门向国有部门的转移以及一直处于国有部门。

此外还控制了受教育水平、性别、年龄、家庭财产、家庭成员数和地区等因素，描述统计性结果参见表 7 – 14。

表 7 – 14　　　　　　　　　主要变量的统计特征

变量	均值	标准差	样本数	最小值	最大值
收入变动（取对数）	0.208	1.172	12287	– 12.427	10.049
期初收入水平（取对数）	5.911	1.271	12287	3.304	8.749
受教育年数	9.151	4.586	11974	0	18
小学及以下（=1，其他=0）	0.293	0.455	12246	0	1
初中（=1，其他=0）	0.278	0.448	12246	0	1
高中（=1，其他=0）	0.335	0.472	12246	0	1

变量	均值	标准差	样本数	最小值	最大值
大专及以上（=1，其他=0）	0.093	0.291	12246	0	1
性别	0.539	0.498	12287	0	1
年龄	37.254	9.983	12287	15.030	59.890
年龄的平方	1487.505	753.131	12287	225.901	3586.812
体力劳动者（=1，其他=0）	0.406	0.491	9189	0	1
一般办事人员（=1，其他=0）	0.353	0.478	9189	0	1
技术人员（=1，其他=0）	0.118	0.323	9189	0	1
管理人员（=1，其他=0）	0.122	0.327	9189	0	1
一直处于二级市场	0.323	0.468	8061	0	1
从一级市场转向二级市场	0.071	0.257	8061	0	1
从二级市场转向一级市场	0.527	0.499	8061	0	1
一直处于一级市场	0.079	0.270	8061	0	1
国有部门（=1，非国有=0）	0.655	0.475	9189	0	1
一直处于非国有部门	0.166	0.372	8113	0	1
从国有部门转向非国有部门	0.049	0.215	8113	0	1
一直处于国有部门	0.763	0.425	8113	0	1
从非国有部门转向国有部门	0.022	0.148	8113	0	1
家庭规模	4.006	1.356	12287	1	14
家庭财产	8.345	1.456	10750	2.996	13.703
地区（东部地区=1，中西部地区=0）	0.323	0.468	12287	0	1

资料来源：中国健康和营养调查（China Health and Nutrition Survey）。

7.3.1.2　模型设定

盖尔顿（Galton，1889）最早提出了分析跨期间收入相关性的模型框架，即：

$$Y_{it} = \beta Y_{it-1} + \varepsilon_{it} \qquad (7-10)$$

其中，Y_{it} 和 Y_{it-1} 分别为当期和上期收入，ε_{it} 为随机扰动项，模型假设扰动项 ε_{it} 与 Y_{it} 独立，并且对于个人不同时间段独立同分布。

菲尔兹（2002）在盖尔顿（1889）模型的基础上进行变形，并进一步对个人特征进行控制，得到收入流动方程为：

$$\Delta Y_{i,t} = \alpha + \beta Y_{i,t-1} + \delta X_{it} + \gamma Z_i + u_{i,t} \qquad (7-11)$$

其中，$\Delta Y_{i,t} = Y_{i,t} - Y_{i,t-1}$ 表示两期收入之差，X_{it} 表示随时间变动的个人特征变量，Z_i 表示不随时间变动的个人特征变量。上述模型主要通过判断 $\Delta Y_{i,t}$ 与 $Y_{i,t-1}$ 之间的相互关系，来剖析动态的收入变动趋势。若 $\beta > 0$，即 $\Delta Y_{i,t}$ 随 $Y_{i,t-1}$ 的增加而增加，表示代表者基期的收入水平越高，其收入增长速度越快，也就是说穷者越穷，富者越富，收入差距会扩大，这种情况称为"有条件分散"（Conditional Divergence）；若 $\beta < 0$，则表明更快的低收入阶层增长速度，这在长期会缩小低收入阶层与高收入阶层的收入差距，整体而言，表现为整个收入群体的"有条件收敛"（Conditional Convergence）；而当 $\beta = 0$ 时，则表明第三种情况为独立不相关（Independence），即基年低收入阶层和基年高收入阶层经历了相同的收入改变量，他们的境况同时得到改善或恶化，各阶层间总体上呈现收入差距不变态势。

以菲尔兹（2002）模型为基础，本书利用 OLS 模型方法将对下述方程进行估计：

$$\Delta \log Y_{it} = X'_i \beta + \Delta Z_{it} \gamma + \varepsilon_{it} \quad t = 1, 2, 3, 4, 5 \qquad (7-12)$$

其中，个体 i 从期初到期末的收入变动水平由 $\Delta \log Y_{it}$ 表示，X_i 是一组控制变量，包括个体 i 期初时的性别、受教育年数、家庭规模、家庭财产、间隔期和地区哑变量（族）等，Z_i 为包含个体 i 期初的收入水平、职业类型或期初到期末的职业流动等一组核心变量。OLS 模型存在的重要缺陷就是会将一些无法观测但却有可能产生重要影响的因素放入残差项中，此时估计出的 β 值将是有偏的。为此，为了排除遗漏变量的缺陷，我们采用固定效应或随机效应模型进行分析：

$$\Delta \log Y_{it} = X'_i \beta + \Delta Z_{it} \gamma + \sum_{t=1}^{5} D_t \alpha_t + u_{it} \quad u_{it} = a_i + \varepsilon_{it} \qquad (7-13)$$

其中，描述收入流动随时间的变动态势由年份哑变量表示；X'_i 和 ΔZ_{it} 为影响收入流动性的控制变量，即人力资本、劳动力市场结构、社会资本以及家庭特征等。残差项 u_{it} 由两部分组成，其中 a_i 表示基因、能力、家族文化等不随时间改变的遗漏变量，经过固定效应或随机效应模型的处理可排除 a_i 的扰动作用，ε_{it} 为时变误差，满足外生性和同方差的假定。此外，将豪斯曼检验结果决定运用固定效应或者随机效应模型。

前面已经讨论，转换矩阵是针对收入流动进行测量的最普遍工具，而该研究方法的核心观点是将所有个体分位几个阶层（如五等分、十等分等），进而研究处于不同阶层个体的收入是如何随时间变化的，这一思想恰好与分位数回归（Quantile Regression，QR）的基本思想一致。

分位数回归最早由肯克和巴西特（Koenker and Bassett，1978）引入经济分析。分位数回归的估计通过令下表完成最小值线性规划得以实现（Koenker and Bassett，1978）：

$$\bar{\beta}_\theta = \arg\min_{\beta_\theta} \left(\sum_{y_{i, t-1} \geqslant X_i \beta_\theta} \theta \left| y_{i, t-1} - X_{i, t} \beta_\theta \right| + \right.$$
$$\left. \sum_{y_{i, t-1} < X_{i, t} \beta_\theta} (1 - \theta) \left| y_{i, t-1} - X_{i, t} \beta_\theta \right| \right) \qquad (7-14)$$

其中，基期因变量收入水平为 $y_{i, t-1}$，自变量的向量为 $X_{i, t}$，待估计的分位数为 θ，系数向量为 β，其随 θ 的波动而变化将是该公式的特点。此外，θ 的取值区间为 $0 \sim 1$，随后根据线性规划方法，对 y 对应的分位数回归系数进行估计。θ 的取值主要用来表示回归线或回归平面之下数据占全体数据的份额。

依照分位数回归的思路，上述估计模型为：

$$\Delta Y_i = X'_i \beta_\tau + Z'_i \gamma_\tau + \varepsilon_{\tau i}$$
$$\Delta Y_i = X'_i \beta_\tau + Z'_i \gamma_\tau + \Gamma'_i \xi_\tau + \varepsilon_{\tau i}$$

其中，τ 为分位数，本研究要求求解的方程为：

$$(\beta_\tau, \gamma_\tau, \xi_\tau) \in \arg\min_{\beta_\theta} \left(\sum_{y_{i, t-1} \geqslant X_i \beta_\theta} \tau \left| \Delta Y_i - \delta_\tau \right| + \right.$$
$$\left. \sum_{y_{i, t-1} < X_{i, t} \beta_\theta} (1 - \tau) \left| \Delta Y_i - \delta_\tau \right| \right) \qquad (7-15)$$

其中，$\delta_\tau = X'_i \beta_\tau + Z'_i \gamma_\tau$，$\tau \in (0, 1)$ 为分位点。

7.3.2　实证分析结果

7.3.2.1　OLS 模型回归结果和固定效应模型回归结果

1. OLS 模型回归结果

绝对收入流动的 OLS 结果如表 7-15 所示。

表 7 – 15　　　　　　　　　　　OLS 回归结果

	因变量：收入变动					
	（1）	（2）	（3）	（4）	（5）	（6）
基期收入	– 0.736 ***	– 0.746 ***	– 0.742 ***	– 0.720 ***	– 0.732 ***	– 0.741 ***
	0.02	0.02	0.02	0.02	0.02	0.02
性别	0.197 ***	0.195 ***	0.145 ***	0.140 ***	0.139 ***	0.140 ***
	0.04	0.04	0.04	0.03	0.03	0.03
受教育水平	0.036 ***	0.034 ***	0.033 ***	0.034 ***	0.033 ***	0.030 ***
	0.01	0.01	0.01	0.01	0.01	0.01
年龄	0.006	0.004	0.013 ***	0.015 **	0.013 **	0.012 **
	0.010	0.006	0.010	0.010	0.006	0.006
年龄的平方	– 0.0001	– 0.0001	– 0.0002 ***	– 0.0002 **	– 0.002 *	– 0.0001
	0.00	0.00	0.00	0.00	0.00	0.00 **
管理者	0.069			0.071		
	0.07			0.06		
一般办事人员		0.113 *		0.046		
		0.05		0.05		
技术人员		0.145		0.098		
		0.07		0.07		
管理人员		0.074		– 0.011		
		0.08		0.07		
从一级转入二级劳动力市场			0.006			– 0.038
			0.07			0.07
一直处于一级劳动力市场			0.239 ***			0.160 **
			0.05			0.05
从二级转入一级劳动力市场			0.299 ***			0.195 **
			0.07			0.07
国有部门	0.426 ***	0.418 ***	0.435 ***			
	0.05	0.05	0.05			

续表

因变量：收入变动						
	（1）	（2）	（3）	（4）	（5）	（6）
从国有部门转入非国有部门				0.072	0.106	0.145
				0.08	0.08	0.08
一直处于国有部门				0.576 ***	0.609 ***	0.603 ***
				0.05	0.05	0.05
从非国有部门转入国有部门				0.669 ***	0.687 ***	0.707 ***
				0.09	0.10	0.10
家庭规模	-0.065 ***	-0.058 ***	-0.063 ***	-0.057 ***	-0.054 ***	-0.048 ***
	0.02	0.02	0.01	0.01	0.01	0.01
家庭财产	0.159 ***	0.150 ***	0.132 ***	0.144 ***	0.139 ***	0.134 ***
	0.02	0.02	0.02	0.02	0.02	0.02
东部地区	0.144 ***	0.151 ***	0.143 ***	0.131 ***	0.129 ***	0.138 ***
	0.04	0.04	0.04	0.04	0.04	0.04
R^2	0.324	0.327	0.352	0.361	0.363	0.369
N	7221	7091	7844	7957	7844	7719

注：双尾检验的显著性水平1%、5%和10%分别由 ***、** 和 * 表示。表中以对年龄的平方项、婚姻状况和间隔期等指标进行了控制。回归中分别用 jobtype1、jobswitch1、ownershiptransit1 作为各自同族哑变量的参照。

资料来源：中国健康和营养调查（China Health and Nutrition Survey，CHNS）。

通过分析表中结果，本书得知：

第一，表7-15中方程（1）~方程（6）回归结果均表明，收入变动与期初收入水平负相关，回归结果显著，这表明低收入阶层的收入增长速度高于高收入阶层，这体现了我国条件收敛型的收入变动趋势，表明在我国居民中发生的收入流动，有利于缓解长期收入不平等。

第二，所有制变量对绝对收入流动存在显著影响。表7-15中方程（1）~方程（3）表明，以非国有部门为参照，国有部门工作人员更容易发生收入增加。方程（4）~方程（6）显示跨所有制的就业流动对收入变动的影响。以一直处于非国有部门为参照组，从非国有部门转入国有部门工作或一直在国有部门工作对收入变动具有正向影响，表明更有可能实现收入增加。此外，回归结果还表明转入国有部门工作的收入增加效应要高于一直处于国有部门的效应。

第三，职业流动对收入变动具有一定的影响。以二级劳动力市场为参照，自二级劳动力市场转移至一级劳动力市场的过程有利于增加收入水平［如表 7-15（3）栏所示］。但是，OLS 模型显示管理者身份和职业类型对收入变动的影响并不显著。

第四，受教育水平对收入变动具有正向影响，并且方程（1）~方程（6）显示，受教育水平的影响基本稳定在 0.3 左右。

第五，地区差异也是影响收入变动的重要因素。以中西部地区为参照，户籍所在地属于东部地区的劳动者，有利于收入水平的增加。这表明我国收入变动仍存在区域差异，缩小东中西部收入差距，尤其是为中西部地区低收入群体提供更多的增收渠道，仍是解决收入差距工作中的重中之重。

第六，从家庭角度来看，家庭规模的扩大不利于收入水平的提高，而家庭财产的增加有利于收入正向变动。

2. 固定效应模型回归结果

表 7-16 显示了针对绝对收入流动的固定效应模型的回归结果。

表 7-16　　　　　　　　　　　　固定效应模型回归结果

			因变量：收入变动			
	（7）	（8）	（9）	（10）	（11）	（12）
基期收入	-1.215***	-1.210***	-1.218***	-1.208***	-1.206***	-1.216***
	0.03	0.03	0.03	0.02	0.02	0.02
受教育年数	0.037	0.029	0.046	0.046	0.042	0.047
	0.03	0.03	0.03	0.02	0.02	0.02
管理者	0.019			0.004		
	0.11			0.10		
一般办事人员		-0.097			-0.086	
		0.08			0.07	
技术人员		-0.104			-0.029	
		0.13			0.12	
管理人员		0.003			-0.012	
		0.13			0.11	
从一级转入二级劳动力市场			0.021			-0.026
			0.10			0.09

续表

因变量：收入变动						
	（7）	（8）	（9）	（10）	（11）	（12）
一直处于一级劳动市场			0.224 *			0.201
			0.11			0.11
从二级转入一级劳动力市场			0.295 **			0.213 *
						0.09
国有部门	0.425 ***	0.405 ***	0.265 **			
	0.10	0.11	0.10			
从国有转入非国有部门				0.215	0.196	0.222
				0.12	0.12	0.13
一直处于国有部门				0.610 ***	0.596 ***	0.612 ***
				0.12	0.13	0.13
从非国有转入国有部门				0.515 ***	0.497 ***	0.511 ***
				0.14	0.14	0.15
家庭财产	0.099 **	0.094 **	0.032	0.025	0.024	0.022
	0.03	0.03	0.03	0.03	0.03	0.03
年龄	0.022	0.024	0.017	0.022	0.021	0.024
	0.02	0.02	0.02	0.02	0.02	0.02
年龄的平方	− 0.0003	− 0.0003	− 0.0002	− 0.0003	− 0.0002	− 0.0002
	0.00	0.00	0.00	0.00	0.00	0.00
家庭规模	− 0.011	0.007	0.046	− 0.007	− 0.001	0.016
	0.04	0.04	0.03	0.03	0.03	0.03
R^2	− 0.168	− 0.17	− 0.09	− 0.03	− 0.037	− 0.035
N	8787	8787	7716	8787	7564	7840

注：双尾检验的显著性水平1%、5%和10%分别由 *** 、 ** 和 * 表示。根据豪斯曼检验结果，本章选择固定效应模型。性别和地区变量不出现在固定效应模型中①。

资料来源：中国健康和营养调查（China Health and Nutrition Survey，CHNS）。

151

① 由于CHNS并未对地区迁移的个体进行跟踪，具有两次或两次以上记录的被访者一般是调查时间跨度内定居于统一省份的个体，迁移者则形成一个磨损样本，因此，在提取到的面板数据样本中，地区变量不随时间变化，因而不出现在固定效应模型中，同理，性别变量也不出现在模型中。

回归结果分析如下：

第一，固定效应回归方程（7）~方程（12）也表明收入变动与期初收入水平呈显著负相关，这再次证明我国收入变动呈现"有条件收敛型"趋势，这也解释了从长期看我国所产生的代内收入流动有利于缩小收入不平等。

第二，体制因素仍对收入变动具有显著影响。其中，（7）~（9）栏显示单位所有制是国有性质的劳动者，更有可能发生收入增加。不仅如此，从表7-16中的（10）~（12）列结果显示以处于非国有部门为参照，如果能够一直处于国有部门工作，或者能够成功实现从非国有部门转入国有部门，都将带来收入显著增加。

第三，职业对绝对收入流动有一定影响，但显著性水平不高。方程（7）~方程（8）和方程（9）~方程（10）显示管理人员身份和职业类型对收入变动的影响仍不显著。但值得注意的是，从职业流动来看，如果劳动者能够从二级转入一级劳动力市场，对劳动者收入将具有较为显著的正向影响。这表明劳动市场分割导致的收入壁垒在一定程度上仍然存在。

第四，家庭因素中的家庭财产仍是重要的影响因素，家庭财产的增加有利于收入发生正向变动。

除此之外，受教育水平、性别、年龄及年龄的平方和家庭规模对绝对收入流动的影响不再显著。

7.3.2.2 回归结果的进一步讨论

由前面的分析中可知，OLS 模型和固定效应模型都显示期初收入水平和所有制结构是影响个人收入流动性的重要变量，为了进一步探讨期初收入、职业和所有制因素在绝对收入流动中所起到的作用，本部分将利用分位数回归模型，分别探讨期初收入水平、职业和所有制结构对不同收入阶层的影响。分位数回归结果如表7-17所示。

表 7-17　　　　　　　　　　　分位数回归结果

模型 A（1）因变量：收入变动					
	q10	q25	q50	q75	q90
基期收入	-0.647 ***	-0.628 ***	-0.632 ***	-0.748 ***	-0.801 ***
	0.04	0.02	0.02	0.02	0.02

续表

模型 A（1）因变量：收入变动					
	q10	q25	q50	q75	q90
国有企业	1. 423 ***	0. 907 ***	0. 353 ***	0. 076 *	−0. 115 *
	0. 15	0. 07	0. 04	0. 04	0. 05
管理者	0. 023	0. 06	0. 055 *	0. 031	0. 098 *
	0. 07	0. 04	0. 03	0. 02	0. 04
模型 A（2）因变量：收入变动					
	q10	q25	q50	q75	q90
基期收入	−0. 659 ***	−0. 644 ***	−0. 636 ***	−0. 755 ***	−0. 810 ***
	0. 05	0. 03	0. 02	0. 02	0. 01
国有企业	1. 462 ***	0. 937 ***	0. 346 ***	0. 084 *	−0. 067 *
	0. 15	0. 10	0. 04	0. 03	0. 03
一般办事人员	0. 06	0. 109 **	0. 075 ***	0. 058 *	0. 005
	0. 09	0. 04	0. 02	0. 03	0. 04
技术人员	0. 066	0. 146 *	0. 113 **	0. 075	0. 107
	0. 11	0. 07	0. 04	0. 04	0. 07
管理人员	0. 065	0. 062	0. 041	0. 014	0. 028
	0. 09	0. 04	0. 03	0. 04	0. 07
模型 A（3）因变量：收入变动					
	q10	q25	q50	q75	q90
基期收入	−0. 646 ***	−0. 626 ***	−0. 642 ***	−0. 761 ***	−0. 828 ***
	0. 05	0. 02	0. 02	0. 02	0. 02
国有部门	1. 441 ***	0. 822 ***	0. 327 ***	0. 082 *	−0. 081
	0. 17	0. 06	0. 04	0. 04	0. 04
从一级转入二级劳动力市场	−0. 03	0. 123 *	0. 107 ***	0. 037	0. 002
	0. 24	0. 06	0. 03	0. 04	0. 05
一直处于二级劳动力市场	0. 204	0. 213 ***	0. 179 ***	0. 125 ***	0. 109 **
	0. 11	0. 04	0. 03	0. 04	0. 04

续表

模型 A（3）因变量：收入变动				
	q10	q25	q50	q75	q90
从二级转入一级劳动力市场	0. 285 *	0. 281 ***	0. 242 ***	0. 151 ***	0. 110 ***
	0. 12	0. 05	0. 03	0. 04	0. 03

模型 B（1）因变量：收入变动				
	q10	q25	q50	q75	q90
基期收入	− 0. 650 ***	− 0. 639 ***	− 0. 642 ***	− 0. 731 ***	− 0. 800 ***
	0. 03	0. 02	0. 01	0. 01	0. 02
从国有转入非国有部门	− 0. 157	0. 512 ***	0. 271 ***	0. 184 ***	0. 034
	0. 33	0. 10	0. 05	0. 05	0. 10
一直处于国有部门	1. 781 ***	1. 063 ***	0. 458 ***	0. 120 ***	− 0. 117 *
	0. 11	0. 08	0. 04	0. 03	0. 06
从非国有转入国有部门	1. 525 ***	1. 055 ***	0. 579 ***	0. 363 ***	0. 089
	0. 20	0. 12	0. 07	0. 05	0. 07
管理者	− 0. 038	0. 056	0. 06	0. 031	0. 1
	0. 05	0. 04	0. 03	0. 03	0. 06

模型 B（2）因变量：收入变动				
	q10	q25	q50	q75	q90
基期收入	− 0. 654 ***	− 0. 657 ***	− 0. 659 ***	− 0. 742 ***	− 0. 805 ***
	0. 03	0. 02	0. 02	0. 02	0. 02
从国有转入非国有部门	− 0. 148	0. 546 ***	0. 329 ***	0. 192 **	0. 075
	0. 33	0. 14	0. 07	0. 07	0. 07
一直处于国有部门	1. 781 ***	1. 072 ***	0. 497 ***	0. 152 ***	− 0. 07
	0. 10	0. 08	0. 04	0. 04	0. 05
从非国有转入国有部门	1. 492 ***	1. 097 ***	0. 609 ***	0. 393 ***	0. 115 *
	0. 34	0. 14	0. 07	0. 06	0. 06
一般办事人员	0. 07	0. 080 *	0. 046	0. 037	− 0. 004
	0. 05	0. 03	0. 03	0. 02	0. 03
技术人员	0. 015	0. 117 ***	0. 088 *	0. 055	0. 116
	0. 05	0. 03	0. 04	0. 03	0. 06

模型 B（2）因变量：收入变动					
	q10	q25	q50	q75	q90
管理人员	0.014	0.01	− 0.004	− 0.01	0.032
	0.07	0.04	0.04	0.04	0.06
模型 B（3）因变量：收入变动					
	q10	q25	q50	q75	q90
基期收入	− 0.662 ***	− 0.656 ***	− 0.673 ***	− 0.754 ***	− 0.822 ***
	0.05	0.03	0.02	0.02	0.01
从国有部门转非国有部门	− 0.09	0.565 ***	0.343 ***	0.185 **	0.078
	0.31	0.12	0.05	0.06	0.07
一直处于国有部门	1.789 ***	1.056 ***	0.475 ***	0.140 ***	− 0.069
	0.11	0.08	0.04	0.04	0.05
从非国有转入国有部门	1.549 ***	1.059 ***	0.567 ***	0.388 ***	0.097
	0.23	0.13	0.08	0.07	0.07
从一级转入二级劳动力市场	0.076	0.078	0.076 *	0.007	− 0.004
	0.1	0.04	0.03	0.04	0.05
一直处于一级劳动力市场	0.110 *	0.161 ***	0.147 ***	0.115 **	0.121 **
	0.05	0.03	0.02	0.04	0.04
从二级转入一级劳动力市场	0.076	0.180 ***	0.199 ***	0.155 ***	0.126 ***
	0.06	0.03	0.03	0.03	0.03

注：结果中报告的是标准误（Standard Error）。双尾检验的显著性水平 1%、5% 和 10% 分别用 ***、** 和 * 表示。表中各列已控制年龄及其平方项、性别、受教育年限、家庭规模、家庭财产等指标的效应。

资料来源：中国健康和营养调查（China Health and Nutrition Survey，CHNS）。

第一，模型中所显示的绝对收入流动和期初收入水平相关性的结果表明，各个分位数上的绝对收入流动水平和期初收入水平均显著负相关，并且随着分位阶层的提高回归系数呈现单调递减，表明我国城镇居民在高收入阶层发生的"有条件收敛"程度更高。

第二，模型 A（1）~ A（3）显示在各分位上所有制类型对收入变动都具有显著影响，单位所有制是国有性质的劳动者，更有可能发生收入增加，并且对越底层的人们而言，国有部门越有利于实现个人收入增加，这可能是由国有企业相对平均的收入分配机制决定的。

模型 B （1）～ B （3）分析跨所有制的就业流动对收入变动的影响，结果表明，以一直在非国有部门工作为参照，从非国有部门转入国有部门和一直在国有部门工作都有利于发生向上的收入变动，并且随着分位的增加，回归系数呈递减趋势，这表明，阶层相对较低的个人从非国有部门转入国有部门，更易发生向上的收入变动。此外，在相同分位数上，一直在国有部门工作对收入变动的效应要高于从非国有部门转入国有部门的效应。

第三，绝对收入流动与劳动力市场变量的关系如下：模型 A （3）和 B （3）的结果显示，从职业流动来看，以一直处于二级劳动力市场为参照，处在一级劳动力市场的，属于正规就业的劳动者，或者，由二级劳动力市场转入一级劳动力市场，属于非正规就业向正规就业转变，在25%、50%、75%和90%分位上均对收入变动有显著影响，并且通过分析还发现，由二级劳动力市场转入一级劳动力市场的效应高于一直处在一级劳动力市场的效应。但是职业流动对最低10%收入组的影响并不显著，这可能与处于最底层群体难以实现有效的职业位置的改变有关。另外，职业类型的划分与管理者身份对收入变动并不存在显著影响。

7.4　本章小结

本章内容重点探讨了影响我国居民收入流动的主要动因，在分析中也考虑到代际收入流动和代内收入流动的区别，分别对居民收入流动的动因进行探讨。本章主要内容包括以下几个方面：第一，对我国居民收入流动动因进行分析，主要包括人力资本因素引致的收入流动性差异与劳动力市场分割引致的收入流动性差异两部分。第二，对我国居民收入流动动因现状进行分析，主要也是从人力资本发展现状和劳动力市场分割现状进行探讨，同时在对后置的分析中，本部分内容分别基于职业和所有制为基础，对劳动力市场的分割现状进行分析。第三，采用实证分析方法，对我国居民代际收入流动的动因进行分析，主要从人力资本因素、家庭背景因素与政府因素三个方面来进行分析。第四，重点剖析了绝对收入流动的影响因素。普通最小二乘法和固定效应模型估计方法均表明，我国绝对收入流动呈现"有条件收敛"的局面，这表明我国发生的收入流动有利于缓解长期收入不平等。此外，如果研究对象从事的工作是在国有企业、处于正规就业的劳动力市场、户籍所在地处于东部、具有较高的受教育水平、家庭财产越大及家庭规模越小等，将有利于提高个人收入。分位数回归结果发现，由于国有企业具有较好的福利和规范的社会保障制度，更有利于低收入阶层实现收入向上流动，也就是说对于缓解长期收入不平等，国有企业是个有利的因素。

第8章　收入流动与收入不平等

通过前面的分析可知，机会平等的重要标志即代内收入流动，而代内收入流动有利于长期收入不平等的缓解。为此，本部分内容将剖析收入流动影响收入差距的路径，以研判收入流动在缓解收入不平等中的作用。

8.1　收入不平等概念及测度指标

8.1.1　收入不平等概念

收入不平等关注的是收入分配的静态格局。在对收入分配静态格局的描绘中有两个重要指标，即"位置"和"分散程度"。其中，反映中间平均收入分配趋势的即位置，比如中位数，而收入分配中的不平等程度可由分散程度来衡量，比如标准差等变量。对于不平等而言，我们主要就是研究分配中所存在的分散程度（王海港，2005）。

8.1.2　收入不平等测度指标

8.1.2.1　相对均值偏离

相对均值偏离（Relative Mean Deviation）是度量收入不平等的指标之一。相对均值偏离指标公式为：

$$RMD = \frac{1}{n} \sum_{i=1}^{n} \left| \frac{x_i}{\mu} - 1 \right| \tag{8-1}$$

x_i 值用来表示均值 μ 的相对偏离程度，其值越大或越小，均表示较大的偏离程度，即较高程度的收入不平等。

8.1.2.2　变异系数

变异系数（Coefficienct of variation）也是衡量收入不平等的指标，计算的是样本标准差与均值之比：

$$CV = \frac{\sqrt{\dfrac{1}{n} \sum_{i=1}^{n} (x_i - \mu)^2}}{\mu} \tag{8-2}$$

其中，第 i 个个体的收入用 x_i 表示，其中，μ 是收入均值，n 是样本数。

8.1.2.3　基尼系数

衡量收入不平等程度另一个重要指标即基尼系数，该系数由洛伦兹曲线推导得出。收入不平等与基尼系数呈现相同的变化趋势，也就是说，基尼系数越高，收入不平等程度越严重。

从离散的洛伦兹曲线推导出的基尼系数为：

$$G = \frac{1}{2n^2 \bar{x}} \sum_{i=1}^{n} \sum_{j=1}^{n} |x_i - x_j| \tag{8-3}$$

其中，$\mu = \dfrac{\sum_{i=1}^{n} x_i}{n}$。

针对连续型函数推导的基尼系数为：

$$G = 1 - 2 \int_{a}^{b} [1 - F(x)] \frac{x}{\mu} f(x) dx \tag{8-4}$$

其中，累积分布和密度函数分别由 F 和 f 表示，μ 表示平均收入。

8.1.2.4　泰尔指数

泰尔熵度量的一般形式由泰尔（Theil，1967）构建，泰尔（1967）基于此又构建了泰尔指数，该指数的最大优点是能够分解不同人群之间的不平等。指标形式如下：

$$I_\alpha = \frac{1}{\alpha(1-\alpha)} \frac{1}{n} \sum_{i=1}^{n} \left[\left(\frac{x_i}{\mu} \right)^\alpha - 1 \right], \quad \alpha \neq 0.1 \tag{8-5}$$

其中，α 为熵指数，x_i 表示第 i 个人的收入，μ 是平均收入。

当 $\alpha = 1$ 时，熵度量变成泰尔指数：$I_1 = \dfrac{1}{n} \displaystyle\sum_{i=1}^{n} \dfrac{x_i}{\mu} \ln \dfrac{\mu}{x_i}$。

8.2 代际收入流动与收入不平等

8.2.1 代际收入流动与机会均等

8.2.1.1 模型设定

目前，学术界尚未对机会不平等的概念及分类达成共识。世界银行（2006）认为，"机会均等"描述的是一个人主要靠自身努力或才能达到的成功，而不是一些事先设定的"外在环境"，比如性别、种族、出生地、家庭背景等，可见世界银行（2006）认为"机会均等"其实是一种具体的状态。方鸣和应瑞瑶（2010）认为机会不平等可以运用代际收入流动的大小加以测量，韩军辉（2011）也将会影响子代收入情况的"外在环境"，包括父母的教育程度、社会地位以及收入状况在多大程度上影响子代的教育，职业选择等因素定义为子代的"机会集"。

本部分将按照世界银行（2006）对"机会均等"的界定，将父辈收入作为决定子代机会是否均等的重要因素之一，考虑到处于不同收入阶层的父辈对子代投资的能力不同，高收入阶层将会对子代进行更高的投资，并且由于子代能力会有差异，因而父代在对子代进行投资时，会产生逆向选择，父代更倾向于对具有更高能力的子代给予更高的投资，这表明，父辈收入对子代的影响可能会因为子代能力的不同而呈现不同的传递水平。为此，本节将对以下公式进行分位数回归：

$$\ln y_{1,i} = \alpha_i + \beta \ln y_{0,i} + \gamma X + \varepsilon \qquad (8-6)$$

就代际收入流动而言，分位回归考察的是整个子代收入分布中不同收入点上代际收入弹性的差异。对于方程，第 θ 个分位数的分位回归方程为：

$$\ln y_i^c = \alpha_\theta + \beta_\theta \ln y_i^p + \varepsilon_{i\theta}$$

对第 θ 个分位点回归所得到的各项系数值被定义为下面最小值问题的求解:

$$\min \frac{1}{n} \left\{ \sum_{i: \varepsilon_{i\theta}} \theta \left| y_i^c - \alpha_\theta - \beta_\theta y_i^p \right| + \sum_{i: \varepsilon_{i\theta} < 0} (1 - \theta) \left| y_i^c - \alpha_\theta - \beta_\theta y_i^p \right| \right\}$$

$$(8-7)$$

8.2.1.2　回归结果

1. 基本回归结果

从表 8-1 回归结果可知: 一方面, 城镇居民不同收入阶层代际收入弹性不同。其中, 低中分位端 (10%、25%) 0.455 的个人代际收入弹性水平低于平均结果 (OLS 结果), 而高分位端 90% 代际收入弹性值为 0.429, 这与平均水平相比要低, 在分位端分别为 25%、50% 和 75% 的中间阶层, 相应的代际弹性值较大, 表明较高的收入流动水平发生在低收入和高收入阶层, 而收入流动水平较低的为中间阶层。农村居民表现出同样的趋势, 即分位端 50% 和 75% 的代际收入流动弹性高于平均值, 而处于两头的最低分位端 (10%) 和最高分位端 (90%) 要低于均值。这说明农村较高的代际收入流动水平也是发生在最高和最低的收入阶层, 并且较低的代际收入流动发生在中间阶层。

另一方面, 在同阶层中, 城镇居民的代际收入弹性值低于农村居民, 这表明农村居民的代际收入流动水平较低, 也就是说农村子代受到父代的影响较大。从本质上讲, 代际收入流动描述的子代收入受父代影响的程度。在我国, 因为二元分割的制度安排, 导致农村家庭资源更为稀缺, 农村子代受父代影响更为明显。

表 8-1　　　　　　　　　　　**基本分位数模型**

	因变量: 子代收入			
	城镇居民		农村居民	
	系数	标准差	系数	标准差
q10	0.455 ***	0.017	0.525 ***	0.012
q25	0.556 ***	0.051	0.491 ***	0.025

因变量：子代收入				
	城镇居民		农村居民	
	系数	标准差	系数	标准差
q50	0. 619 ***	0. 028	0. 640 ***	0. 014
q75	0. 595 ***	0. 024	0. 737 ***	0. 009
q90	0. 429 ***	0. 026	0. 540 ***	0. 017
平均结果	0. 340 ***	0. 032	0. 392 ***	0. 013

注：双尾检验的显著性水平 1%、5% 和 10% 分别由 ***、** 和 * 表示。
资料来源：中国健康和营养调查（China Health and Nutrition Survey，CHNS）。

2. 控制解释变量的回归结果

本部分在第 5 章相关内容的基础上报告了加入控制变量后的分位回归结果。控制变量分别包括年龄、年龄平方、职业、受教育年限、受教育程度、性别等。

由表 8－2 和表 8－3 对比可知，城镇居民和农村居民分位数回归结果如下：

第一，在不同分位上，城镇和农村居民的代际收入流动差别较大，但基本上呈现出倒"U"型趋势，该结果与韩军辉（2011）的研究较为相近。城镇居民代际收入流动性变化幅度为从 10 分位的 0.4367 上升到 25 分位的 0.5091，随后出现下降，在 90 分位达到最低，为 0.2233。农村居民代际收入流动则从 10 分位的 0.4618 上升到 25 分位的 0.5044，随后出现下降，直到 90 分位的 0.2576。整体而言，农村居民父代收入对子代的影响程度均高于城镇居民，这符合第 5 章中的分析结果，农村居民子代收入对父代收入的依赖度更大。

第二，城镇居民与农村居民的受教育程度，均正向显著影响着子代收入。此外，随着子代收入水平的增加，受教育程度的贡献率也不断提高，越高的分位数说明子代收入对父代具有较高的依赖性。对于同一分位数进行横向对比可以看出，在相同分位数水平上，教育对农村居民具有更大的影响。

第三，在不同分位数上，职业变量也会显著影响子代收入。以体力劳动者为参照组，如果职业为一般办事人员、技术人员或者管理人员，都将有利于个人收入水平的提高，并且高分位数对应的子代受到的影响要低于低分位数子代。同时，回归结果显示，在1%的显著性水平上，年龄及年龄的平方均很显著。此外，影响子代收入另一个重要变量为地区因素，并且不管是在何种分位水平上，东部沿海地区的城镇和农村居民受到的影响均高于中西部地区。

表8-2　　　　　　　城镇居民代际收入弹性分位数回归

	子代收入				
	q10	q25	q50	q75	q90
父代收入	0.4367 ***	0.5091 ***	0.4493 ***	0.3370 ***	0.2233 ***
	0.0364	0.0334	0.0395	0.0235	0.0327
	-0.0888 **	-0.0083	0.0260	0.1483 ***	0.1882 ***
	0.0477	0.0528	0.0370	0.0504	0.0526
已婚	0.0483	0.0560	0.0299	0.0292	0.0661 **
	0.0846	0.0432	0.0239	0.0239	0.0263
年龄	0.1351 ***	0.1185 ***	0.1212 ***	0.1030 ***	0.0928 ***
	0.0255	0.0176	0.0228	0.0206	0.0227
年龄平方	-0.0015 ***	-0.0012 ***	-0.0013 ***	-0.0011 ***	-0.0009 ***
	0.0004	0.0003	0.0003	0.0003	0.0003
受教育年数	0.0280 ***	0.0344 ***	0.0443 ***	0.0634 ***	0.0780 ***
	0.0082	0.0054	0.0063	0.0073	0.0091
一般办事人员	0.2672 ***	0.1382 ***	0.1071 ***	0.0640	-0.0823 *
	0.0438	0.0303	0.0382	0.0496	0.0463
技术人员	0.3013 **	0.2306 ***	0.1380	0.1464	0.1610
	0.1719	0.0639	0.1075	0.1341	0.1947
管理人员	0.3236 ***	0.2240 ***	0.1898 ***	0.2009 ***	0.1202
	0.0870	0.0594	0.0538	0.0553	0.0953
东部地区	0.1403 ***	0.1280 ***	0.2262 ***	0.2835 ***	0.2631 ***
	0.0505	0.0403	0.0375	0.0437	0.0614
_cons	0.9070 *	0.8115 **	1.6649 ***	3.1314 ***	4.5572 ***
	0.5641	0.4046	0.3820	0.3734	0.4670

注：双尾检验的显著性水平1%、5%和10%分别由 ***、** 和 * 表示。结果中报告的是标准误。

资料来源：中国健康和营养调查（China Health and Nutrition Survey，CHNS）。

表 8 - 3　　　　　　　　　　农村居民代际收入弹性分位数回归

	子代收入				
	q10	q25	q50	q75	q90
父代收入	0.4618 ***	0.5044 ***	0.5029 ***	0.3745 ***	0.2576 ***
	0.0203	0.0167	0.0200	0.0141	0.0219
已婚	- 0.0026	0.0569	0.0411 ***	0.0311	0.0762 *
	0.0792	0.0394	0.0182	0.0273	0.0451
年龄	0.1583 ***	0.1246 ***	0.1195 ***	0.1297 ***	0.1346 ***
	0.0247	0.0138	0.0150	0.0125	0.0178
年龄平方	- 0.0017 ***	- 0.0013 ***	- 0.0013 ***	- 0.0013 ***	- 0.0015 ***
	0.0004	0.0002	0.0002	0.0002	0.0003
受教育年数	0.0361 ***	0.0475 ***	0.0601 ***	0.0789 ***	0.0817 ***
	0.0128	0.0054	0.0041	0.0042	0.0070
一般办事人员	0.2982 **	0.3099 ***	0.2504 ***	0.1243 *	0.2893 **
	0.1341	0.0807	0.0813	0.0702	0.1158
技术人员	0.4466 ***	0.4117 ***	0.3615 ***	0.3289 ***	0.2966 ***
	0.0837	0.0470	0.0705	0.0548	0.0565
管理人员	0.5082 **	0.3750 ***	0.2174 **	0.2342 **	0.5220 ***
	0.2062	0.0814	0.1262	0.1010	0.1999
东部地区	0.3559 ***	0.3163 ***	0.1829 ***	0.2245 ***	0.1834 ***
	0.0710	0.0470	0.0378	0.0326	0.0444
_cons	- 0.0961	0.4543 **	1.0457 ***	2.2603 ***	3.6708 ***
	0.3758	0.2437	0.2429	0.2401	0.3498

注：双尾检验的显著性水平 1%、5% 和 10% 分别由 ***、** 和 * 表示。结果中报告的是标准误。

资料来源：中国健康和营养调查（China Health and Nutrition Survey，CHNS）。

8.2.2　代际收入流动对收入不平等影响分析

本部分内容基于 CHNS 数据库，首先计算了反映收入不平等的一组指标值，包括相对均值偏离、基尼系数、变异系数和泰勒指数。然后运用 OLS 回归方程探讨代际收入流动对于缓解收入不平等所起的作用，基本回归方程为：

$$Inequality_i = \alpha + \beta IIE_i + u_i$$

上式中，Inequlaity 为不平等指标，IIE 为代际收入弹性值。

表 8 - 4　　　　代际收入弹性与基尼系数、变异系数、泰尔指数

	相对均值偏离	基尼系数	变异系数	泰尔指数
代际收入弹性	0.017	0.026 *	0.300	0.036
	(0.056)	(0.016)	(1.251)	(0.327)
常数项	0.311	0.455 ***	1.362	0.298
	(0.251)	0.180	(0.909)	(0.212)
R^2	0.021	0.042	0.015	0.023
N	79	79	79	79

注：双尾检验的显著性水平 1%、5% 和 10% 分别由 ***、** 和 * 表示。括号里为标准误。
资料来源：中国健康和营养调查（China Health and Nutrition Survey，CHNS）。

由表 8 - 4 可知，代表代际收入弹性系数的相对均值偏离、基尼系数、变异系数和泰尔指数均大于零，这意味着代际收入弹性均能够正向影响收入不平等。以基尼系数为例，回归系数为 0.026，并且在 10% 的显著性水平上显著，这表明代际收入弹性每增加 1 个百分点，基尼系数增加 0.026 个百分点。由此表明，机会均等的重要标志是代际收入流动，较低的收入不平等与较高的代际收入流动水平一致，也就是说较高的代际收入流动水平意味着，两代人之间的收入阶层并没有显著固化，低收入家庭的子代将会拥有更多改善当前收入状况的途径，从而更好地解决代际间的收入不平等。

8.3　代内收入流动与长期收入不平等

8.3.1　中国居民年度和长期收入不平等

通过基尼系数对收入不平等进行研究，是当前收入分配问题较为普

遍的研究方法。在之前的分析中已经提到,在构建不平等指标时如果仅局限于年度数据,并不能完整反映经济的不平等程度。举例而言,如果一个社会处于经济变革时期,某一年的收入不平等程度就会较高,但较高的收入流动性会带来更多时期较低的收入不平等程度。在本部分内容中,通过计算反映长短期收入不平等程度的上述系数,从而对比分析收入不平等程度。

8.3.1.1　中国居民年度收入不平等变动情况

首先对中国居民年度收入不平等水平进行分析,具体结果如表8-5所示。

表8-5　　　　　　　　　中国居民年度收入不平等

指标 年份	相对均值偏离	变异系数	基尼系数	泰尔指数
1989	0.3514	1.3092	0.5079	0.4284
1991	0.3141	1.0243	0.4509	0.3404
1993	0.3506	1.2048	0.4960	0.4146
1997	0.3413	1.0963	0.4812	0.3810
2000	0.3402	1.1770	0.4808	0.4118
2004	0.3766	1.2350	0.5230	0.4524
2006	0.3756	1.4073	0.5284	0.4999
2009	0.3531	1.5377	0.5037	0.4987
2011	0.3134	1.2124	0.4524	0.3855

资料来源:中国健康和营养调查(China Health and Nutrition Survey)。

由表8-5中结果可以看出,我国居民收入不平等程度一直处于较高水平。以收入不平等变动趋势来看,基尼系数变化趋势呈现"U"型,在1989~1991年是下降的,在1993年后开始上升,直至2000年基尼系数达到较低水平为0.4808,进入2004年基尼系数呈现上升,到2011年再次出现下降。相对均值偏离和基尼系数呈现一致的变动趋势,2000年达到最低水平之后,呈现上升趋势,进入2011年达到最低。变异系数和泰尔指数变动趋势和基尼系数变动略有不同,但整体也是呈现先下降后上升趋势，两个指标进入 1997 年达到较低水平，随后出现上升。

8.3.1.2　中国居民长期收入不平等变动情况

由于代内收入流动并没有纳入单独年份的横截面数据，为此基尼系数仅对收入分配的静态格局进行反应，因此我们对基尼系数、变异系数、相对均值偏离及泰尔指数等反映居民长期收入不平等的变量进行计算，表 8 - 6 分别以 1991 年、1993 年、1997 年、2000 年、2004 年、2006 年、2009 年和 2011 年为对照年份给出了随着时间跨度的延长，不平等指数变动情况。以 1997 年为例，1993～1997 年指标为 0.2957、0.8900、0.4148 和 0.2916，与单数数据不平等指标对比，下降幅度达到 13.36%①、18.82%②、13.80%③和 23.46%④。

表 8 - 6　　　　　　　我国居民持久收入不平等

时间段	相对均值偏离	变异系数	基尼系数	泰尔指数
1991 年				
1989～1991 年平均收入	0.2781	0.8869	0.4000	0.2730
1993 年				
1991～1993 年平均收入	0.2800	0.8660	0.3993	0.2717
1989～1993 年平均收入	0.2578	0.7759	0.3700	0.2336
1997 年				
1993～1997 年平均收入	0.2957	0.8900	0.4148	0.2916
1991～1997 年平均收入	0.2635	0.7555	0.3715	0.2321
1989～1997 年平均收入	0.2473	0.7005	0.3505	0.2069
2000 年				
1997～2000 年平均收入	0.2967	0.9473	0.4177	0.3063
1993～2000 年平均收入	0.2735	0.7987	0.3846	0.2501
1991～2000 年平均收入	0.2543	0.7275	0.3580	0.2161
1989～2000 年平均收入	0.2398	0.6780	0.3393	0.1929

① (0.3413 - 0.2957)/0.3413 = 13.36%
② (1.0963 - 0.8900)/1.0963 = 18.82%
③ (0.4812 - 0.4188)/0.4812 = 13.80%
④ (0.3810 - 0.2916)/0.3810 = 23.46%

时间段	相对均值偏离	变异系数	基尼系数	泰尔指数
2004 年				
2000～2004 年平均收入	0.3068	0.9498	0.4310	0.3178
1997～2004 年平均收入	0.2802	0.8345	0.3924	0.2618
1993～2004 年平均收入	0.2663	0.79996	0.3732	0.2395
1991～2004 年平均收入	0.2519	0.74085	0.3526	0.2122
1989～2004 年平均收入	0.2388	0.69496	0.3357	0.1921
2006 年				
2004～2006 年平均收入	0.3291	1.03880	0.4593	0.3633
2000～2006 年平均收入	0.2972	0.88390	0.4150	0.2925
1997～2006 年平均收入	0.2800	0.82358	0.3907	0.2600
1993～2006 年平均收入	0.2679	0.78367	0.3750	0.2395
1991～2006 年平均收入	0.2576	0.74204	0.3592	0.2191
1989～2006 年平均收入	0.2450	0.69736	0.34233	0.1972
2009 年				
2006～2009 年平均收入	0.3256	1.20473	0.4595	0.3946
2004～2009 年平均收入	0.3045	0.99209	0.4273	0.3212
2000～2009 年平均收入	0.2815	0.84669	0.3930	0.2670
1997～2009 年平均收入	0.2719	0.80990	0.3793	0.2484
1993～2009 年平均收入	0.2597	0.75840	0.3639	0.2266
1991～2009 年平均收入	0.2516	0.72841	0.3520	0.2112
1989～2009 年平均收入	0.2435	0.69801	0.3403	0.1963
2011 年				
2009～2011 年平均收入	0.2941	1.09936	0.4190	0.3336
2006～2011 年平均收入	0.2871	0.98674	0.4056	0.3040
2004～2011 年平均收入	0.2755	0.86762	0.3863	0.2641
2000～2011 年平均收入	0.2646	0.79775	0.3710	0.2386
1997～2011 年平均收入	0.2546	0.73749	0.3565	0.2167
1993～2011 年平均收入	0.2463	0.69722	0.3436	0.1990
1991～2011 年平均收入	0.2390	0.67677	0.3340	0.1879
1989～2011 年平均收入	0.2317	0.65779	0.3243	0.1776

表 8 - 6 的分析结果表明，收入不平等程度会随着分析时间段的延长，呈现出不同程度的下降趋势。这一现状表明，若考虑到收入流动，我国居民在多个年度区间的收入不平等程度并没有那么严重。

8.3.2　代内收入流动对长期收入不平等影响分析

最初，学者们对收入流动的研究，主要是基于其能够有效缓解收入不平等。为此，学者们构建了诸多从福利角度衡量收入流动性的指标，利用数量化方法对收入不平等的缓解程度进行度量。后续内容，将采纳相关福利指标，探讨在缓解长期收入不平等中，收入流动所起到的作用。基于社会福利函数的衡量标准，分别选择夏洛克斯（Shorrocks, 1978）构建的 Shorrocks 指标（M_s）、金（King, 1983）构建的 King 指标、查克拉瓦蒂等（Chakravarty et al. , 1985）构建的 CDW 指标和菲尔兹（1999）基于基尼系数建立的 P 指标进行分析。福利指标结果如表 8 - 7 所示。

表 8 - 7　　　　代内收入流动对长期收入不平等影响指标

时间段	Shorrocks 指标	P 指数	CDW 指标	King 指标
1989 ~ 1991	0.348	0.200	0.315	0.490
1991 ~ 1993	0.334	0.104	0.162	0.517
1989 ~ 1993	0.370	0.183	0.301	0.542
1993 ~ 1997	0.349	0.162	0.341	0.523
1991 ~ 1997	0.349	0.155	0.281	0.519
1989 ~ 1997	0.392	0.203	0.314	0.551
1997 ~ 2000	0.333	0.128	0.224	0.511
1993 ~ 2000	0.365	0.140	0.277	0.554
1991 ~ 2000	0.375	0.108	0.164	0.564
1989 ~ 2000	0.399	0.182	0.258	0.580
2000 ~ 2004	0.342	0.080	0.247	0.517
1997 ~ 2004	0.378	0.072	0.123	0.567
1993 ~ 2004	0.392	0.064	0.146	0.606

时间段	Shorrocks 指标	P 指数	CDW 指标	King 指标
1991~2004	0.389	0.013	0.060	0.613
1989~2004	0.414	0.104	0.168	0.628
2004~2006	0.281	0.077	0.221	0.478
2000~2006	0.334	0.052	0.158	0.538
1997~2006	0.365	0.039	0.086	0.583
1993~2006	0.380	0.026	0.089	0.613
1991~2006	0.387	0.031	0.020	0.623
1989~2006	0.388	0.026	0.018	0.618
2006~2009	0.279	0.122	0.426	0.502
2004~2009	0.281	0.100	0.297	0.504
2000~2009	0.289	0.074	0.180	0.526
1997~2009	0.287	0.054	0.083	0.558
1993~2009	0.308	0.034	0.085	0.589
1991~2009	0.312	0.014	0.028	0.603
1989~2009	0.327	0.095	0.149	0.614
2009~2011	0.269	0.116	0.234	0.459
2006~2011	0.304	0.169	0.436	0.495
2004~2011	0.312	0.151	0.313	0.494
2000~2011	0.295	0.089	0.174	0.536
1997~2011	0.315	0.107	0.106	0.561
1993~2011	0.333	0.201	0.104	0.063
1991~2011	0.311	0.431	0.049	0.025
1989~2011	0.341	0.604	0.139	0.120

注：Shorrocks 指标、King 指标、Chakravarty - Dutta - Weymark 指标和 P 指标依次由菲力浦·冯·科恩（Philippe Van Kern，2002）年编写的 "imobshor"、"imobking"、"imobcdw" 和 "imobflds" 程序计算得出。

资料来源：中国健康和营养调查（China Health and Nutrition Survey）。

　　第一，对比表 8 - 6 和表 8 - 7 中数据可以看出，代内收入流动对长期收入不平等影响的测算指标和收入不平等指标之间呈现反方向变动趋势，即测算代内收入流动福利指标值越高，对应相同时期的收入不平等指标值较低。这表明我国居民发生的收入流动有利于缓解长期收入不平等。

第二，以 1989～1991 年、1991～1993 年、1993～1997 年、1997～2000 年、2000～2004 年、2004～2006 年、2006～2009 年和 2009～2011 年八个阶段来看。Shorrocks 指标呈现出先上升后下降的变动趋势，其中 1993～1997 年和 1997～2000 年的指标值较高，说明代内收入流动一定程度上缓解了城镇居民长期收入不平等，但该缓解作用进入 2000 年后出现下降。

P 指标由 1991～1993 年的 0.104 上升为 1993～1997 年的 0.162，这表明在 1993～1997 年收入流动对收入平等分配起到了明显的促进作用，王海港（2005）在收入流动对我国城市居民长期收入不平等影响的分析中也得到了类似结果，认为 1993～1997 年的 P 指数高于 1991～1993 年的 P 指数。进入 1997～2000 年 P 指数出现明显下降，为 0.128，随后几个时间段一直呈现下降态势，到 2004～2006 年达到最低仅为 0.077，进入 2006～2009 年和 2009～2011 年再度出现上升。

P 指标的变动趋势与 CDW 指标和 King 指标一致，都显示出先上升后下降，然后再度上升的态势，但波动幅度相对较小。

第三，代内收入流动的跨时期变化整体遵循期间越长，流动水平越高的规律，这表明长期中收入流动有着缓解长期收入不平等的作用。

通过上述分析，收入流动自身变动的趋势，决定了代内收入流动对长期收入不平等的缓解程度。较高的代内收入流动，能够显著缓解收入不平等。在 2000 年之后，居民收入阶层呈现较为明显的固化态势，高收入阶层发生的收入流动较多，这从整体上说明我国代内收入流动并没有较好缓解长期收入不平等。

8.4 本 章 小 结

本章重点分析收入流动影响收入差距的具体路径，首先梳理了收入不平等的概念及测度指标，包括相对均值偏离、变异系数、基尼系数及泰尔指数等；其次对代际收入流动与收入不平等的关系进行了分析，并探讨了代际收入流动对收入不平等的影响；最后分析了代内收入流动与长期收入不平等的关系：一方面对比分析我国居民年度收入不平等以及长期收入不平等变动情况；另一方面对我国代内收入流动对长期收入不平等的影响进行了探讨。

第9章　相关政策建议

作为收入分配公平的重要标识，收入流动有利于缓解长期不平等。一个良好的收入流动机制有利于防止阶层固化，促进具有不同收入等级的微观主体，通过个人的努力与奋斗，实现向更高层次收入阶层的转移。本章探讨如何提高我国居民收入流动，为实现更加公平的收入分配机制提供政策建议。主要从提高收入流动政策的理论基础、促进收入流动的物质前提、改善收入流动状态的结构性条件、解决收入流动问题的关键环节，及区域间收入流动的差异化处理等方面，构建促进居民收入流动的政策框架。

9.1　提高收入流动相关政策之理论基础：公平与和谐

9.1.1　经济增长与社会公正

深入研究收入分配、收入流动的政策制定，本质来讲就是探讨政府如何协调经济增长与社会发展，并确定自身在经济增长中的定位。在20 世纪 30 年代大萧条后，凯恩斯主义宏观经济学成为重要的经济学流派，以凯恩斯主义为指导的政府宏观干预政策逐步成为国家经济政策的主要组成部分，政府经济干预的重要性也体现了现代市场经济与古典学派所倡导自发调节的重要区别。从理论上讲，政府在经济发展中进行宏观干预的最终目标包括：物价稳定、充分就业、经济增长与国际收支平衡。最终目标的理论确定，其实也从某种意义上明确了政府在经济发展中的功能定位。若将四大目标与收入分配问题进行联系，从一个封闭的经济体来看，充分就业与经济增长均与收入分配存在一定的联系，就业与经济的增长，均能促进收入的有效增长，并成为促进收入分配的基础。但是作为宏观调控政策的制定者与实施者，政府在促进就业与经济增长的同时，还要兼顾社会公正，尤其是通过公共政策与制度的设定以实现社会中的机会均等。社会公正的实现，不仅是确保不同收入阶层之间收入充分流动的重要基础，也是实现收入公平分配的重要保障。可见，若在收入分配范畴内来考虑政府功能定位，作为宏观调控的最高领导主体，政府政策的制定既要实现收入的增长，也要兼顾分配的公正与公平。

当然，理论上讲，经济增长是发展的重要基础和手段，对于提升公众福利而言，由经济增长促进的收入增长也是重中之重，但是推动经济和收入增长的政策，未必有利于公平的实现。比如在我国经济发展过程中，我们曾经提出了两个促进增长的政策，一是在国有企业改革进程中，我们曾经提出"下岗分流、减员增效"的策略，尽管从促进增长、提高效率的角度而言，该政策是正确的，但对于社会公平而言却存在很大缺陷，并且从理论上讲，相对于"减员增效"，似乎充分就业的定位更加准确；二是所谓的"一部分人先富起来，先富带动后富"的"先富与后富"制度设计，该制度确实有利于促进经济增长与效率提升，但貌似与政府促进"社会公正"的角色不相符合。

9.1.2 经济增长与社会和谐

收入的增长以经济增长为基础，收入分配公平的实现是构建社会和谐的重要环节，为此，收入增长与公平分配的实现，其实是效率与公平这对矛盾体的另外一种表达方式，也是经济增长与社会和谐这对矛盾体的重要体现。在这里，需要从理念上重新思考的问题是：第一，和谐社会是当下经济发展的重要目标，这些促进公平的政策及手段对于经济增长、收入分配与收入流动具有何种作用？收入分配是社会和谐的重要环节，但从长远来看，收入流动似乎更为重要，也是促进社会和谐与公正的重要措施。第二，前面说过，收入增长与公平分配，是效率与公平这对矛盾体的另一种表达方式，那么关于收入增长与公平分配的讨论，其实也是重新审视效率与公平这对矛盾体。目前在这个问题上，政府在制定政策时，应该如何考虑？应该注重什么？应该优先什么？长期以来我们收入分配的指导政策"效率优先，兼顾公平"的提法，需要如何修正？这些都是需要进一步思考和审视的问题。第三，在当前收入差距不断扩大的背景下，如何处理初次分配和二次分配的关系？我们认为随着收入差距不断扩大，初次分配时既要注重效率，也要重视公平，特别是要重视初次分配时的机会平等。当然，在二次分配时也要将公平放在重要位置。只有这样我们才能更好地缩小收入差距，实现效率与公平的统一、收入增长与公平分配的统一、初次分配和二次分配的统一。

9.2　促进收入流动的物质前提：经济增长

9.2.1　收入流动与经济增长关系之考察

理论上讲，收入的增长仍要依靠经济增长，理解收入分配或收入流动与经济增长之间的关系，需要把握的前提条件就是经济增长始终是收入增长的物质前提，为此收入分配与收入流动的状态、形式、内容等方面，仍需要经济增长来决定，收入分配与收入流动的变化，也需要经济增长来引导。一般来讲，经济增长所引致的收入分配的变化态势，主要包括两个方面的形态：

第一，经济持续增长，可以有效改善收入分配的状态，也就是说经济增长可以消除贫困、失业，及缓解收入不平等状况，不管从相对收入差距，还是绝对收入差距来看，收入不平等状况最终都会有所改进。

第二，伴随着经济增长，收入分配状况可能会不断恶化，也就是贫困人口持续增多，贫富差距和财富差距不断扩大，收入分配最终会导致严重的两极分化态势。

由此可见，经济的可持续增长能否带来收入分配或收入不平等状态的改善，这并不是一个主观意愿就能解决的问题，而是由经济增长的速度、规模、质量、结构、体制等因素所决定。但若从一般理论意义出发，经济增长必定是收入分配或收入流动问题的物质基础与条件。分配形式的选择、分配的顺利推进毕竟也要取决于所需分配产品

175

的数量和质量，这仍然要以经济增长为基础。为此，只有推进经济的可持续增长，才能真正实现收入分配差距的缓解，为促进收入流动奠定坚实基础。

若从收入不平等得以缓解的角度来探讨经济增长，无疑经济总量的高速度、高质量增长是缓解收入不平等、消除贫困，并提高收入流动的重要物质前提。一方面，根据著名的奥肯定律，经济高速增长无疑会带来巨大的就业效应，即伴随经济的高速增长，社会中大量闲置资源会得到利用，这会进一步带动消费和投资等总需求的增长，并带动就业的大幅度增长，失业者会逐步减少，贫困也会最终得到消除，因为失业的出现是导致贫困现象的重要原因，而经济高速增长可以有效降低失业率，从而消除贫困状态，同时经济增长也会对社会各个阶层相对收入水平的提高带来促进作用，从而使不平等状态得到缓解。另一方面，随着一国经济可持续增长，GDP、人均 GDP 及人均收入会有一定程度的提高，这样会拉动居民消费需求和微观主体投资需求的上升，总需求也会不断增加，社会公众的收入也会相应上涨，从而进一步改善居民的生活质量与水平，这样收入分配与收入流动的状态会随着经济的可持续增长得以不断改善。

9.2.2　基于制度视角的经济增长改善收入流动的路径

通过上述讨论发现，经济增长不一定能够有效改善收入分配与收入流动，在这种情况下，良好的制度设计就显得极其重要。即使经济增长在一定程度上致使收入分配差距扩大，仍需要借助政府手段和再分配工具，通过转移支付、税收等方式使收入差距得到有效调节。上述分析其实集中了一个观点，即只有稳步推进经济增长，才能创造出实现收入分配不断改善的物质基础与手段，但在收入分配改善面前，经济增长也不是万能的，也就是说经济增长并不是在任何状态下都能够促进收入分配的改善，这就需要完善的市场制度、财政制度、税收制度、转移支付制度等来配合，同时政府也必须具备相应的职责目标。只有在这种状态下，经济增长才能够有效促进收入分配的改善。

此外，有效的制度安排和环境，能够促进市场机制的完善，从而实现资源的高效配置，并为经济增长创造良好的环境和平台，同时也意味着更多社会公平机会的出现，每个生产要素在这个大环境中均能实现自由流动和自由选择，因此社会流动和收入流动也会进一步加快，长期内存在的收入不平等状态也会得到改善。为此，在良好的制度安排下，经济增长一方面能为收入分配的改善奠定坚实的物质基础，另一方面也可以促进收入流动在不同收入阶层之间的提速，从而实现收入分配和收入不平等状态的缓解。总体来讲，在经济可持续增长的背景下，良好的制度安排是实现经济增长，并促进收入分配和收入流动状态改善的重要保障。

9.3　改善收入流动状态的结构条件：
产业转移与产业升级

在经济下行期背景下，产业转型与升级将是促进经济增长的重要动力，"三期叠加"的论述也阐述了新常态下产业转型的重要性，并且"供给侧改革"的推出，也凸显了产业升级、技术创新的紧迫性。可见，经济增长仅是缓解收入不平等、促进收入流动的物质基础，而作为经济结构调整的核心环节，产业转型与产业升级通过平衡我国东部、中部与西部地区之间经济发展差异，能够成为促进收入流动、缓解收入不平等的重要力量。为此，产业转型与升级应作为改善收入流动状态的重要政策环节。从具体形式上，我国的产业转型应包括产业转移与产业升级两部分，其中产业转移指由东部向中部、西部地区的产业转移，而产业升级指的是东部地区的产业升级。

9.3.1　产业转移：由东部向中西部

东部地区、中部地区和西部地区的产业结构不平衡，是导致我国区域间收入差距不断扩大的重要原因。从区域发展现状来看，相对于东部地区，中部地区和西部地区的劳动力受教育水平较低，并且中西部地区具有大量的农村劳动力，而劳动密集型产业，尤其是出口加工型贸易产业的发展，能够给受到较低教育水平的劳动力带来更多的就业机会，为此为了促进中西部地区大量农村劳动力的再就业，应大力发展以劳动密集型为主的产业结构。目前，在经历了 30 多年的改革开放后，并在相关经济政策和产业政策的引导支持下，东部地区利用我国大量丰富劳动力的资源优势，推动了出口加工型贸易等劳动力密集型产业的迅速发展，同时也吸纳了农村大量劳动力，为解决我国就业问题带来了巨大贡献，在此背景之下，我国中部地区和西部地区大量富裕的农村劳动力，在当地没有很好就业机会的情形下，更多的是向东部等沿海发达地区流动，实现所谓的异地就业，这也成为我国当前经济发展中的重要热点问题。然后，在经济新常态下，尤其是经济下行趋势逐步明显的背景下，随着东部地区经济发展程度的不断提高，相应的产业结构也出现发展"瓶颈"，这也是"三期叠加"中"产业转型阵痛期"的主要原因。那么东部地区产业发展的不利环境，主要源自于当前我国土地和劳动力成本的不断上升，同时劳动力供给也出现了较大问题（即所谓的"人口红利"不断消失），此外，人民币汇率的升值也给东部沿海省份带来了很大调整，总体来讲，新常态背景下东部发达地区产业结构的成本优势正不断消失。而从我国整体的出口外贸型经济结构来看，主要的比较优势就体现在劳动力密集型产业上，再加上互联网金融的不断发展，这一趋势必将使我国出口贸易企业面临更为严重的经营危机。最近几年在东部沿海发达地区所出现的"招工难"、"民工荒"等现象，均显示出东部沿海地区产业结构出现了重要问题。

从东部地区、中部地区和西部地区的发展情况来看，由于中西部地区存在大量富余的劳动力，但缺乏有效的就业机会或平台，才导致这些劳动力流入东部发达沿海地区以实现"异地就业"。然而，在东部地区产业发展遇到阻碍后，再加上国家对中西部地区开始推进大量经济政策支持，同时也鼓励中西部地区进行招商引资，中西部将吸引大量东部地区的资金流入，从而对东部地区的产业转移进行承接。在此背景下，农村劳动力通过收益与成本的衡量，将更加偏好于在本地区就业，这才是东部沿海发达地区出现"民工荒"的主要原因。从现实情况来看，中部地区和西部地区富余农村劳动力的数量极其庞大，这就需要在经济增长过程中，提供更多就业岗位来满足剩余劳动力的就业需求。尤其是在大量劳动力由东部沿海发达地区"返回"至中部地区和西部地区之后，需要更多劳动力就业岗位来对此进行吸纳。为此，我们认为，随着大量中西部地区农村劳动力由东部地区向本地区回流，并且中部地区和西部地区也确实需要大量劳动力就业岗位或机会进行承接，这就需要促进东部发达沿海地区的产业结构向中部地区和西部地区转移，这里面当然也包括东部地区出口加工型贸易为主的劳动密集型产业的转移。

理论上来讲，产业转移是市场经济环境下，产业结构变迁的一种自发性行为，是在一个国家供给结构发生变化，或产品需求结构及等级发生改变之后，一些产业由某一个区域向另一区域进行转移的过程或经济行为。产业转移可以发生在国家与国家之间，也可以发生在国家内部的区域之间，它显示了贸易与投资等活动的跨区域流动，具有典型的时空特征。在政府相关政策引导支持下，我国中部地区和西部地区已经在不断承接东部地区所转移的产业结构，并取得一系列积极成果。从现实数据来看，安徽、江西、河南等省份所吸引的直接投资相对于次贷危机之间已增长了数倍。以中部地区的相关省份为例，中部省份吸引的外来资金主要来自长三角经济区、珠三角经济区和环渤海湾经济区等三大经济区，比如安徽省吸引外来资金的主要来源就是长三角经济区，该区域的投资总额已经达到安徽省吸引外来资金总额的 60% 左右，与此同时，江西、湖南与湖北等省份吸引的外来资金主要来自长三角经济区和珠三角经济区，尤其是湖南和江西两省。

从具体产业转移的形式上来看，东部地区向中部地区和西部地区转移的主要产业集中于劳动密集型产业，该产业结构对劳动力受教育水平要求并不高，对于中部地区和西部地区而言，它们所具有优势的产业结构也主要集中于劳动力密集型、资源型和低技术要求型产业结构，为此东部地区向中部地区与西部地区转移的时候，主要也应该转移具有中西部地区优势的产业，这样能够充分发挥中部地区和西部地区的劳动力和自然资源优势等作用，同时推动东部地区相关技术和资金的转移。因此，在东部地区产业转移的影响下，中部地区和西部地区的经济也出现了新的增长趋势，根据国家统计局公布的相关数据，当前中部地区和西部地区的经济增长"指标"数据要优于东部地区，从 GDP 的增长速度这一指标来审视，中部省份的经济增长速度全面高于东部省份。

从上面的分析可以看出，由于中部地区和西部地区拥有较为丰富的劳动力和自然资源，在当前我国的区域间产业转移过程中也取得了一系列的积极成果，为了平衡东部地区、中部地区和西部地区之间的收入差距，实现区域间收入流动的提高，应采取适当的策略促进产业结构由东部地区向中部地区与西部地区转移。第一，进一步更新发展理念，促进经济制度环境的不断改善。产业进一步转移会伴随着新市场经济环境中所具有的新思想、新观念、新意识以及新的管理方式，当然也会带来崭新的企业家精神，这会不断革新落后地区的经营理念和传统观念，从而推动落后地区市场制度的变革。第二，为了更有效配合产业转移，应在中部地区和西部地区构建更加完善的产业制度环境，这也是吸引外资、配合产业转移的重要基础。那么在此过程中，政府部门应当发挥应有的组织与协调作用，牵头构建与产业转移相适应的制度环境，不仅包括硬件环境方面的建设，也要在软件方面加强建设。其中，在构建硬件方面，应引导东部地区增加对中部地区和西部地区的投资力度，要强化通讯、交通、公路、桥梁等基础设施的投资与建设，不断缩小中部地区和西部地区与东部地区在空间上的距离，提高运输、物流等方面的便利程度，降低交通成本，推动中部地区和西部地区尽快融入东部地区的经济范畴，这是提升中部地区和西部地区承接东部地区产业转移的重要条件。同时，还可以进行引导，合理规划一系列工业园区，从而构建劳动力和资金的集聚地，形成产业集聚。在构建软件方面，主要应包括对企业经营环境以及市场化运作环境的构建。一方面，资源配置效率的提高还是需要市场化的推动来实现，而中部地区和西部地区由于经济发展较为落后，与东部地区的市场化发展程度存在较大差距，如果市场化程度不能有效提升，那么中部地区和西部地区在承接东部地区的产业转移时，将无法进行资源的有效配置，同时还会影响市场的交易成本，以及企业的投资预期，这样可能会对东部地区的产业转移形成阻碍作用。因此，政府应该引导竞争、倡导竞争、促进竞争，鼓励各个地区和区域打破行业与区域壁垒，推动资源和要素的自由交易、交换，这样能够实现整个区域市场化程度的提高，并构建一种契约化的市场化氛围。另一方面，政府在此过程中应该实现职能或功能的转变，树立一种为企业发展、生存进行服务的理念。也就是说政府也需要在此过程中实现变化，其核心着力点应注重为企业提供投融资服务，提升微观主体承接东部地区产业转移的能力。综上所述，政府在此过程中，应当构建良好的市场化经营环境，并完善应有的制度环境，为企业在整个过程中的投融资提供良好的服务，有效吸引东部地区的资金和技术，从而加快并提升中部地区和西部地区承接东部地区产业转移的能力。

9.3.2 产业升级：推动东部地区产业结构的优化

如果某一区域的第二产业，及以服务业为主的第三产业发展较快时，该区域将能够承接具有较高素质的劳动力就业。当前，东部地区劳动力的受教育水平相对较高，因此应推动东部地区的产业转型升级，实现产业结构优化。目前，产业结构的优化升级主要包括两种形式：第一，区域内的主导产业由第一产业向第二产业转移，或由第二产业向第三产业转移；第二，在第二产业的内部发生结构变动，即第二产业中的劳动密集型产业，逐步向资本密集型、技术密集型转变。因此，我们在推动东部地区的产业结构升级时，也应该以上述两种形式为主要导向，采取合适的措施对具体产业结构进行升级或优化。

9.3.2.1 促进东部地区第二产业内部的结构升级

当前，我国东部地区同时面临土地和劳动力等成本价格不断攀升的态势，并且"民工荒"现象也给东部地区产业发展带来阻碍，在此背景下，东部地区劳动密集型产业失去了以往所具有的成本优势。同时，港台地区在东部地区设立的企业不断向中部地区和西部地区转移，这使得东部地区不得不实施产业升级。东部地区第二产业内部的结构升级，主要方向是由过去的劳动密集型产业逐步向资本、技术密集型产业转型，同时技术层面也要实现一定程度的革新，产业经营中的人工操作也会逐步由机器来替代，在技术革新的过程中也要注重品牌的创立与开发。与此同时，在提高企业生产设备的技术含量，降低生产成本的过程中，还要顺应社会的发展与进步，主要在附加值较高的制造业、节能型、环保型企业方面大做文章。在制造业方面，为了提升制造业的附加值水准，首先，应提高制造业所需的人力资本水平，完善所对应的市场化经营环境，为更好承接发达国家机械制造业转移打下坚实基础。同时，应对机械制造、汽车等高端产业的技术和设备进行改进更新，使企业进一步强化自身的产品研发能力，从而提高企业在市场化环境中的竞争力。其次，对电子信息工业的内部结构进行调整，大力推进目前较为先进的消费类电子制造业和通讯设备等产业的发展，尽可能形成所谓的

"产业群"。在此之中，由于电子信息类产业属于高附加值类的制造业，因此应针对该产业增强人力资源与研发资本的投入，力求将东部地区不断发展为电子信息产业研发与制造的基地。对于节能环保型和新能源产业，应当在新的相关产业向内地转移，及大量高污染、高消耗产业向外转移的过程中，大力构建生物技术、新能源、新技术等产业，加强对相关污染产业的治理，同时努力促进生物燃料、太阳能等产业的产生。对于政府部门而言，在第二产业内部升级的过程中，其不仅要提供政策上的引导，还要进行资金的支持，在整个内部升级过程中，为产业的升级、企业的技术革新等方面创造良好舒适的环境，有效推动第二产业的内部结构升级。

9.3.2.2 大力发展东部地区的第三产业，促进第三产业的转型升级

相对于第一产业和第二产业，第三产业有较高的劳动力需求，尤其是服务业，同时第三产业对劳动力的文化素质要求也较高。当前，相对于中部地区和西部地区，东部地区的第三产业还是较为发达的，但仍存在发展方面的若干问题：一方面，目前我国第三产业的相关种类还是偏少，与国际上相比还存在较大差异；另一方面，我国第三产业中的一些产业，比如保险、金融、电信等产业还存在技术水平低下、质量较差等诟病，同时也缺乏有效的监督和管理，产业发展不规范、国际竞争力低下等问题也长期存在。当然，一些会计、审计等服务业，随着全球化的不断推进，在经济全球化进程中，由于在国外公司的垄断性，国内企业的发展也受到一定阻碍。目前来看，我国服务业的发展已经过了数量和规模扩张的阶段，正在逐步进入结构优化、素质提升等新的发展历程。因此，对于东部地区而言，当前应大力培育现代化的服务企业，尤其是针对生产性的服务业，同时对相关行业进行改造升级。所谓生产性服务业，即是指提供保障服务的行业，该行业用来对工业生产持续提供保障，从而促进工业技术进步、产业升级改造，并提高工业的生产效率。生产性服务业是与制造业联系较为紧密的服务业，是由制造业的内部生产服务部门牵头成立发展起来的新型产业，该产业并不对消费者提供直接的服务，它以制造业为依附，贯穿于整个企业生产的全部环节，并在日常经营中将知识和人力资本作为主要的投入产品，同时将不断专业化的人力资本和知识引进制造业，因此成为第二产业和第三产业快速融合

的关键环节。

　　一方面，生产性服务业正逐步受到世界各国的重视，主要因为该行业的发展，对于产业内部的深化分工，以及产业效率的提升是非常有利的，同时对其他产业的发展也具有重要的推动作用。另一方面，生产性服务业的快速发展，可以增强自主创新能力，从而提升我国制造业的技术含量，以推动产业结构升级。此外，从当前情况来看，生产性服务业的发展，能够为经济发展提供新的增长点，这也是促进就业的重要途径。由此可见，鉴于生产性服务业的重要作用，在承接发达国家高端制造业转移的时候，应大力促进生产性服务业的发展，这不仅能够提升东部地区产业的技术含量，还能够有效促进东部地区产业结构的优化与升级。

9.4　解决收入流动问题的关键环节：选择合适的公共政策

9.4.1　促进收入流动公共政策之目标：创造平等的机会

　　促进收入流动、缓解收入不平等的关键在于创造平等的机会，为此以机会平等为目标的公共政策就显得极其重要。通过理论分析我们发现，对于收入不平等的缓解，平等的机会远比结果平等更重要，而合适的公共政策，有助于创造并实现平等的机会，从而促进不同收入阶层之间居民的收入流动。通过实证分析我们也发现，不同收入阶层之间居民的收入流动大小如何，在一定程度上也反映了一个经济体中的机会平等状态。在一个机会平等的经济体中，越强的收入流动性，反映每个微观主体均有机会改变目前的收入状态，至少处在最底层的收入阶层不会永远处在该阶层，最高收入者也不会永远处于最高的状态，每个人都有实现收入流动的途径。为此，在一个发达的、完善的市场经济条件下，需要政府通过选择合理的公共政策，为每一个人提供机会平等的、公正的制度环境，以通过收入不平等的改善来促进收入流动。从国际经验来看，美国的收入分配与公共政策之间存在内在关联性和异质性，这也表明美国政府决策当局通过运用各种公共政策、法律手段及制度措施，为促进收入流动提供了较为完善、成熟的市场环境及平台，在这种市场环境中，每个人都拥有平等的机会，并在这种自由竞争的市场平台中，通过自身的努力，真正实现按照生产要素的贡献程度进行收入分配。正是美国这种公平竞争制度的出台，有效地保证了公平收入分配的实现，从而在一定程度上对社会压力和收入不平等压力进行缓解。在此基础上，还需构建统一完善的社会保障体系，该体系的建立不仅可以有效促进职业间的自由选择，促进职业间的自由流动，并改善收入分配，同时也有利于提升市场自由竞争的效率，有效实现收入不平等的缓解，从而得到稳定公平的社会环境。

从理论上讲，真正实现收入分配的公平，有效促进不同阶层之间的收入流动，最重要的就是获取平等的教育机会、医疗机会、自由的迁徙，及健康的权利。这些"公平"的条件是确保收入分配公平的起点，同时也有利于实现各个阶层之间收入的快速流动；反过来讲，通过创造收入快速流动的市场环境和社会环境，也能使每一位社会成员获得对社会发展的信心，使他们能够对社会的进步充满希望。因此，对于促进收入流动公共政策的目标，最重要的就是为每一位公众创造平等的机会、公平的市场环境，这也是促进收入流动、缓解收入不平等状态的重要出发点。

9.4.2　收入流动公共政策体系之架构：公共教育、公共卫生、社会保障及公共财政

通过前面的分析发现，当前我国居民收入分配和收入流动面临的种种问题及主要矛盾，最重要的就是机会不平等这一问题没有得到妥善解决，这就导致社会公众无法自由选择与自己相关的教育权利、迁徙权利、医疗权利、健康权利，等等。目前来看，我国公共政策体系的构建，需要重点考虑以下几个方面，即公共教育体系、公共医疗卫生体系、公共财政体系及社会保障体系。其中，社会保障体系、公共教育体系和公共医疗卫生体系对于解决当下教育不平等、迁徙机会不平等及医疗机会不平等具有一定的现实意义，而公共财政体系则是上述三种公平实现的物质基础，也就是说，公共财政体系是整个公共政策体系构建与实施的关键环节，所有收入分配差距的调节、针对低收入的补偿措施、

社会保障和公共教育的支出，都需要强有力的公共政策体系作为支撑。

从发达国家的历史经验来看，在整个公共政策体系中，最重要的就是社会保障措施、医疗卫生体系及税收措施的构建，以此对收入不平等进行积极调节。从美国经验来看，在美国收入分配不平等逐步扩大的过程中，完善的社会保障制度有效促进了收入流动及职业流动，并且也从某种意义上缓解了由收入不平等带来的社会压力。例如，美国为了鼓励低收入家庭的积极就业，制定了旨在救济失业人员基本生活保障的失业援助计划、各种食物补贴和各种社会救助、所得税信用制度等，由此形成了一套较为完整健全的养老保障、社会保障体系，以及医疗、保健制度和各种社会保险。完善的社会保障制度，可以在很大程度上通过收入转移和流动，有效防止各种由于绝对贫困引起的大规模疾病。另外，完善的社会保障制度，也需要完善的公共教育体系相配合，每一位公众，不管其收入水平如何，均可以"免费"享受各种公共教育，以防止由于收入不平等而导致的教育不平等，以及"知识贫困"的发生。

此外，作为收入分配调节的主要经济手段之一，税收手段、转移支付手段也对收入分配与收入不平等的调节发挥着极其重要的作用。这在美国、欧洲等发达地区均有相关经验可借鉴。

9.4.3　收入流动公共政策的具体讨论

9.4.3.1　深化财税体制改革，完善财政转移支付制度

当前，在坚持财权和事权相统一原则的基础上，进一步对政府的再分配调节力度进行完善，为政府在发挥税收调节和转移支付调节时提供良好的平台。同时，强化对低收入群体，及公共管理、公共服务、社会保障等较为薄弱环节的政策倾斜，使政府每年的财政收入增加规模主要面向民生领域。

9.4.3.2　进一步构建社会保障体系，完善社会保障制度

社会保障体系的构建，关键在于进一步完善公共教育、公共卫生、保障性住房、社会保险等体系，并建立健全社会救助体系，逐步形成与社会每一位公众相对应、相适应的社会保障制度目标，有效发挥社会公

共政策对收入分配的调节作用。与此同时，要具体构建合理的、动态的社会保障调整机制，对城乡贫困人口的基本生活进行切实保障。此外，也要发挥相关社会组织及非政府组织等的积极作用，从而营造二次分配、三次分配的氛围。

9.4.3.3 改革国有企业分配制度，构建稳定的工资收入增长机制

目前，构建与经济增长和社会发展相适应的职工工资收入增长机制，是推进企业收入分配制度改革的核心要义。在企业制度改革过程中，为了确保工资收入增长机制发挥应有的效力，应以职工收入增长机制为核心，确保职工每年的收入有适量增长，同时构建工资总量预算管理机制与工资集体协商机制，发挥工资增长的民主协商作用。

为了确保工资收入的稳定正常增长，应构建完善的工资总量预算管理机制。根据相关规定，以及行业和企业的性质特点，针对企业在近几年的增长效益状况，合理对工资总量进行预算确定，并将工资总量的预算保持在一定的合理增长范围内，同时根据经济增长、消费者物价指数及企业发展规划等，合理确定工资总量增长方案，该方案也要在国资委等主管部门进行备案。

对于经营者而言，要进一步完善相应的考核机制，要考虑将职工工资收入增长纳入经营者考核体系中。对职工工资收入增长与经营者收入的比例，及职工工资收入增长幅度与经营者收入增长幅度的比例进行合理确定，并将此作为经营者业绩考核的重要内容。如果经营者收入比例过高，或经营者收入增长超过一定幅度时，应降低经营者考核的分数。

此外，要发挥工会的力量，大力推行工资集体协商制度。理论上讲，工资集体协商制度，是完善企业工资管理制度、理顺国有企业内部关系，并推进国有企业工资收入分配制度改革的重要环节，同时职工工资收入增长机制的改革也要顺应推进。通过工资集体协商机制的构建，合理确定职工的工作、福利、奖金等分配方式，确保职工工资收入的合理增长，使职工工资收入与经营者收入之比保持在一定比例范围之内，保证职工的工资收入增长与企业经营发展步伐一致。

9.4.3.4 积极发展非农产业，构建农民增收的长效机制

在保持现有惠农政策不变的情况下，积极推进大型产业基地、新区

与中心城市的联动发展策略，继续推进农村劳动力向非农领域的转移。同时，加快郊区第三产业的迅速发展，通过政府部门购买等相关途径，增加农村就业岗位及非农收入。继续深化集体土地制度改革，对集体资产的管理机制进行创新，确保农民能够长期享有土地或集体资产的分配收益，构建维护农民收入稳定增长的长效机制；完善农村的医疗合作保险和农村低保等政策，逐步提升针对农民的转移性收入和保障收入水平。拓宽农民就业渠道，促进农民增收：一是继续通过政府购买服务等方式，大力开发相关的林业养护、农村河道清洁、农村生活垃圾处置等公益性岗位。二是继续鼓励农业化龙头企业、农民专业合作社等涉农企业和组织吸收当地农村劳动力。三是继续推进农业旅游的不断发展，帮助农民在当地实现就业。

9.4.3.5 健全针对收入分配秩序的监督机制

目前，关于收入分配秩序的监督机制还不完善，为此我们必须要坚持依法行政，推进政务公开，完善相应的决策程序，强化对权力运用的监督，防止权力腐败。同时，要加快个人诚信体系建设，依法规范相应的收入分配秩序。

9.4.3.6 深化促进收入流动的体制改革

为了更好促进收入流动，不断缓解不同阶层之间的收入不平等问题，我们必须进一步深化体制改革，让不同收入阶层之间的收入充分实现流动。当前，我们正在进行的市场化体制改革，制度转型的基本特征就是诸多制度和体制层面上的多维性，这为不规范的收入行为提供了机会和可能性，这既导致不合法收入的上升，又导致市场竞争机会的不平等，这些行为均造成收入分配机制的不公平。为此，必须深化针对收入分配和收入流动的体制改革，以改革的方式推动收入分配机制的完善，特别是通过制度创新，进一步营造公平公正的竞争机会和社会机会，特别是通过体制和制度改革，使社会公众不断拥有平等的受教育机会、平等享受健康的权利以及自由的迁徙机会。总体而言，体制改革是构建机会平等、促进收入流动的重要制度基础。

9.4.4　收入流动公共政策与社会政策的交叉配合

在前面提出的各项公共政策，在欧洲等发达福利国家已经非常成熟，同时这些国家经常以社会政策的方式对收入流动和收入分配进行调节，可见公共政策与社会政策之间存在相互交叉的内容，尤其是针对收入分配与收入流动等领域。作为核心功能，社会政策就是实现国民收入的再分配，而国民收入的再分配也可被视为社会政策的物质保障，该保障明确提出所保障公民应当享有的平等权利和自由权。

社会政策以公民的基本权利为出发点，主要包括社会保障体系、公共教育、医疗卫生保障、住房等。社会政策的基本功能就是保障社会公民，防止各类社会风险带来的不利影响。在市场经济不断发展的背景下，由于市场竞争日益激烈，市场经济中存在的各种风险因素将不断出现，并具有越来越高的复杂性，再加上经济全球化的不断推进，要素的流动性不断增强，现代的工业化进程提高了自动化、机械化、信息化过程中对劳动力素质的要求，在这种情况下，各类社会风险将蜂拥而至，这就需要在市场经济不断发展的过程中，构建完善的社会政策，其出发点就是确保市场弱势群体活动基本的生存权利和平等的发展机会。由此可见，随着市场经济和工业化的高度发展，必须要有完善的社会政策体系作为支撑，只有这样才能避免市场经济所带来的收入分配差距和收入不平等。

对于前面所提到的、用于实现缓解收入分配差距的公共政策，也是以实现公平与公正为主要目标，即在市场经济框架下构建公平的竞争环境。从本质上来看，公共政策与社会政策的职能是相同的，两种功能存在一定的交叉。只是一般提到公共政策，基本上集中于财政、税收、转移支付等政策，而社会政策的范围要更广一点，在财政政策的基础上还包括社会保障、公共教育、医疗保险、住房等方面，所以在实践过程中，公共政策与社会政策必须要实现一定的配合。

9.4.5　收入流动公共政策的功能基点：财政收入分配制度改革

若进一步完善和发挥公共政策的职能，就必须构建完善的财政分配制度。实际上，微观主体的收入分配关系能否理顺，收入流动性能否扩大，主要就是取决于财政收入分配制度的完善。在完善财政收入分配制度之前，我们首先要明确财政收入分配制度的目标与原则：

一方面，中央政府应该承担更多社会政策功能，通过实施公共卫生、公共医疗、养老、公共教育、就业补助等措施，将具有系统性特征的社会风险进行分担和分散，这既体现了社会发展与进步，也为社会稳定提供了极其重要的制度基础。

另一方面，从社会政策的角度来分析，财政收入分配制度，应当以充分平等化为目标，从而解决市场经济中无法解决的收入平等化等问题。当然，这里必须要指出的是，所谓平等化，应当包含两个方面的内容：一是社会公众能够平等化的享有财权，这也是实现财政服务平等化的重要环节；二是社会公众应当平等化的享受社会基本服务，这也是财权平等化的具体体现。此外，平等化的财权并不等于服务需求的平等化，服务需求的平等化才是财政收入分配制度与公共政策追求的目标。

9.4.6　收入流动公共政策的制度保障：完善的法律制度

从对收入分配秩序进行规范的角度来看，完善的、健全的法律制度，对充分实现收入来源监督的规范化，及对垄断行业收入分配关系进行有效调控具有积极作用。在市场经济不断完善的环境中，人们的收入来源渐趋多元化，但是也由于许多因素导致收入的不规范与不合理，这在很大程度上对整体的收入不平等带来一定影响。因此，应当通过相关法律制度的完善与健全，强化对收入来源的监督与控制，并对收入分配关系进行依法调节，特别是对垄断企业的收入分配，必须通过制定相应的法律制度强化监管与调控。

9.5　区域间收入流动的差异化处理

我们通过分析可知，我国东部地区、中部地区和西部地区的收入流动性存在较大差异。为此我们在制定公共政策的时候，也应该区分不同区域进行。

9.5.1 东部地区收入流动性的优化

9.5.1.1 逐步健全工资制度，并完善相应的增长机制

通过前面的分析可知，增加城市居民家庭收入向上流动的重要措施之一就是增加工资收入。为此，健全工资制度，并完善工资增长机制，对于收入流动的良性发展是非常重要的。对于工资制度的健全，我们应该从以下方面注重考虑，即要采取较为严格的最低工资制度，根据经济发展状况及时对最低工资标准进行调整；用人单位必须相应缴纳一定的工资保证金，以避免可能发生的工资拖欠行为，并且要对工资发放情况进行一定期限的存档，以备审查。对于不断完善的工资增长机制，应从如下几个方面进行考虑，即工资增长速度至少要与城市通货膨胀率（或消费者物价指数等）相挂钩，这是工资上涨及时、到位的重要保证，要避免工资总是落后物价变动率的状况；不断推动工资集体协商制度，以配合工资增长机制的改革，监管部门要定期对企事业单位和公务员工资水平进行对比调查，必须要根据企业职工的工资变动或增长情况，对机关、事业单位人员工资的合理增长情况进行确定。与此同时，必须强化对退休员工的支持力度，保证退休员工的工资水平具有合理的增长速度。

9.5.1.2 不断强化廉租房制度建设，健全经济适用房制度

本书在前面也探讨，财产差距是城镇居民收入差距的重要原因，由此可知财产制度也是推动收入流动的重要保障，对提高居民收入流动性的意义较为重要。因此，面对不断上涨的房价，对于房地产市场的调控就显得极其重要。一方面，通过对房地产市场的调控，增大房地产市场的有效供应，尽快调整房地产市场结构，改变目前我国房地产市场的结构性矛盾，加快普通商品住宅的建设，尤其是扩大中小户型的供应数量，改善目前我国房地产市场高端住房过度的局面。与此同时，合理运用各种宏观调控政策，通过发展住房抵押与贷款公司等方式对我国金融市场中的结构性不足进行弥补，并通过增加市场的流动性，以改善东部地区城市居民家庭收入地位波动性过强的局面，从而促进收入流动性的良性发

展。另一方面，推动针对贫困人群的廉租房和经济适用房建设，增加经济适用房和租赁补贴的供应数量，有效增强低收入家庭拥有住房或承租住房的可能性，从而提高这类阶层收入向上流动的概率。其中，对于城市廉租住房而言，主要采用实物配租和货币补贴相结合的方式给予保障；对于廉租住房的供应，应使用政府新建与收购、鼓励社会捐赠等方式进行补充；对于经济适用房的供应，明确其面向低收入住房困难家庭的供应目标，同时要有效衔接廉租住房的供应。此外，对于结构性矛盾比较突出、房价过高的地区，要强化经济适用房的供给数量，必要的时候可以考虑增强单位集资住房与建房的管理。

9.5.1.3　促进东部地区教育资源配置的平等化

对于东部地区城市居民收入流动性的增加，教育程度的提高起着极其重要的作用。对于东部地区城市低收入阶层而言，子女教育已在当前成为这些家庭较大的负担。鉴于教育对城市居民收入提高的重要作用及影响，作为公共教育的提供者，政府部门必须为低收入阶层子女教育提供强有力的保障，从而防止低收入阶层由于教育支出过高，而陷入贫困漩涡并导致贫困循环的不利影响。同时，政府部门应该扩大财政支出，对财政相对困难的地区和学校给予一定的资金支持，并可以考虑探索实施义务教育学校之间的协调运作机制，以实现优质教师资源能够自由合理流动。此外，要强化针对低收入阶层的职业技术培训，提高低收入阶层的劳动力素质。

9.5.1.4　强化东部地区城镇居民医疗保险的实施范围和力度

通过前面的分析可知，社会医疗和保险是一项重要的公共政策，也是促进不同阶层之间收入流动的重要保障。对于东部地区城镇居民而言，要逐步实现社会医疗与保险的覆盖范围，将大学生、非公有制经济组织的从业人员、灵活就业人员、破产企业的职工、困难企业职工等群体尽可能纳入城镇居民社会医疗和保险的范围。与此同时，增加城镇居民医疗保险的保障力度，提高城镇居民医疗保险相应的最高支付限额，并对个人账户的资金进行严格管理，严格控制资金的使用范围及流向，除了医疗保险支出以外，一般不允许该项资金在别的项目上消费或使用。

9.5.2　中部地区和西部地区收入流动性的优化

区域收入差距是我国收入分配领域长期存在的问题。提高中部地区和西部地区的收入水平，增强中西部的收入流动，是缩小区域间收入差距的重要措施。关于中部地区和西部地区收入流动性的优化，我们认为：

9.5.2.1　大力发展中部地区和西部地区的非农产业

目前，随着东部地区产业向中部地区和西部地区转移，非农就业机会对于增加中部地区和西部地区相关家庭的收入具有至关重要的作用，为此有必要针对中部地区和西部地区，大力发展非农经济，具体措施包括以下几点：促进农村个体和私营企业、乡镇企业的快速发展，并在人才、税收及信贷方面给予一定程度的优惠，尽可能降低企业在融资、人力及生产等方面的成本；进一步对现代农村市场体系进行完善，加快现代商品市场体系的建设与发展，积极培育和发展人才、技术等生产要素市场；全力推进各种专业性的批发市场、集贸市场的改造；大力推动农村的城镇化，以及剩余劳动力的转移等方面。

9.5.2.2　逐步推进中部地区和西部地区的教育事业

对于中部地区和西部地区而言，教育落后是这些地区收入流动水平低下的根本性原因，因此我们应提高中部地区和西部地区的人力资本存量，同时增加对这些地区农村的教育投资。在这种情况下，我们可以通过提高居民素质的方式，为有效促进收入流动性奠定坚实的基础。尤其是针对那些较为落后的省份，提高居民素质更是一个刻不容缓的事情，否则针对中西部地区的科技创新将无法得以推广，这必将会引起收入差距进一步扩大。在中部地区和西部地区发展教育的另一层含义便是农村地区常年持有旧的观念，教育的发展必将迅速推进中部地区和西部地区与市场经济的观念相对接。因此，政府部门必须加大对中部地区和西部地区的教育投入，逐步免除中西部地区，尤其是中西部地区的农村中小学教育的学杂费，进一步降低中部地区和西部地区居民的教育负担。

9.5.2.3　通过提高补贴力度，推动农业机械化的迅速发展

机械化设备是现代农业重要的物质基础，也是促进农民收入流动的

主要力量。当前，针对农民购置农业机械设备，一是要提高补贴资金的规模，并试点累加补贴，提高补贴的相对比例；二是要扩大补贴范围，尤其是针对农民在科技种植方面所采用设备的补贴；三是要强化农业补贴的监管力度。

9.5.2.4 进一步健全和完善农村医疗保障制度

完善农村医疗保障制度，是提高中西部地区农村居民家庭收入流动性的重要因素。我国自 2004 年起正式推行新型农村合作医疗制度，为了进一步使中西部农村地区享受医疗保险等优惠政策，各级政府应进一步促使新型农村合作医疗制度的不断完善，不仅要切实解决农村合作医疗机构的经费来源和人员编制等问题；通过增加投入的方式强化医疗服务体系建设及服务水平；政府部门还应增强在农村中的宣传力度，让农民进一步了解新农合，充分理解新农合这项利民、惠民的工程，并切身享受到新农合的实际利益；推动制度创新，对农村医疗卫生行政管理体系进行改革和完善；对于与新农合相配套的服务监督体系、药品目录及基金管理，应当逐步构建与完善。

9.6 完善收入流动环境的制度条件：政府转型

政府对于收入分配与收入流动的干预具有积极作用。就当前我国收入分配与收入流动的现状来看，推动政府职能的转型，对于解决收入分配问题是至关重要的。通过前面的分析还发现，当前收入分配与收入流动领域中，与政府有关的主要问题在于：由于政府行政权力存在稀缺性，导致权力在介入市场的初次分配中，对市场竞争的机会平等和权力平等是破坏的，由此导致收入分配结果的不平等问题。同时，由于政府职能转换没有及时到位，收入分配与政府之间就形成了一种依次递进的逻辑关系：对于初次分配而言，权力分配决定着要素的收入分配、资源配置和要素流动，进而对个人收入流动性和个人收入分配的结果进行支配；在这个逻辑关系当中，权利的过度干预，并且按照权利分配是一切分配的基础和关键，这在本质上对生产要素配置、要素所得和要素流动进行决定，同时也决定着居民的收入流动性，并最终影响到个人收入分配关系的变迁，该逻辑从深层次上制约了生产要素的市场化配置和自由流动，当然对收入分配和收入流动机制也形成了影响。

前面分析表明，公共政策的设计对于缓解收入差距、促进收入流动具有更为重要的意义。无论是从构建机会平等的制度环境，还是基于二次分配的视角，运用社会政策调节收入差距，政府在此之中均担任一个举足轻重的地位和角色。为此，从公共政策的角度来说，最终还是要视政府职能能否从根本上实现转变。

另外，需要更为注意的是，我国经济社会发展中存在一个重要特点，就是政府（包括中央政府和地方政府）在促进社会经济发展与进步方面，所承担或动员社会资源、政策及方案设计等方面均发挥举足轻重的作用。从国际间对比来看，我国经济发展的最大特点，以及最为成功之处，就是政府对经济增长的促进作用。也正因为如此，在我国，政府与市场之间的关系历来就是一个颇为争议的话题，究竟政府应该做什么？不该做什么？在哪些领域或部门应该进入？在哪些领域或部门应该退出？这个问题至今来看仍未得到最终解决。

当收入差距不断扩大，收入流动受阻的情况下，再来审慎政府在收入分配领域所起到的作用，发现政府确确实实需要职能转换。传统的政府干预模式及理念，已经无法适应经济转型后的经济增长情况了，并严重影响了我国收入分配和收入流动状况。若政府职能不能有效转换，当前所存在的收入差距和收入流动等问题难以彻底解决。因此，实现对收入不平等的调节，促进收入流动，改善当前收入分配状态带来的社会压力，必须推动政府转型。这样才能从根本上推动收入分配问题与经济发展的正常轨道相一致，不同阶层之间的收入才能够在一个平等公正的平台上展开分配或竞争，不同阶层的收入也能够迅速流动起来，这样才能够真正挖掘出新常态下新的经济增长点，实现经济社会的可持续发展。

9.7 本章小结

本章对提高收入流动的相关政策建议进行阐述。首先，基于公平与和谐视角，阐述了我国当前亟须提高收入流动性的理论出发点，即公正的社会、和谐的社会才是当前提高收入流动、缓解收入不平等问题，构建良好收入分配机制的立足点。其次，基于经济增长与结构的调整，阐述了促进收入流动的物质基础，即经济增长是提高人均收入水平的物质基础，收入分配的改善过程离不开收入水平的增长。虽然经济持续增长会带来收入增长，但不一定能保持收入公平。为了缓解区域间的差异，产业转移、产业升级等结构的调整也是很必要的。再次，为了更好地促进收入流动，合适的公共政策也是必需的。从目标来看，公共政策的目的即创造平等的机会。公共政策体系的架构应包括公共教育、公共卫生及社会保障等方面。为了确保公共政策的有效实施，完善的财政收入分配制度和法律制度也是必不可少的。鉴于我国区域间的收入流动差异，我们也必须针对不同区域间的收入流动制定不同的优化政策。最后，在促进收入流动的过程中，为了提供更好的制度条件，并针对政府在经济增长和收入分配调节中的重要作用，必须重新界定政府职能，并尽力去推动政府部门转型，尤其是职能转型，明确政府在经济增长和收入分配调节中的地位，为改善收入流动创造良好的制度环境。

参 考 文 献

英文

1. Aaberge, R. , Bjorklund, A. , Jantti M. , Palme, M. , Pedersen, P. , N. Smith and T. Wennemo, Income Inequality and Income Mobility in the Scandinavian Countries Compared to the United States, *Review of Income and Wealth*, 2002, Vol. 48 (4): pp. 443 – 469.

2. Altonji, J. G. and T. A. Dunn, Relationships among the Family Incomes and Labor Market Outcomes of Relatives, *Research in Labor Economics*, 1991, Vol. 12: pp. 269 – 310.

3. Aghion, P. and Bolton, P. , A Trickle-down Theory of Growth and Development with Debt Overhang, *Review of Economic Studies*, 1997, Vol. 64: pp. 151 – 172.

4. Alesina, A. and Rodrik, D. , Distributive Politics and Economic Growth, *Quarterly Journal of Economics*, 1994, Vol. 1994: pp. 465 – 490.

5. Alvarez – Pelaez, M. , and Diaz, A. , Minimum Consumption and Transitional Dynamics in Wealth Distribution, *Journal of Monetary Economics*, 2005, Vol. 52 (3): pp. 633 – 667.

6. Anand, S. and Kankur, R. , The Kuznets Process and the Inequality Development Relationship, *Journal of Development Economics*, 1993, Vol. 40: pp. 25 – 52.

7. Anger S, Heineck G. Do Smart Parents Raise Smart Children? The Intergenerational Transmission of Cognitive Abilities, *Journal of Population Economics*, 2010, Vol. 23 (3): pp. 1105 – 1132.

8. Atkinson, A. , On the Measurement of Inequality, *Journal of Economic Theory*, 1970, Vol. 2: pp. 244 – 263.

9. Atkinson, A. B. , Bourguignon, F. and Morrisson, C. , Empirical

Studies of Earnings Mobility, London: Harwood Academic Publishers, 1992.

10. Baker, M. , Growth – Rate Heterogeneity and the Covariance Strueture of Life – Cycle Earnings, *Joumal of Labor Economics*, 1997, Vol. 15: pp. 338 – 375.

11. Banerjee, A. B. and Newman, A. F. , Occupational Choice and the Process of Development, *Journal of Political Economy*, 1993, Vol. 101: pp. 274 – 298.

12. Bartholomew, D. , *Stochastic Models for Social Processes*, London: Wiley, 1982.

13. Bauleh, B. and John Hoddinott. , Economic Mobility and Poverty Dynamics in Developing Countries, *The Journal of Development Studies*, 2000, Vol. pp. 36: pp. 1 – 24.

14. Beach, C. , Finnie, R. , Earnings Mobility 1982 – 2994: Women Gaining Ground and Lower Paid Males Slipping, *Canadian Business Economics*, 1998, Vol. 6: pp. 3 – 25.

15. Banerjee, A. B. and Newman, A. F. , Occupational Choice and the Process of Development, *Journal of Political Economy*, 1993, Vol. 101: pp. 274 – 298.

16. Benabou, R. and E. A. Ok, Mobility as Progressivity: Ranking Income Processes According to Equality of Opportunity, NBER Working Paper, 2001, No. 8431.

17. Becker, G. S. , An Economic Analysis of Fertility, in Demographic and Economic Change in Developed Countries, New York: National Bureau of Economics Research, 1960.

18. Becker, G. , *Human Capital*, 2nd New York: Columbia University Press, 1964.

19. Boudon, R. , *Mathematical Structures in the Social Sciences*, Amsterdam: Elsevier, 1973.

20. Bjorklund, A. , M. Jantti and Solon, G. , Influences of Nature and Nurture on Earnings Variation: A Report on a Study of Various Sibling Types in Sweden, in: *Unequal Chances: Family Background and Economic Success*, ed By Bowles, S. , H. Gintis, and Groves, M. O. , Princeton: Prin-

ceton University Press, 2005, pp. 145 – 164.

21. Blanden, J., Goodman, A., Gregg, P. and Machin, S., Changes in Intergenerational Mobility in Britain, in: *Generational Income Mobility in North America and Europe*, ed. By Corak, M., Cambridge: Cambridge University Press, 2004.

22. Blanden, J., P. Gregg and L. Macmillan, Accounting for Intergenerational Income Persistence: Noncognitive Skills, Ability and Education, 2007, IZA DP No. 2554.

23. Bulow, L. and H. Summers, A Theory of Dual Labor Markets with Application to Industrial Policy, NBER Working Paper, 1986 No. 1666.

24. Bound, J., Brown, C. and Mathiowetz, N., Measurement Error in Survey Data. In *Handbook of Econometrics*, ed. J. Heckman and E. Leamer. Amsterdam: North – Holland, 2001, Vol. 5.

25. Bowles, S., Gintis, H. and Osborne, M., The Determinants of Earnings: A Behavioural Approach, *Journal of Economic Literature*, 2001, Vol. 39 (4): pp. 1137 – 1176.

26. Buchinsky, M., Fields, G., Fougere, D. and Kramarz, F., Francs or Ranks? Earnings Mobility in France, 1967 – 1999, CEPR Discussion Paper No. 3937, 2003.

27. Burkhauser, R. V., D. Holtz – Eakin and S. E. Rhody, Labor Earnings Mobility and Inequality in the United States and Germany during the Growth Years of the 1980s, *International Economic Review*, 1998, Vol. 38: pp. 775 – 794.

28. Cameron, St. V. and J. J. Heckman, Life Cycle Schooling and Dynamic Selection Bias: Models and Evidence for Five Cohorts of American Males, *Journal of Political Economy*, 1998, Vol. 106: pp. 262 – 333.

29. Carter, M. R. and C. B., Barrett, The Economics of Poverty Traps and Persistent Poverty: An Asset – Based Approach, University of Wisconsin Madison, Proessed, 2004.

30. Caselli, F., and Ventura, J., A Representative Consumer Theory of Distribution, *American Economic Review*, 2000, Vol. 90: pp. 909 – 926.

31. Chakravarty, S., Dutta, B. and Weymark, J. Ethical Indices of

Income Mobility, *Social Choice and Welfare*, 1985, Vol. 2: pp. 1 – 21.

32. Chantreuil, F. and Trannoy, A. , Inequality decomposition values: The tradeoff between marginality and consistency, Discussion Paper DP 9924, 1999.

33. Chatterjee, S. , Transitional Dynamics and Distribution of Wealth in a Neoclassical Growth Model, *Journal of Public Economics*, 1994, Vol. 54 (1): pp. 97 – 119.

34. Chetty, R. , Hendren, N. and Kline, P. , Where is the Land of Opportunity? The Geography of Intergenerational Mobility in the United States, *Quarterly Journal of Economics*, 2014, Vol. 129 (4): pp. 1553 – 1623.

35. Chevalier, A. , K. Denny and D. McMahon, A Multi-country Study of Intergenerational Educational Mobility. ISSC Discussion Paper 2003/06.

36. Chronic Poverty Research Centre, The Chronic Poverty Report 2004 – 2005, Manchester: Chronic Poverty Research Centre, 2004.

37. Coleman, J. S. , Social Capital in the Creation of Human Capital, *The American Journal of Sociology*, 1988, Vol. 94: pp. 95 – 120.

38. Corak, M. and Andres Heisz, The Intergenerational Earnings and Income Mobility of Canadian Men: Evidence from Longitudinal Income Tax Data, *Journal of Human Resources*, 1999, Vol. 34 (3): pp. 504 – 533.

39. Cowell, F. , Measures of Distributional Change: An Axiomatic Approach, *Review of Economic Studies*, 1985, Vol. 52: pp. 135 – 151.

40. Cowell, F. A. , *Measuring Inequality*, London: Prentice Hall, 1995.

41. Cowell, F. A. , *Measuring Inequality – Techniques for the Social Sciences*, New York: John Wiley and Sons, 1997.

42. D'Agostino, M. and Dardanoni, V. , The Measurement of Mobility: A Class of Distance Indices, Paper Presented to the Society for the Study of Economic Inequality, Palma de Mallorca, Span, July, 2005.

43. Dardanoni, V. , Measuring Social Mobility, *Journal of Economic Theory*, 1993, Vol. 61: pp. 372 – 394.

44. Doeringer, P. B. , and Piore, M. J. , *Internal Labor Markets and Manpower Adujustment*, New York: D. C. Heath and Company, 1971.

45. Eide, E. R. and M. H. Showalter, Factors Affecting the Transmission of Earnings Across Generations: A Quantile Regression Approach, *Journal of Human Resources*, 1999, Vol. 34 (2): pp. 253 – 267.

46. Esping – Andersen, Gosta, Inequality of Incomes and Opportunities, In: *The New Egalitarianism*, ed. By Giddens, A. and P. Diamond, Polity Press, 2005.

47. Fernandez, R. and R. Rogerson, Public Education and Income Distribution: A Dynamic Quantitative Evaluation of Education – Finance Reform, *American Economic Review*, 1998, Vol. 88: pp. 813 – 833.

48. Fields, G. and Ok, E. , The Meaning and Measurement of Income Mobility, *Journal of Economics Theory*, 1996, Vol. 71: pp. 349 – 377.

49. Fields, G. and Ok, E. , Measuring Movement of Incomes, *Economica*, 1999, Vol. 66: pp. 455 – 472.

50. Fields, G. S. , Income mobility: Concepts and measures, in Birdsall, N. and C. Graham, eds, *New Markets, New Opportunities? Economic and Social Mobility in a Changing World*, 2000, The Brookings Institution Press, Washington D. C. , USA, chapter 5: pp. 101 – 132.

51. Fields, G. , *Distribution and Development: A New Look at the Developing World*, Cambridge, MA: MIT Press and Russell Sage Foundation, 2001.

52. Fields, G. , Does Income Mobility Equalize Longer-term Incomes? New Mearsures of an Old Concept, Unpublished Working Paper, Cornell University, 2002.

53. Fields, G. , P. L. Cichello, S. Freije, M. Menendez and D. Newhouse, For Richer or for Poorer? Evidence from Indonesia, South Africa, Spain and Venezuela, *Journal of Economic Inequality*, 2003, Vol. 1: pp. 67 – 99.

54. Fields, G. , Income Mobility, Unpublished Working Paper, Cornell University, 2007.

55. Formby, J. P. , Smith, W. J. and Zheng, B. , Economic Growth, Welfare and the Measurement of Social Mobility, in Y. Amiel and J. A. Bishop,

eds, *Research on Economic Inequality*, 2002, Vol. 11: pp. 121 – 135.

56. Formby, J. P. , Smith, W. J. and Zheng, B. , Mobility Measurement, Transition Matrices and Statistical Inference, *Journal of Econometries*, 2004, Vol. 120 (1): pp. 181 – 205.

57. Foster, J. and Sen, A. , *On Economic Inequality*, expanded edition, Oxford: Oxford University Press, 1997.

58. Freije, S. , *Household Income Dynamics in Venszuela*, Unpublished Doctoral Dissertation, Cornell University, 2001.

59. Friedman, M. , *A Theory of the Consumption Function*, Princeton: Princeton University Press, 1957.

60. Friedman, M. , *Capitalism and Freedom*, Chicago: University of Chicago Press, 1962.

61. Galor, O. and Zeira, J. , Income Distribution and Macroeconomics, *Review of Economic Studies*, 1993, Vol. 60: pp. 35 – 52.

62. Galton, F. , *Natural Inheritance*, London: Macmilan, 1889.

63. Gang, Ira N. , Landon – Lane, J. and Yun, Myeong – Su, Gender Differences in German Upward Income Mobility, IZA Discussion Papers 580, Institute for the Study of Labor (IZA), 2002.

64. Gottschalk, P. , Inequality, Income Growth, and Mobility: The Basic Facts, *Journal of Economic Perspectives*, 1997, Vol. 11: pp. 21 – 40.

65. Gottschalk, P. and T. M. Smeeding, Cross – National Comparisons of Earnings and Income Inequality, Journal of Economic Literature, *American Economic Association*, 1997, Vol. 35 (2): pp. 633 – 687.

66. Gottschalk, P. and Spolaore, E. , On the Evaluation of Economic Mobility, *Review of Economic Studies*, 2002, Vol. 69: pp. 191 – 208.

67. Greenwood, J. , and Jovanvic, B. , Financial Development, Growth and the Distribution of Income, *Journal of Political Economy*, 1990, Vol. 98 (5): pp. 1076 – 1107.

68. Hart, P. E. , The Comparative Statics and Dynamics of Income Distributions, *Journal of the Royal Statistical Society*, 1976, Vol. 139 (1): pp. 108 – 125.

69. Hauser, R. M. , Intergenerational Economic Mobility in the United

States: Measure, Differentials and Trends, University of Wisconsin – Madison, CDE Working Paper No. 98 – 12. Earnings mobility in the US: a New Look at Intergenerational Inequality, 1998.

70. Heineck, G. and R. T. Riphahn, Intergenerational Transmission of Educational Attainment in Germany – The Last Five Decades, Lucius & Lucius, Stuttgart, 2009, Vol. 229 (1): pp. 37 – 59.

71. Hertz, T., Understanding Mobility in American, the Center for American Progress, www. americanprogress. org/kf/hertz_mobility_analysis. pdf, 2006.

72. Huber, J. C., Cumulative Advantage and Success – Breeds – Success: The Value of Time Pattern Analysis, *Journal of the American Society of Information Science*, 1998, Vol. 49.

73. Jarvis, S. and Jenkins, S., How Much Income Mobility Is There in Britain? *Economic Journal*, 1998, Vol. 108: pp. 1 – 16.

74. Jenkins, S. and Van Kerm, P., Trends in Income Inequality, Pro-poor Income Growth and Income Mobility, Discussion Paper No. 904, 2003.

75. Johnson, G. E., Changes in Earnings Inequality: The Role of Demand Shifts, *Journal of Economic Perspectives*, 1997, Vol. 11: pp. 41 – 54.

76. Keefer, P. and Knack, S., Polarization, Property Rights and the Links between Inequality and Growth, *Public Choice*, 2002, Vol. 111 (1): pp. 127 – 154.

77. King, M., An Index of Inequality, With Applications to Horizontal Equity and Social Mobility, *Econometrica*, 1983, Vol. 51: pp. 99 – 115.

78. Khor, N. and J. H. Pencavel, Income Mobility of Individuals in China and the United States, IZA Reasearch Paper, No. 2003, 2006.

79. Knight, J. and Lina, S., The Determinants Of Urban Income Inequality In China, Economics Series Working Papers 9991, University of Oxford, Department of Economics, 1990.

80. Krugman, P., The rich, the Right, and the Facts, *American Prospect*, 1992, Vol. 11, pp. 19 – 31.

81. Kuzents, S., *Shares of Upper Income Groups in Income and Savings*, Columbia University Press, 1953.

82. Kuznets, S. , Economic Growth and Income Inequality, *American Economic Review*, 1955, Vol. 45.

83. Lin, N. , *Social Capital*: *A Theory of Social Structure and Action*, 2001, Cambridge University Press.

84. Lambert, P. , *The Distribution and Redistribution of Income*, Manchester: University of Manchester Press, 2001.

85. Loury, G. , Intergenerational Transfers and the Distribution of Earnings, *Econometrica*, 1981, Vol. 49: pp. 843 – 867.

86. Maasoumi, E. , The Measurement and Decomposition of Multi – Dimensional Inequality, *Econometrica*, 1986, Vol. 54: pp. 991 – 997.

87. Maasoumi, E, On Mobility, In Handbook of Applied Economic Statistics, ed. D. Giles and A. Ullah, 1998, New York: Marcel Dekker.

88. Maliar, L. , Maliar, S. , and Mora, J. , Income and Wealth Distribution along the Business Cycle: Implicaions from the Neoclassical Growth Model, 2003, IVIE Working Papers.

89. Markandya, A. , Intergenerational Exchange Mobility and Economic Welfare. *European Economic Review*, 1982, Vol. 17: pp. 301 – 324.

90. Markandya. A, The Welfare Measurement of Changes in Economic Mobility, *Economica*, 1984, Vol. 51: pp. 457 – 471.

91. Matsuyama, K. , Endogenous Inequality, *Review of Economics Studies*, 2000, Vol. 67 (4): pp. 743 – 759.

92. Mazumder, B. , Fortunate Sons: New Estiates of Intergenerational Mobility in the United States Using Social Security Earnings Data, *Review of Economics and Statistics*, 2005, Vol. 87 (2): pp. 235 – 255.

93. McMurrer, D. P. and I. V. Sawhill, Economics Mobility in the United States, 1996, The Urban Institute, No. 6722.

94. Merton, R. E. , The Matthew Effect in Science, *Science*, 1968.

95. Mincer, J. , Investment in Human Capital and Personal Income Distribution, *Journal of Political Economy*, 1958, Vol. 61 (4): pp. 281 – 302.

96. Mincer, J. , *Schooling, Experience and Earnings*, New York: Columbia University Press, 1974.

97. Mitra, T. and E. Ok, The Measurement of Income Mobility: A Partial Ordering Approach, 1998, Vol. 12: pp. 77 – 102.

98. Mulligan, C., *Parental Priorities and Economic Inequality*, The University of Chicago Press, 1997.

99. Murphy, K. and Welch, F., The Structure of Wages, *Quarterly Journal of Economics*, 1992, Vol. 107: pp. 255 – 285.

100. Nee, V., The Emergence of a Market Society : Changing Mechanisms of Stratification in China, *American Journal of Sociology*, 1994, Vol. 101: pp. 908 – 949.

101. Nilsen, A. O. and Vaage, K., Aakvik, A. and Jacobsen K., Estimates of Intergenerational Elasticities Based on Lifetime Earnings, 2008, IZA DP No. 3709.

102. Ning, D. and Yougui Wang, Household Income Mobility in China and Its Decomposition, *China Economic Review*, 2008, Vol. 19: pp. 373 – 380.

103. Obiols – Homs, F., and Urrutia, C., Transitional Dynamics and the Distribution of Assets, *Economic Theory*, 2005, Vol. 25 (2): pp. 381 – 400.

104. OECD, *Employment Outlook* 1996, Paris: OECD, 1996.

105. OECD, *Employment Outlook* 1997, Paris: OECE, 1997.

106. Perotti, R., Growth, Income Distribution, and Democracy: What the Data Say, *Journal of Economic Growth*, 1996, Vol (1): pp. 149 – 187.

107. Piketty, T., The Dynamics of the Wealth Distribution and the Interest Rate With Credit Rationing, *Review of Economic Studies*, 1997, Vol. 64: pp. 173 – 189.

108. Persson, T. and Tabellini, G., Is Inequality Harmful for Growht, *American Economic Review*, 1994, Vol. 84: pp. 600 – 621.

109. Prais, S. J., Measuring Social Mobility, Journal of the Royal Statistical Society, 1955, PartI, No. 118: pp. 56 – 66.

110. Ravallion, M. and S. Chen, China's Progress Against Poverty, Policy Research Working Paper 3408, World Bank, 2004.

111. Robinson, S., A Note on the U-hypothesis Relating Income Ine-

quality and Economic Development, *American Economic Review*, 1976, Vol. 66: pp. 437 – 440.

112. Rongve, I. , A Shapley Decomposition of Inequality Indices by Income Source, Discussion Paper 59, Department of Economics, University of Regina, Canada, 1999.

113. Ruiz – Castillo, J. , The Measurement of Structural and Exchange Mobility, *Journal of Economic Inequality*, 2004, Vol. 2: pp. 219 – 228.

114. Sachs, J. , *The End of Poverty: Economic Possibilities for Our Time*, New York: Penguin, 2005.

115. Sanchez Puerta, M. , Earnings Mobility in Urban Argentina, Unpublished doctoral dissertation, Cornell University, 2005.

116. Sarndal, C. – E. , Swensson, B. and Wretman, J. , Model Assisted Survey Sampling, Springer Series in Statistics, Springer – Verlag, New York, USA, 1992.

117. Sawhill, Isabel V. , Opportunity in the United States: Myth or Reality?, In: Nancy Birdsalland Carol Graham (Eds), New Markets, New Opportunities? Economic and SocialMobility in a Changing World, The Brookings Institution Press and the Carnegie Endowment, Washington, DC, 2000.

118. Sawhill, I. V. and M. Condon, Is U. S. Income Inequality Really Growing? *Policy Bites*, 1992, Vol. 13: pp. 1 – 4.

119. Schultz, T. W. , Investment in Human Capital, *American Economic Review*, 1961, Vol. 3: pp. 1 – 17.

120. Schumpeter, J. , Imperialism and Social Classes, New York: Meridian Books, 1955.

121. Scott, C. D. and Litchfield, J. A. , Inequality, Mobility and the Determinants of Income Among the Rural Poor in Chile, 1968 – 1986, Discussion Paper 53, Development Economics Research Programme, London School of Economics, 1994.

122. Sen, A. , *On Economic Inequality*, New York: Norton, 1973.

123. Shao, J. and Tu, D. , The Jackknife and Bootstrap, Springer Series in Statistics, Springer – Verlag, New York, USA, 1995.

124. Shorrocks, A. , The Measurement of Mobility, *Econometrica*,

1978a, Vol. 46: pp. 1013 – 1024.

125. Shorrocks, A. , Income Inequality and Income Mobility, *Journal of Economic Theory*, 1978b, Vol. 19: pp. 376 – 393.

126. Shorrocks, A. , On the Hart Measure of income mobility, In *Industrial Concentration and Economic Inequality*, ed. M. Casson and J. Greedy. London: Edward Elgar, 1993.

127. Shorrocks, A. F. , Decomposition Procedures for Distributional Analysis: A Unified Framework Based on the Shapley Value, Unpublished Paper, University of Essex, Colchester, UK, 1999.

128. Slemrod, J. , Taxation and Inequality: A Time – Exposure Perspective, In ed. J. Poterba. *Tax Policy and the Economy*, Cambridge, MA: MIT Press For the NBER, 1992, Vol. 6.

129. Sloane, P. J. and I. Theodossiou, Earnings Mobility, Family Income and Low Pay, *The Economic Journal*, 1996, Vol. 106: pp. 657 – 666.

130. Solon, G. , Intergenerational Income Mobility in the United States, *American Economic Review*, 1992, Vol. 82 (3): pp. 393 – 408.

131. Solon, G. , Intergenerational Mobility in the Labor Market, In O. Ashenfelter and D. Card. Handbook of Labor Economics Amsterdam: North – Holland, 1999, Vol. 3.

132. Solon, G. , Cross – Country Differences in Intergenerational Earnings Mobility, *Journal of Economic Perspectives*, 2002, Vol. pp. 16: pp. 59 – 66.

133. Solon, G. , A Model of Intergenerational Mobility Variation over Time and Place, in Miles Corak (ed.), *Generational Income Mobility in North America and Europe*, Cambridge: Cambridge University Press, 2004, pp. 38 – 47.

134. Sommers, P. S. , and J. Conlisk, Eigenvalue Immobility Measures for Markov Chains, *Journal of Mathematical Sociology*, 1979, Vol. 6: pp. 253 – 276.

135. Sorokin, P. A. , *Social Mobility*, New York: Harper and Brothers, 1927.

136. Stiglitz, J. , Distribution of Income and Wealth among Individuals,

Econometrica, 1969, Vol. 37（3）: pp. 382 – 397.

137. Theil, H. , *Economics and Information Theory*, Amsterdam: North – Holland, 1967.

138. Theil, H. , The Mesaurement of Inequality by Components of Income, *Economics Letters*, 1979, Vol. 2（2）: pp. 197 – 199.

139. Topel, R. H. , Factor Proportions and Relative Wages, *Journal of Economic Perspectives*, 1997, Vol: pp. 55 – 74.

140. Trzcinski, E. and S. Randolph, Human Capital Investments and Relative Earnings Mobility: The Role of Education, Training, Migration, and Job Search, *Economic Development and Cultural Change*, 1991, Vol. 40: pp. 153 – 168.

141. Tsui, K. Y. , Multidimensional Generalizations of the Relative and Absolute Inequality Indices: The Atkinson – Kolm – Sen Approach, *Journal of Economic Theory*, 1995, Vol. 67: pp. 251 – 265.

142. Turnvosky, S. J, and Garcia – Penalosa, C. , The Dynamics of Wealth and Income Distribution in a Neoclassical Growth Model, Working paper 2006, IDEP57.

143. Van de Gaer, D. , Schokkaert, E. & Martinez, M. , Three Meanings of Intergenerational Mobility, *Economica*, 2001, Vol. 68: pp. 519 – 537.

144. Van Kerm, P. , What Lies Behind Income Mobility, Reranking and Distributional, 2004.

145. Yang, J. and Qiu, M. The Impct of Education on income Inequality and Intergenerational Mobility, *China Economic Review*, 2015, 37（2）: pp. 110 – 125.

146. Zimmerman, D. J. , Regression Towrd Mediocrity in Economic Stature, *American Economic Review*, 1992, Vol. 82（3）: pp. 409 – 429.

147. Eide, E. r. , Showalter M. H. Factors Affecting the Transmission of Earnings Across Generations: A Quantile Regression Approach. *The Journal of Human Resources*, 1999, Vol. 34（2）: pp. 253 – 267.

148. Tamotsu Nakamura, Yu Murayama. Education cost, intergenerational mobility, and incomeine quality, *Economics Letters*, 2011, Vol. 112: pp. 266 – 269.

149. Tuomas Pekkarinen, Roope Uusitalo, Sari Kerr. School Tracking and Intergenerational Income Mobility: Evidence From the Finnish Comprehensive School Reform, *Journal of Public Economics*, 2009, Vol. 93: pp. 965 – 973.

150. Xuezheng Qin, Tianyu Wang, Castiel Chen Zhuang. Intergenerational transfer of human capital and its impact on income mobility: Evidence from China. *China Economics Review*, 2013, Vol. 36: pp. 880 – 898.

151. M. Niza Asadullah. Inequality of Educational Opportunity in India: Changes Over Time and Across States, *World Development*, 2012, Vol. 40: pp. 1151 – 1163.

中文

1. 边燕杰、吴晓刚、李路路主编:《社会分层与流动:国外学者对中国研究的新进展》,中国人民大学出版社 2008 年版。

2. 李路路、边燕杰主编:《制度转型与社会分层:基于 2003 年全国综合社会调查》,中国人民大学出版社 2008 年版。

3. 李强:《中国城市中的二元劳动力市场与底层精英问题》,引自《清华社会学评论》(第一辑),鹭江出版社 2000 年版。

4. 陈宗胜:《经济发展中的收入分配》,上海三联书店 1991 年版。

5. 陈宗胜:《收入差别、贫困及失业》,南开大学出版社 2000 年版。

6. 陈宗胜:《中国居民收入分配差别的深入分析》,载于《经济研究》2000 年第 7 期。

7. 陈斌开、曹文举:《从机会均等到结果均等:中国收入分配现状与出路》,载于《经济社会体制比较》2013 年第 6 期。

8. 陈琳、袁志刚:《中国代际收入流动性的趋势与内在传递机制》,载于《世界经济》2012 年第 6 期。

9. 陈在余、郭军盈:《收入分配、市场规模与工业化关系的实证分析》,载于《经济学家》2005 年第 2 期。

10. 蔡昉:《中国二元经济与劳动力转移》,中国人民大学出版社 1990 年版。

11. 蔡昉、都阳:《中国地区经济增长的趋同与差异——对西部开发战略的启示》,载于《经济研究》2000 年第 10 期。

12. 蔡昉、王德文:《比较优势差异,变化及其对地区差距的影响》，载于《中国社会科学》2002 年第 5 期。

13. 蔡昉、王德文、都阳：《劳动力市场扭曲对区域差距的影响》，载于《中国社会科学》2001 年第 2 期。

14. 蔡昉、王德文、都阳、张车伟、王美艳：《农村发展与增加农民收入》，中国劳动社会保障出版社 2006 年版。

15. 程名望、史清华，Y. H. Jin：《农民收入水平、结构及其影响因素——基于全国农村固定观察点微观数据的实证分析》，载于《数量经济技术经济研究》2014 年第 5 期。

16. 程小纯：《代际收入流动的社会经济学分析》，载于《劳动保障世界》2015 年第 2 期。

17. 董长瑞、王晓：《代际收入流动研究述评》，载于《经济与管理评论》2013 第 2 期。

18. 范剑勇、朱国林：《中国地区差距演变及其结构分解》，载于《管理世界》2002 年第 8 期。

19. 郭丛斌：《二元制劳动力市场分割理论在中国的验证》，载于《教育与经济》2004 年第 3 期。

20. 贺大兴、姚洋：《社会平等、中性政府与中国经济增长》，载于《经济研究》2011 年第 1 期。

21. 郝大海、李路路：《区域差异改革中的国家垄断与收入不平等——基于 2003 年全国综合社会调查资料》，载于《中国社会科学》2006 年第 2 期。

22. 胡乃武、周端明：《区位选择、地区差距与区域经济分割》，载于《经济理论与经济管理》2005 年第 2 期。

23. 胡棋智、王朝明：《收入流动性与居民经济地位动态演化的实证研究》，载于《数量经济技术经济研究》2009 年第 3 期。

24. 黄祖辉、王敏、万广华：《我国居民收入不平等问题：基于转移性收入角度的分析》，载于《管理世界》2003 年第 4 期。

25. 李志阳、刘振中：《中国金融发展与城乡收入不平等：理论与经验解释》，载于《经济科学》2011 年第 6 期。

26. 李实、魏众、丁赛：《中国居民财产分布不均等及其原因的经验分析》，载于《经济研究》2005 年第 6 期。

27. 林毅夫、蔡昉、李周：《中国经济转型期的地区差距分析》，载于《经济研究》1998 年第 6 期。

28. 刘瑞明：《所有制结构、增长差异与地区差距：历史因素影响了增长轨迹吗?》，载于《经济研究》2011 年第 2 期。

29. 罗楚亮：《城乡居民的收入流动性研究》，载于《财经科学》2009 年第 1 期。

30. 权衡：《居民收入流动与收入不平等的有效缓解》，载于《上海经济研究》2005 年第 3 期。

31. 权衡：《收入差距与收入流动：国际经验比较及其启示》，载于《社会科学》2008 年第 2 期。

32. 阮杨、陆铭、陈钊：《经济转型中的就业重构和收入分配》，载于《管理世界》2002 年第 12 期。

33. 孙三百、黄薇、洪俊杰：《劳动力自由迁移为何如此重要?——基于代际收入流动的视角》，载于《经济研究》2012 年第 5 期。

34. 孙文凯、路江涌、白重恩：《中国农村收入流动分析》，载于《经济研究》2007 年第 8 期。

35. 徐俊武、易祥瑞：《增加公共教育支出能够缓解"二代"现象吗——基于 CHNS 的代际收入流动性分析》，载于《财经研究》2014 年第 11 期。

36. 万广华：《中国农村区域间居民收入差距及其变化的实证分析》，载于《经济研究》1998 年第 5 期。

37. 王德文：《中国经济增长能消除城乡收入差距吗?》，载于《经济社会体制比较》2005 年第 7 期。

38. 王海港：《中国居民家庭的收入变动及其对长期不平等的影响》，载于《经济研究》2005 年第 1 期。

39. 王海港：《中国居民的收入分配和收入流动性研究》，中山大学出版社 2007 年版。

40. 王洪亮：《中国区域居民收入流动性的实证分析》，载于《管理世界》2009 年第 3 期。

41. 王小华、温涛、王定祥：《县域农村金融抑制与农民收入内部不平等》，载于《经济科学》2012 年第 2 期。

42. 王小鲁、樊纲：《中国收入差距的走势和影响因素分析》，载于《经济研究》2005 年第 10 期。

43. 王晓:《我国城镇居民收入流动对长期收入不平等影响研究》,载于《中央财经大学学报》2013 年第 2 期。

44. 王晓、董长瑞:《中国城镇居民的相对收入流动研究》,载于《经济学动态》2013 年第 2 期。

45. 吴宣恭:《分配不公的主要矛盾、根源与解决途径》,载于《经济学动态》2010 年第 11 期。

46. 伍山林:《劳动收入份额决定机制:一个微观模型》,载于《经济研究》2011 年第 9 期。

47. 王朝明、胡棋智:《收入流动性测度研究述评》,载于《南开经济研究》2008 年第 3 期。

48. 严斌剑、周应恒、于晓华:《中国农村人均家庭收入流动性研究:1986～2010 年》,载于《经济学(季刊)》2014 年第 4 期。

49. 杨新铭:《地区收入差距与收入流动性演进的比较分析:1978～2007 年》,载于《河北经贸大学学报》2009 年第 4 期。

50. 尹恒、龚六堂、邹恒甫:《当代收入分配理论的新发展》,载于《经济研究》2002 年第 8 期。

51. 尹恒、李实、邓曲恒:《中国城镇个人收入流动性研究》,载于《经济研究》2006 年第 10 期。

52. 袁易明:《农村居民收入分配的制度效应》,载于《经济学动态》2002 年第 5 期。

53. 章奇、米建伟、黄季:《收入流动性与收入分配:来自中国农村的经验证据》,载于《经济研究》2007 年第 11 期。

54. 赵人伟:《中国转型期中收入分配的一些特殊现象》,载于《经济研究》1992 年第 1 期。

55. 赵人伟、李实:《中国居民收入差距的扩大及其原因》,载于《经济研究》1997 年第 9 期。

56. 赵人伟、李实、卡恩·李思勤:《中国居民收入分配再研究》,中国财政经济出版社 1999 年版。

57. 赵颖:《初论收入流动性与收入差距》,载于《财政金融》2008 年第 1 期。

58. 曾令华:《我国现阶段扩大内需的根本途径——城镇化》,载于《经济学动态》2001 年第 3 期。

59. 张立冬、李岳云、史青：《中国农村居民的收入流动性与长期收入不平等》，载于《中国人口·资源与环境》2009 年第 4 期。

60. 张平：《中国农村居民区域间收入不平等与非农就业》，载于《经济研究》1998 年第 8 期。

61. 张维迎：《市场的逻辑》，上海人民出版社 2012 年版。

62. 张伟、陶士贵：《人力资本与城乡收入差距的实证分析与改善的路径选择》，载于《中国经济问题》2014 年第 1 期。

63. 张玉梅、陈志钢：《惠农政策对贫困地区农村居民收入流动的影响——基于贵州 3 个行政村农户的追踪调查分析》，载于《中国农村经济》2015 年第 7 期。

64. 周振华：《收入分配》，上海人民出版社 2003 年版。

65. 朱镜德：《现阶段中国劳动力流动模式、就业政策与经济发展》，载于《中国人口科学》2001 第 8 期。